つながる つなげる

日本政治

大川千寿 編

山田　陽

澁谷壮紀

孫　斉庸

玉置敦彦

第②版

弘文堂

『つながるつなげる日本政治〔第2版〕』 目 次

序 章　私たちと政治とのつながり
──この教科書が目指すもの

第1章　民主政治
──日本の政治は民主的だろうか

第2章　現代日本政治史
──政党・政治家のダイナミックな動きを中心に

第3章　選挙制度
── 私たちの1票はどう政治に反映されるのか

第4章　投票行動
──なぜ投票に行くのか、どうやって投票先を決めるのか

第5章　政治家
──代理人の行動原理を理解し、しっかり使いこなそう

第6章　政党
──信頼されないけれど政治に欠かせない存在

第7章　国会
──多数決の原理と少数派の権利の狭間で

第9章　国際関係
──戦後日本外交はつまらない？

第10章　マスメディア
──変わるメディアと、人々に与える変化

第11章 市民と政治
——市民一人ひとりが民主政治を支える

終 章　政治とつながることの意義
　　　──他者とともに誠実な市民として歩むために

私たちと政治とのつながり
── この教科書が目指すもの

1 政治とつながっていますか？

　あなたは、今の日本の国の政治、あるいは地方の政治とつながっているか。つながっているとしたら、どの程度だろうか。

　政治は、私たちの自由や権利を保障し、自立的な個の生活環境を確保するために不可欠である一方、自らが属する共同体のあり方の決定にかかわる営みでもある。

　個人の尊厳を守りつつ、人間どうしが、どのようにともに過ごしつながっていくかをめぐって、古くから様々な考え方が提示され、実践され、改善が重ねられてきた。こうした中で、人々の政治的平等を促進し、政治に参画することを重視した民主政治のしくみが見出された。

　日本においても、1890 年に近代的な議会制度が始まって以来、戦争を経て、代表制（代議制）によって民意を反映していくあり方は徐々に社会に浸透し、発展してきた。今日の日本の民主的な政治体制はこうした長いプロセスを経て、先人たちの努力の結果として確立されたものである。

　私たちは、たしかに 1 人ひとりが 1 票を平等に行使でき、国や地域の行く末を最終的に決めるシステムの中で生きている。ところが、代表制のもと、民主政治が健全に機能し正統性をもつうえで最も重要な選挙における投票率は、日本では長期的に下落を続けている。国政選挙では 50％前後という状況が常態化し、地方の選挙ではさらに低い投票率となることも、もはや珍しくない。経済停滞・財政赤字、高齢化と人口減少、

格差の拡大をはじめ、人生や生活にかかわる国や地方の政治をめぐる重大な課題が次から次へと私たちの前に顔を出しているにもかかわらず、である。

　社会が大規模で複雑なものとなり、経済的にも成熟する一方、今日、私たちの家族とのつながり、隣人とのつながりといった社会における人と人とのつながりが希薄化していると指摘されることもある。同じように、私たちと政治とのつながりも、残念ながら弱くもろいものになってしまっているのではないか。

　そうではない、という人もいるだろう。だが、民主的な政治のしくみや価値観そのものは定着していても、それが当たり前のものとなってしまい、かえって人々の政治への熱意や関心が低下している面がたしかにある。政治とは、私たち1人ひとりが主体的にかかわるものではなくなり、私たちは政治家や官僚といった政治的なエリートたちが立案・実行する政策を単なるサービスとして受け取ることに満足する、受け身の存在になり下がってしまっているのではないだろうか。そうこうしているうちに、民主政治がいつの間にか芯のない空っぽなものになっているとしたら、それは悲劇以外の何物でもない。

2　若者と政治とのつながり

　もちろん、元来他者との交わりの中で生きてきた人間にとって、これからもつながることとは無縁ではあり得ない。21世紀に生きる私たち、とりわけこの本の主要な読者として想定している若者にとって、特にSNS（ソーシャル・ネットワーキング・サービス）やネットメディアによってもたらされた新しいつながりは、かなり身近で親しみのあるものとして、とらえられていることだろう。

　技術革新の結果、情報のやりとりは格段にスムーズで便利なものとなった。しかし、それが人格同士の交わりを伴った深いつながりをもたらしているかといえば、必ずしもそうとはいえない。また、表面的なつ

ながりに複合的に、あるいは長時間拘束されることでかえってつながることに疲れを感じ、孤独すら覚えることもある。さらに、自分自身が何となく賛成している意見ばかりにふれ、反対の意見を心理的に敬遠してしまうことによって、社会の現状認識を誤ってしまうこともある。こうして、情報通信技術の発達によって他者との有機的なつながりが促進されるどころか、人間が自らの狭い世界に閉じこもり、社会の分断が深いものとなってしまう危険性も指摘される。

　情報環境の進化を政治の世界でも活かそうと、日本では2013年にインターネット選挙運動が解禁され、選挙におけるネット利用が活発になる一方で、試行錯誤も続いている。私たちの代表である政治家と有権者との双方向的なつながりを強化することが期待され、若者たちを含め様々な取り組みがなされているが、今のところ、両者のつながりの強化について目覚ましい成果が出ているとは言い難い。

　一方、2016年には選挙権年齢が18歳にまで引き下げられ、若者の政治参加がこれまでにも増して期待されるようになったが、改善の兆しがはっきりと見えているかといえば、こちらもそうではない。若者と現実政治との距離は、思うように縮まっていない。

　若者たちが政治にかかわるうえで問題なのは、学業やアルバイトなどで日々忙しく、政治について考える暇がないことである。そして、政治について考えようと思っても、何が行われており、何が争点であり、私たちが政治に何ができるのか、具体的なことがよくわからないということもあるだろう。編者は、これまで若者たちとかかわる中で、政治学者の1人としてこうした現状を何とかできないかと常に考えてきた。

3　本書の目的と内容

　本書は、以上のような状況認識のもとに生み出された現代日本政治の教科書である。もちろん多くの方に読んでいただければうれしいが、主として大学生、特に政治学系の入門科目をすでに履修し、これから基

礎・発展科目を受講していこうとしている学生に読んでいただくことを
想定している。

　幸い、編者は学生と年代が比較的近い４名の気鋭の政治学者の協力を
得ることができた。それぞれの研究や日ごろの教育での学生との議論・
対話の実践をふまえて、読む皆さんにとってのわかりやすさをなるべく
追求し、かつ丁寧に政治学的なものの見方を提示していく。それを通し
て、読者が現実の日本政治を読み解く力をつけ、根拠のある意見をもち、
具体的に政治につながっていくきっかけをもたらすことを目指している。

　編者は、政治学の分野のうち政治過程論を専門としていることもあり、
本書では議会や選挙、政党、マスメディア、そして私たち有権者の投票
行動といった、政治をめぐるアクターやアリーナにかかわる問題を中心
的に取り上げていく。だが、今日の日本の民主政治に対する私たちのか
かわりのあり方やその課題をふまえれば、現実の政治過程での諸課題に
ついて考える前提として、民主政治の原理や思想のエッセンスをまずは
きちんと理解することは欠かせないはずだ。また、戦後の日本政治がど
のような歴史を歩んできたかについても基礎的な内容を把握する必要が
あろう。

　さらに、グローバル化が進み国境を越えてのつながりが進んでいる一
方、アメリカとの同盟関係の強化や中国の台頭、北朝鮮の動向等、日本
政治の文脈でも近隣諸国との関係に、より注目が集まるようになってい
る。これを考慮して、日本の外交・国際関係の展開についても扱うなど、
より多面的に日本政治を理解できるように配慮している。

　以下、各章の内容の概要である。
　第１章では、民主政治とは何か、今の日本の政治は本当に「民主的」
といえるのかという根本的な問題を、理論や思想の面から考えてみたい。
実は、民主政治は古くからの歴史をもつが、今日に至るまで多様な意味
を包含し、日本でも発展してきた。その歴史的展開に留意しながら、戦
後日本の民主政治を支えてきた基盤や、現在の議会制民主政治のありよ

うと諸課題について検討する。

　第2章では、戦後の占領期から岸田政権に至る**現代日本政治史**について概観する。1955年の保守合同によって結成された自民党は、今日に至るまでほとんどの期間で優位を保ち、政権を担ってきた。多様な人材を擁して党内の派閥対立や支持基盤の動揺を乗り越えながら、質的な変化を遂げて生き残ってきたのである。その一方で、社会経済状況の変化の中で制度改革に伴う政党再編や政権交代もあった。ダイナミックに展開されてきた現代日本政治の歩みを体感してほしい。

　第3章では、私たちにとって最も重要な政治参加の機会の1つである**選挙**をめぐる制度について論じる。選挙制度がいかなるものかによって、私たちの1票の政治への反映のされ方は異なり、政治家の戦略や政治のあり方全般にも大きな影響を及ぼすことになる。特に、日本の国政選挙（衆院選・参院選）に着目しながら、現状の制度の基本を学ぶとともに、どのような背景から変更・改革が行われてきたのか、実際の選挙での数値等も紹介しながら考えてみたい。

　第4章では、**投票行動**について取り扱う。選挙では、まず投票するか棄権するかが問題となるが、日本を含む先進国の多くで投票率が低下してきていることを確認する。だが、政治への関心が薄れる中でも、投票率はゼロにはならない。それは、有権者がたとえ不十分ではあったとしても、投票参加による利益やコストを天秤にかけて評価しているからだ。そして、個人のおかれた環境や意識、得られる情報に基づいて、投票先を決定している。こうした一連の過程について、日本の選挙の例を参照しながら学んでいく。

　第5章では、**政治家**とはいかなる存在かを議論する。有権者の代理人として政治家は、再選を最優先にしながら、昇進・政策という目標を追求し、一定の行動原理のもとに活動する。有権者は政治家に期待しつつ、選挙を通じて政治家の行動を適切にコントロールする必要があるが、現実にはうまくいかず、政治家の数が多いとか、腐敗や劣化が指摘されるなど有権者の政治家に対する評価は厳しいものになりがちである。しか

し、それは妥当なのか、両者のよりよい関係をどう築けばよいのか検討したい。

　第6章では、**政党**について考える。政党の分類や関係性など、政党に関する諸理論にまず言及したうえで、現代日本の政党や政党制のあり方について考察したい。日本では1990年代の選挙制度改革の結果、衆議院選挙に小選挙区制が導入されて二大政党制への動きをいったん強めたが、現在では野党の分立もあり、自民党を中心とした一党優位体制に回帰しつつあるようにみえる。一方で、政党は選挙至上主義的性格を強め、政策を軸にした有権者との有機的なつながりが失われつつあり、政党制をどう有効に機能させていくかが問われていることを指摘する。

　第7章では、選挙を通して選ばれた国民の代表が集い政策を議論する場である、**国会**について学ぶ。日本の国会では、少数派（野党）の権利を尊重する制度や慣行が実施されてきた一方で、多数決の原理により与党側が効率的に意見集約を行うしくみも、たしかに構築されてきた。ただ、法案がスムーズに成立することをあまりに重視すると審議が形骸化することになるし、そもそも、国会内外で展開される議員らによる専門的な議論のプロセスが、私たち有権者にはなかなか見えづらいという問題もあり、国会改革が重要な課題となっていることに言及する。

　第8章では、**首相と内閣**について検討する。民主政治のしくみとして、立法と行政とが融合し、首相や内閣のリーダーシップが発揮されやすいとされる議院内閣制を採用している日本であるが、現実にはその融合が進まず、長く与党議員や官僚が力を発揮してきた。その背景には何があるのか。また、政治・官邸主導を実現するためになされた一連の改革とその結果生じた問題に言及するほか、リーダーシップを適切に統制し、行政をより私たち本位のものとするために、望ましい政官関係や情報公開、市民参加のあり方についても考えたい。

　第9章では、現代日本の**国際関係・外交**を取り扱う。戦後、日本はアメリカ主導の秩序に順応し、自発的に支えたが、決して受動的な立場にばかり置かれたのではなく、実は独自の利益と理念を追求する動的なプ

レーヤーであったことを指摘する。そして最近は、日本を取り巻く国際関係の地殻変動をふまえ、日米同盟の強化や「ルールに基づく国際秩序」を推進する一方、影響力を拡大する中国との安定的な関係の構築も模索してきた。国を超えた様々なやり取りが深まる現代において、外交が国内社会や1人ひとりのあり方を左右しかねないことに思いを致したい。

第10章では、今日、私たちが政治について知り、理解するうえで重要な役割を果たしているマスメディアについて取り扱う。メディアの現状や日本のメディアの特徴にふれたうえで、メディアへの信頼感やメディアの世論への影響力のあり方などに関する議論を紹介する。メディアをめぐる環境の変化のスピードは速く、新聞やテレビの利用者数が伸び悩む一方で、ソーシャルメディアが急速に普及しており、それは社会を変え、私たちのマスメディアへの認識や情報収集のあり方、さらには、政治的な行動にも少なからず影響を与え、変化をもたらしていることを指摘する。

以上の議論をふまえて、第11章では、市民が統治の客体であり、同時に主体でもあるという民主的統治を実現するために不可欠な私たち市民の政治参加について、理論や思想の面から探っていく。今日までの戦後日本の市民の政治参加や社会運動のありようを検討しつつ、参加民主主義論や熟議民主主義論など、市民の政治参加をめぐる有力な議論を紹介する。現状の日本政治の制度やしくみをふまえて、自ら政治を主体的に担う「市民」として、政治によりよくつながっていくために何ができるか、考えるきっかけとしたい。

以上の各章の末尾には、その章の内容に関連した学生の皆さんにとって読みやすい、あるいはアクセスしやすいと思われる「おすすめの本・ウェブサイト」を紹介しているほか、時事的な話題を政治学的な観点から解説する「コラム」を設けている。

また、本書は附録として現代日本政治に関する「日本政治基本用語集」のほか、最近、政治学の世界で計量分析が存在感を増していることをふまえて「計量分析の基礎知識」を、さらに、政治学を学ぶ学生や学んだ

先輩方が現実の政治にどのようにかかわっているか、具体的なエピソードを紹介する「学生がつながる 現実政治とのかかわり方」「将来につなげる 現実政治とかかわる職業ガイド」を収録している。

　本書が他の日本政治の教科書と異なる点は、政治に関する客観的な記述・分析に努めながら、読者の皆さんがより主体的に政治へとつながってほしい、そして、皆さんも他者を政治へとつなげる人であってほしいという思いを前面に押し出し、明確に訴えていることである。『つながるつなげる日本政治』というタイトルに込められた思いが、本書を読んでくださった人のつながりの中で伝わり、さらに広がっていくことを切に願っている。

第1章
民主政治
──日本の政治は民主的だろうか

　いま日本の政治は民主的だろうか。たしかに戦後日本は自由と民主主義を政治の根本規範としてきた。議会制民主政治の国として歴史的経験を積み重ねてきてもいる。しかし他方で選挙の投票率は低い傾向にある。国民・住民が直面する社会課題の深刻さを政府が十分汲み取っていないと感じることもある。私たちにとって民主政治とは何を意味しているのか。

　本章では、日本政治が民主的であるか考察するため、国民主権の政治とは何かという視点を基軸にして関連事項を説明したい。最初に、戦後日本が議会制民主政治の国として法・統治機構を整備し改革しながら民主政治を模索してきたことを確認する。特に国会が担うべき役割や、二大政党制をめざす政治改革を、国民主権と民主政治の視点から見る。次に、戦後日本の民主政治には、戦前日本と連続する側面と断絶する側面とがあることを確認する。この比較を通じて「戦後民主主義」といわれるゆえんを確認したい。最後に、いかに国民主権の政治を実現するかという問題関心から、直接民主制と間接民主制の意義を検討する。こうして日本政治が民主的なのか理論的に考える材料を提供したい。

1　日本は議会制民主政治の国 ─────

（1）国民主権と議会制民主政治

　日本国憲法は国民主権・平和主義・基本的人権の保障を三大原理とし、自由と民主主義を政治の基本価値としている。戦後日本の民主政治を動かす基礎的条件を構成しているのが、日本国憲法の定める権利と制度である。いま私たちが経験している民主政治は、その評価は論争的であるとはいえ、日本国憲法に依拠して実践されている。

　日本国憲法の三大原理の1つ、国民主権（主権在民）は民主政治の根本原理である（前文・1条）。政治のあり方を決め、法律を制定する権力・権威は、究極的には国民にあるとされる。たとえば憲法改正手続きは、国民主権を具体化する制度の1つと解せる。国会で憲法改正の発議が行われたあと、国民自身が国民投票によって改正するか否か決定するからだ（承認には過半数の賛成が必要。96条1項）。それゆえ国民は憲法制定権力を行使できるという理解も成立する。

　しかし通常、国民主権は代表制を通じて行使される。日本は議会制民主政治（議院内閣制）を採用し、正当に選挙された国会議員が「全国民の代表」として国の政治を担う代表制を、民主政治の方法としている。実際に国会が立法を担い、政府・内閣が行政を担う。それゆえ国民各人は、政治家とは異なって、その職責を負うわけではない。それでも国民主権原理に基づけば、国民こそ政治の主体であって主権者である。もし国の統治にかかわる決定が国民の広範な同意や支持を得ていなければ、それだけその決定に正統性はないと考えることができる。国民は常に国会や政府の決定を問い質すことができ、みずから政治を担う権利を有している。それが国民に主権があるといえる条件である。

（2）議会制民主政治を担う国会と議員の役割

　国民主権の政治を実現するという目的から、現代日本では議会制民主

政治が採用されている。国民代表機関として国会（議会）を置き、国民は国会に法律や予算を決定する権限を託す。それゆえ国会には、国民を十全に「代表」し、その決定に国民が同意・納得できる十分な「説明責任（accountability）」を果たすことが期待される。国の法律は社会活動を拘束する効力を有し、予算は国の行政活動を規定する資源であるから、法律や予算を決定する国会は、国民の日常生活と社会活動を枠付ける権力を有している。だからこそ国会には、政治的合意を形成し国民を政治的に統合する役割を果たすことが求められている。国民の間に存在する多様な意見を可能な限り集め、各所の利益を考慮し、審議を通じて多数の国民が納得・同意できる結論を出すことで、国民の間に分断や強い不満が生じないよう努めるべきである。この「代表」「説明責任」「政治統合」といった機能を十分果たせているとき、国会が民主的に機能していると理解できる。

　しかし現代社会は利害関係が複雑で意見も多様である。国会が十分に国民を「代表」し「説明責任」を果たせるとは限らない。それゆえ私たちは常に国会がその機能を果たせているか批判的に見続ける必要がある。そして国民と国会の間に立って議会政治を担う国会議員の役割とは何かも問われることになる。

　国会議員が代表者としてどのような役割を担うべきか考えるとき、「代表委任」と「命令委任」という、2つの考え方が論じられてきた。

　第1に、国民全体の意思や利益を代表する機関が国会だとすれば、国会議員は、国民全体を代表する「国民代表」の役割を果たすべきだと考えられる。これは「代表委任」の考え方に基づく。

　日本国憲法は「両議院は、全国民を代表する選挙された議員でこれを組織する」（43条1項）と定めている。国会議員が「全国民の代表」であるとすれば、自身の選挙区の有権者や支援団体の代理人として振る舞ってはいけない。もし特殊利益の実現を図る代理人として選挙区民や支援団体などが求める個別要求に従い拘束されるなら、国民全体を代表した判断を下せない。全国民の代表であれば、国民全体の利益や意思が何で

あるか考え判断する職責を負う。自身の所属政党を支持しない人々、あるいは自身が支援を受ける団体の利益と対立する利害を有する人々をも代表しなければならない。

　この国民代表という観念は近代議会制の基礎的条件でもある。近代議会制の基本原理では議員が国民を代表する仕方は「命令委任」ではなく「代表委任（自由委任）」に基づくとされる。命令委任とは、選挙区の有権者や特定の社会集団・団体・組織の意思に代表者を拘束する代表の仕方を意味する。社会に存在する個別の利益や意見を政府へ伝達する役割を議員に求める委任といえる。しかし各議員の言論や表決が常に個別の利益や意見に拘束されるなら、討論と説得を通じて何が公益や正義に適うか判断する自由が議員に与えられないことになる。その場合、国会は会議体として合意形成する能力を失い、国民を政治統合する機能を果たせない。それゆえ議員は個別の意思や利益に拘束されることなく自由に意見表明し表決できるとする「代表委任」が基本原則とされる。

　他方で、社会に存在する多様な意見や利益が審議に直接反映されているとき、国会は国民代表機関として機能しているとも考えられる。この場合、国会議員は、有権者の意見や支援団体の個別利害を率直に代弁・弁護することで、国民を代表する役割を担う。これは「命令委任」に基づく代表である。たとえば、有権者は、私生活や社会生活の経験を基に自己利益と立場を自覚し、どの政党や候補者が自身の利益や信条を反映した立場にあるか選択する、とされる。議員の最大の関心事が次の選挙で再選されることであるとすれば、選挙区の有権者に訴える地域代表、利益団体の支持を得られる利益代表の立場で行動する誘因は強い。これが民主的な代表機能だとも考えられる。

　いずれにせよ国会は国民代表機関として、採決する前に十分審議し合意形成を図る必要がある。個別利害や信念を主張し合う論争に終始しては合意は成立しない。正確な情報に基づき、理に適う根拠を論究する討論こそ国会審議の重要な意義であるはずだ。そして理性と知恵を凝らして交渉・調整し、妥協を図る過程こそ議会政治に求められる機能である。

このとき国会議員は「国民代表」と「地域・利益代表」の間でバランスをとる必要がある。たとえば自己主張に固執し党利党略で他党と協議することを拒む、あるいは批判や異論の存在を無視して強行採決する、といった姿勢で審議に臨むなら、それは議会制民主政治が十全に機能していない証拠になる。

（3）選挙は議会制民主政治の根幹

　自由で公正な選挙は議会制民主政治の根幹である。法律や予算を決定する権限を行使する代表者を選出し、政府を監視する方法であるからだ。国民自ら選出した代表者が権限行使しているなら、国民は選挙を通じ、間接的・一時的とはいえ、統治に関与していることになる。それゆえ正当に選挙された国民の代表者で組織される国会は、国民主権を具体化する制度と考えられる。そして選挙は、国民・住民が自らの政治的意思を表明し、議会政治を有権者につなぎとめる制度といえる。

　つまり選挙は、国民の側から見れば、国会議員を選出し説明責任を課す手段である。特に衆議院議員総選挙は政権選択の機会とされる。国会で多数を占める政党あるいは政党連合の党首・代表が内閣総理大臣に選出されるからだ。国政に限らず一般に議会選挙・首長選挙は、政治指導者の選択を通じて民意を政治に反映させるしくみといえる。この意味で選挙には民主的正統性を基礎づける機能がある。

　しかし政治家の側から見れば、選挙は国民の政治的意思を形成し統治に対する支持を調達する手段である。当選しなければ議員になれないため、そして「国民の審判」を仰ぎ「選挙の洗礼」を経た政治家こそ「信任を得た」代表者として自己の政治的地位を正当化できるため、政治家には選挙に勝ち国民一般の支持を獲得するという目的がある。この意味で選挙は政治家・政党間の投票獲得競争である。

　こうした民主政治理解の基本構図を典型的に示したのがオーストリアの経済学者シュンペーターの民主政治論である。シュンペーターは「政治決定を形成する一種の制度的装置」を指す概念として民主政治を定義

した。「人民の意思」に基づき「公共の利益」を実現する「自己統治」こ そ民主政治だという古典的教説を退け、有権者の支持を求め得票最大化 をめざす政治家・政党間の競争が民主政治の現実だとした。

　この定義は、職業政治家が有権者を政治指導する「政治家による統治」 を意味している。政治指導者は議題設定と政策形成を主導する特権的地 位を占める。これに対し有権者は、選挙の際に政治家や政党を選択する 役割しか有さない。それゆえこの非対称的関係を非民主的と考えること はできる。たとえば首相の専権事項とされる、衆議院の任期満了前に解 散を決める権限は（７条解散）、政権運営を理由に行使される。有権者は 決められた選挙日程に従って投票するしかない。

　とはいえ、選挙が「自由な競争と選択」を可能にするなら、間接的・ 一時的であれ、有権者は選挙権を行使し政府や国会に説明責任を課すこ とができる。政権や政治家の判断を支持できず、業績や資質に疑問をも つなら、次の選挙で投票先を変えればよい。この意味で「自由で公正な 選挙」による政治指導者の選出は、議会制民主政治の根幹だと理解でき る。そしてそれは有権者が主権者である根拠にもなる。

（４）政権選択選挙と議会制民主政治

　しかし戦後日本の選挙が民主政治の根幹として実効的に機能してきた のか問われてきた。1990 年代には戦後の日本政治を変革する政治改革が 断行され、機能の改善がめざされた。

　この政治改革の過程で議論の焦点となったのは、いかに政権交代可能 な政党政治を確立するかであった。国民の政治参加を政権交代につなげ られない政党制では日本政治は民主主義の契機を十分実現できていない と批判された。実際、55 年体制が成立してから自民党一党優位が続き、 政治権力が与党自民党と官僚機構に実質的に独占され、「自由な競争と 選択」が実現しているとは考えにくかった。それゆえ「日本社会を構成 する有権者（国民）が政治権力を自らの力で作り出し、行使し、その結果 を引き受ける」民主政治の実現が政治改革の目標だと認識された（待鳥、

2020、67頁）。国民自身が「明治憲法体制下にあって統治の客体」であった状態を脱し、「日本国憲法のよって立つ精神」に基づき（1997年12月「行政改革会議最終報告」）「統治の主体」に変わることがめざされた（待鳥、2020、69頁）。

　こうして、国民自身が政権選択できる二大政党制の実現をめざす選挙制度改革（1994年）が、非自民党連立政権であった細川護熙内閣の時に行われた。強い指導力を発揮可能な英国型議院内閣制をモデルに小選挙区制を導入し、衆議院の選挙制度は小選挙区比例代表並立制に変えられた。これによって政権選択選挙を実現できれば、選挙を通じて政権を民主的統制の下に置くことができ、国民の政治的主体性を高められると考えられた。

　さらに「政治主導」を支える内閣機能の強化を目的にして、橋本龍太郎政権時に行政改革が推進された。内閣が政策決定の司令塔として機能すれば、官僚制支配から脱却でき、政策判断に民意を反映する度合いを高められると考えられた。つまり、政治責任の所在を明確にし、政権による迅速な政策判断と決断を可能にして、必要な改革を断行できる政治指導力を高めることがめざされた（清水、2018、87～92頁）。

　そして実際に政権交代が起きた。2009年に民主党政権が誕生し、2012年に自民党が政権復帰した。ところが民主党政権が崩壊して以降（2012年）、日本の政党政治は「一強多弱」といわれる。政権担当可能な「強い野党」が存在しないため衆議院議員総選挙が「政権選択選挙」になっていない、と批判する論評がある。政治改革でめざされた二大政党制が定着したとはいえない。

　それにまた、二大政党制をめざすことに問題が指摘されてもいる。たとえば、国会審議を政府・与党対野党の対決型にして、国会審議本来の機能を形骸化する可能性があるかもしれない（大山、2011、19頁）。政治・行政改革が民主政治を促進できたのか、その評価をめぐって議論が続いている。

2 戦後日本の民主政治の基盤 ─────

（1）戦後日本の民主政治の基盤をつくった戦後改革

　歴史を振り返ると、日本政治の民主化は、西欧発の近代的な法・統治機構を導入することで開始された。この意味で現代日本の民主政治は、明治憲法体制下の政治と連続する側面がある。

　とはいえ、戦後改革を経て成立した現行憲法の政治体制は、戦前の政治体制と断絶している側面がある。民主政治の制度と権利を規定する日本国憲法は「戦後民主主義」の象徴だとされる。

　この断絶の側面は、戦後改革の内容を見れば明らかになる。第二次世界大戦に敗れた日本は、GHQ（連合国軍最高司令官総司令部）の占領統治下に置かれた。マッカーサーは1945年10月11日に「五大改革指令」を発し、日本の政治・経済社会の民主化・自由主義化を求めた。

　幣原喜重郎首相は、憲法の自由主義的改革という要請を受け、松本烝治国務相を委員長とした憲法問題調査委員会を発足させた。GHQ草案を基にした「帝国憲法改正案」は衆議院・貴族院の審議、枢密院への諮詢を経て天皇の裁可をもって1946年11月3日に「日本国憲法」として公布され、1947年5月3日に施行された。この憲法改正に伴う決定的変化は、天皇主権から国民主権へ転換されたことである。天皇は「日本国民統合の象徴」（1条）と位置づけられ、「国政に関する権能は有しない」（4条1項）存在とされた（象徴天皇制）。

　また、日本国憲法は「言論出版の自由」「集会結社の自由」「信教の自由」の保障を規定し、これらの自由を制限した戦前の検閲制度や治安維持法を否定した。天皇と天皇制にかかわる言動に適用される刑法の不敬罪も否定された。こうして民主政治の生命線である市民的自由の法的保障が実現した。

　新憲法制定に先立って幣原内閣は選挙法を改正し、選挙権年齢を25歳から20歳に引き下げ、女性参政権を実現した（男女普通選挙制成立）。1946

年の衆議院議員選挙では39名の女性議員が誕生した。この時期、政党政治も再始動した。新たに政党が結成され（社会党・自由党・進歩党・協同党）、共産党は合法化された。地方政治も改革された。住民自治と団体自治を謳う地方自治法が公布され（1947年）、都道府県知事・市町村長の選出が任命制から公選制へ変革された。

　財閥解体・農地改革・労働改革を三大改革とした経済改革も実施された。その目的は、軍国主義を支えた経済機構を解体することだったが、これが経済の民主化を推進した。たとえば労働者の団結権・団体交渉権・争議権を明記した労働組合法が制定されると（1945年12月）、相次いで労働組合が結成された。

　学校教育の民主化も推進された。天皇崇拝や軍国主義を強化した教育を改め、教育の機会均等、男女共学、9年間の義務教育を原則とした教育基本法が制定された（1947年）。

　こうした戦後の民主化改革は、いずれも現在の日本の政治・社会を民主的にする基礎になったと考えられる。「戦後民主主義」といわれるゆえんである。

（2）民主政治を制約した明治憲法体制

　このように、戦後改革を経て形成された現在の日本の自由民主主義体制と比べて、明治憲法体制には非民主的側面が目立つ。たしかに明治政府が成立してから、その専制的な藩閥体制を批判し国会開設・憲法制定を要求する自由民権運動が起きた。民主的な立憲国家を構想する憲法草案（私擬憲法）が複数起草され、西欧の民主主義思想が紹介された。しかし制定された大日本帝国憲法（1889年発布）は民主政治の可能性を限定するものだった。天皇を「神聖ニシテ侵スヘカラス」絶対的存在と神格化し（3条）、統治権を総攬する国家元首と位置づけた（天皇主権）。そして帝国議会は、天皇の立法権を協賛する機関と位置づけられた。つまり明治憲法体制は、議会が存在しても国民主権ではなく、民主政治を実現する仕組みとして不完全であった。

また、内閣は天皇の行政権の輔弼機関とされ、閣僚（国務大臣）がそれぞれ天皇に責任を負う単独輔弼責任制を採った。つまり議会の信任に依拠した責任内閣制ではなかった。同様に、裁判は「天皇ノ名ニ於テ」行うと規定して（57条1項）、司法の独立を限定し、国民の自由と権利を守る機能は制約された。さらに天皇大権には実力組織である軍部の統帥権が属し、国務権限から切り離された（統帥権の独立）。それゆえ**シビリアンコントロール**が不完全で、軍部独走の一原因になったと考えられる。

　こうして国民は天皇の権威に従い命令に服従する臣民と位置づけられ、政治的主体性は制限された。たとえば政府は各種の治安立法によって「言論出版の自由」「集会結社の自由」に制約を課し、民主政治の生命線である市民的自由を制限した。また、学校教育に組み込まれた教育勅語は天皇の精神的権威を前提にした「忠君愛国ノ志気ヲ涵養」する国家主義的な国民道徳を表現していた。

（3）明治憲法体制下で追求された民主政治

　とはいえ戦後日本政治には戦前と連続する側面がある。それは明治憲法体制下で立憲主義・議会政治・政党政治が追求された動きに求められる。

　大日本帝国憲法は、天皇主権を定める一方、立憲主義の理念に依拠してもいた。日本に降伏を勧告したポツダム宣言（1945年7月26日）の第10項には、「戦争犯罪人に対して厳重な処罰を加えられねばならない」としたあと、「日本国政府は、国民の間における民主主義的傾向の復活・強化に対する障害を除去し、言論・宗教・思想の自由と基本的人権の尊重を確立すること」とある。戦後日本の民主政治は、明治国家建設過程で積み重ねてきた立憲主義・議会政治の成果の上に実践されている、とも考えられる。

　たしかに元老・枢密院が存在し、軍部の統帥権は独立し、帝国議会でも貴族院が衆議院を抑制する働きをした、という意味で民主政治は制度的に制約された。しかし天皇大権といっても実際には立法権は議会の協

賛（同意）によって、そして行政権は内閣の輔弼（助言）によって行使される慣行だった。衆議院には政府が提出した予算案を承認するか否か政府を監視する力が一定程度あった（大山、2011、25 頁）。

　有権者の支持を得て衆議院で優勢を占める政党の党首が組閣する**政党内閣**も成立した。1918 年には日本で初めて本格的な政党内閣である原敬内閣が成立した。また、第二次憲政擁護運動を契機に憲政会・民政党と政友会の二大政党が政権交代する政党政治も成立した。憲政会総裁・加藤高明を首相とする護憲三派内閣が成立した 1924 年から、立憲政友会・犬養毅内閣が崩壊する 1932 年まで二大政党政治が持続した。さらに選挙権資格の制限も漸次緩和された。加藤内閣のとき納税額による制限が撤廃され、25 歳以上の男子に選挙権を付与する（被選挙権は 30 歳以上男子）普通選挙法が成立した（1925 年）。有権者は全人口の約 5 ％から約 20％へ拡大し、国民の支持を基盤に政治を行う議会制民主政治の可能性が拡がった。

　この議会政治・政党政治が展開した時期に、立憲主義が政治争点に浮上した。明治憲法体制の枠内で、天皇主権を前提に、民主的な政治を求める思想・理論が提起された。

　たとえば憲法学者・美濃部達吉は、天皇を統治権の主体と位置付ける（天皇主権説）穂積八束・上杉慎吉に対し、国家とは法律上の人格を有する法人であるとする国家法人説に基づき、国の統治権は国家に帰属するもので、天皇はその統治権を行使する機関であるとした（天皇機関説）。国家君主である天皇は「統治権を総攬」する国の最高機関であるとする一方、天皇の意思が国の意思として絶対無制限であるとは認めなかった。

　また当時デモクラシー論の理論的指導者として活躍した吉野作造は民本主義を説き、藩閥政治に代わる立憲政治の確立を主張した。民本主義とは、国民主権か天皇主権か問わず主権を行使する際は一般民衆の福利と意向を重んじるべきとする主義である（「憲政の本義を説いて其有終の美を済すの途を論ず」）。吉野は、普通選挙制に基づき民衆が政府を監視する議会中心の政党政治・政党内閣を擁護し、貴族院・枢密院の権限縮小を

主張した。

　こうした「**大正デモクラシー**」の時代に説かれた「憲政の常道」は、日本の議会政治の遺産である。

　しかし議会政治の民主化は金権政治による腐敗やポピュリズム的傾向をもたらしもした（筒井、2018）。そして、犬養毅首相を暗殺した5・15事件を転機に政党内閣は終焉し、代わって軍国主義が抬頭した。国民に滅私奉公を求める皇国史観が強調され、個人の自由を抑圧する超国家主義が支配的となった。こうして民主政治の傾向は頓挫した。とはいえ大正・戦前昭和の一時期に、国民に政治参加の機会を開いた衆議院を舞台に政党内閣が興隆した議会政治の歴史は、戦後日本の民主政治に継承される遺産となった。

3　問われ続ける民主政治

（1）「自己統治」の理想

　戦後改革を経て成立した現代日本の議会制民主政治は、あるべき民主政治を実現できているか、今日に至るまで問い直され続けてきた。長期にわたる保守・自民党政権の下、国民主権を生きた原理にできているか、その評価は多様でありえる。たとえば、政権交代可能な政党政治の不在を日本の民主政治の欠点と捉えるか否かも重要な論点である。

　こうした現実の民主政治に対する評価の背後には常に原理の問題が横たわっている。議会制民主政治の現実は「政治家による統治」である。議会議員を選出する主体が国民だとしても、実際に法律や予算等を具体的に決定するのは国会および政府である。有権者個々の意思は複数の手続きを経て政治決定に反映されるため、それだけ議会・政府の決定が有権者の判断と乖離する可能性が常にある。有権者みずから決定に加わった、という実感をほとんどもてないのが実情である。

　実際、議決の内容が「国民の意思（総意）」といえる根拠は、議会審議の手続きに求められている。法律や予算が適正な手続きを経て可決成立

したなら、それは「国民の意思（総意）」に基づいている、という擬制が議会制民主政治の正統性を支えている。

　しかしこの擬制が、たんなる政治的支配の道具に変質する可能性はある。極端な場合、「真の民意」を僭称する政治指導者が議会を利用して独裁政治を正当化するかもしれない。それゆえ、本当の意味で「国民の意思に基づく政治」を実現するには、国民全員が参加できる国民総会と、国民各人が直接に意思表明し具体的に政策の可否を決められる国民投票が必要だとも考えられる。

　元来、民主政治は、西欧政治思想の歴史において、民衆が政治権力を握り自ら統治する政治体制を指す言葉であった。古代アテネの統治機構には政治的意思決定機関として一般市民が平等に参加資格を有する民会が設置され、国家（ポリス）の重要事項を討議し決定したとされる。こうした古代アテネで実践された政治の形態を指す用語として民主政治があった。

　この歴史的起源を考慮すれば、民主制は本来「民衆の直接参加と自治を中心にした民衆の自己統治の政治形態を意味する」。これに対し議会制民主政治は「厳密にいえば、代表者による委任統治的な寡頭政の一形態」と考えられなくもない（千葉、2000、ⅴ頁）。代表制である以上、代表者と有権者との間で意思が一致しない可能性は常にある。現実に政治決定を担う議員は少数で、その他多数の人々が決定に従うという構図が存在する以上、構造的に民主政治の不全が起きる可能性を内包している。それゆえ、議会制民主政治は公正な意思決定の方法といえるのか、有権者は政治的に平等であるといえるのか、といった問題が問われてきた。

（２）「民衆による支配」に伴う問題

　しかし、古典古代の民主政体は否定的評価の対象であった。たとえば、古代ギリシアの哲学者プラトンは、無知で貧しい民衆を扇動する政治家が支配権力を握る僭主独裁政を招くとして否定的に評価した。プラトンによれば、民主政は自由と平等を無原則的に許容し、無知、傲慢、浪費

がまかりとおる政体である。それゆえ、事物の真の本性に関する哲学的知識を備えた人々だけが支配する資格をもつと考えた。また、アリストテレスはその政体論で、民主政を堕落形態に位置付けた。民主政は現実には多数の貧者による支配を意味し、共通の利益よりも財産をもたない貧民の利益が優先されること、また市民の平等が強調され能力の差まで無視されることに問題があるとした。

こうした評価に妥当性があるなら、「国民の意思に基づく政治」が「善い政治」の在り方なのか問われることになる。西欧政治思想の歴史で「民衆による支配」を意味する民主政治は、地位と財産を有する人々にとって危険な思想であった。たとえば、フランス革命期のロベスピエールらのジャコバン独裁と結び付けられ、暴徒化しやすい民衆が既存秩序を破壊する危険な急進主義的イデオロギーだとみなされる傾向にあった（福田、2009、47〜48頁）。

大衆民主制が成立した20世紀に入っても、民主政治が「善い政治」をもたらすとは限らないと論じられてきた。たとえば、「ポピュリズム」の危険性は常に民主政治の負の側面として自覚されてきた。「国民の意思（民意）」を政治決定に直接反映する統治の方法は、「多数者の専制」や民衆の意思の代弁者を僭称する政治指導者の独裁を生み出す可能性がある。

それゆえ、民主政治を制限する自由主義の法制度の意義が強調されたり、反対に、民主政治を可能にするため政治教育を普及させ国民の判断能力の向上に努めるべきだとする議論が展開されてきた（たとえば、主権者教育）。

とはいえ、議会制民主政治が常に、少数の政治指導者が自己利益を目的に政治権力を専有する寡頭制的な政治をもたらすとは限らない。たとえば、議会選挙は「優れた者を選出するという貴族政的な機能」を果たし得るし、議員を「有権者の判断によって民主的にコントロールする」制度にもなる（早川、2014、185頁）。国民は、選挙や世論形成などを通じて政治指導者の行動や判断に影響を与えることで、「善い政治」「優れた統治」を実現できるとも考えられる。それゆえ、選挙制度改革や政治的

リーダーシップの強化が、重要な政治課題として議論されてきた。

（3）直接民主制と間接民主制

　しかし、議会制民主政治が機能不全に陥って、「民意」と乖離した政治を行っている、という批判は戦後日本政治の中で繰り返されてきた。議会政治が「既得権擁護」「世論誘導」に傾き、寡頭政に堕しているとすれば、「国民の意思に基づく政治」を実現するため、国民・住民が意思決定に直接参加する手段を求める理由も生まれる。

　もし民主政治の本質を自己統治として理解するなら、民主政治には、政体構成員全員に平等に政治的権利を付与し、それぞれが同意できる結論を得る、公正な意思決定方法が求められる。この意思決定方法として、たとえば多数決をとる、議論し合意形成する、調整・取引を通じて妥協する、などが考えられる。そして、これら意思決定を誰が担い、どの方法を採用するかによって、自己統治を制度化する民主制の種類に違いが生まれる。

　意思決定の権利を誰が行使するかを基準に民主制の種類を区別する場合、代表者が意思決定権を行使する制度は間接民主制である。代表者の会議である議会や内閣が権限を行使する議会制民主政治が典型である。国民には選挙や世論形成や圧力活動など間接的にしか政治的影響力を行使する手段がない。これに対して、政体構成員みずから意思決定権を行使する制度は直接民主制である。国民投票や地方自治における住民投票などは、国民や住民が直接的に決定する方法であるから直接民主制である。

　このように間接民主制と直接民主制を比較した場合、国民主権を実現する方法として、直接民主制がその原理に適合する。国民・住民が直接に意思表明でき、決定に参加できるとき、国民が主権者としてその権利を行使できたと考えられるからである。たとえば、住民生活に重大な影響を及ぼす政策課題については、政治家の判断に任せず住民の意思を問うべきだと主張されるが、その理由として国民主権の理念に言及された

りする。

　しかし国民・住民全体が自ら統治を担う体制は非現実的である。たとえ法案・条例の採決に限っても全法案・条例を国民・住民投票にかけるのは現実的ではない。そうした制度を運用するには、国民・住民に多大な負荷をかける。また、多数決主義を国民・住民の間に持ち込み分断を生む可能性さえある。現代社会では多くの場合、直接民主制を活用するなら、その必要性を慎重に判断するべきと考えられている。

　それゆえ、間接民主制が民主政治の方法として現実的に可能な制度であると擁護されてきた。利害関係が複雑で意見も多様な現代社会では、意思決定する方法として効率的でもある。米国の政治学者ロバート・ダールによれば、民主政治の単位が小さくなるほど政治決定を代表者に委ねる必要性が減少し、民主政治の単位が大きくなるほど代表者に政治決定を委ねなければならない範囲が増大する（ダール、2001、151頁）。ここでダールは、市民の直接参加を拡大すれば意思決定の効率性が低下するというジレンマを指摘している。たしかに、地方自治や地域社会の意思決定では、直接民主制が有用な場面も多いと考えられる。しかし国政レベルでは難しい。それに、もし政治的意思決定がそれ独自の能力を必要とする営為であるなら、むしろ政治の任務を専門家である職業政治家に任せた方が国民の利益になるかもしれない。そして有権者国民は、政治の職務から解放され、社会経済活動に専念でき、自由に私生活を送ることができる。この意味で間接民主制は、直接民主制とは別の意味で「民主的」と考えることもできる。

　ただし、直接民主制と間接民主制を、二項対立図式で捉える必要はない。民主政治は、種々の制度が有機的に連関する上に成立すると考えるべきだろう。政治課題の特質、その時の社会状況などに応じて両者を活用し、相互補完的に機能する道を模索するべきである。たしかに、住民投票の結果と議会の決定が異なる場合、どちらの正統性を優先するべきなのか、といった問題は残っている。しかし、私たちが民主政治を実践するには、不断の工夫と改革を重ねていくしかないことは間違いない。

column 1
政治主導は民主的か

　90年代の政治・行政改革の目標に政治主導が掲げられた背景に、戦後日本では議院内閣制本来の機能が実現できていないという問題認識があった。戦後日本の議院内閣制は、実質的に各大臣が各府省庁官僚制の利益の代理人となった「官僚内閣制」といえるものだった。閣議は事前に事務次官会議で調整された案件を了承する儀式と化し、首相が指導力を発揮できない運用になっている、と問題視された。それゆえ、官僚依存の政策決定から脱却するため、国民代表機関である議会の信任の上に成立する内閣が政策形成を主導する政治・行政を確立する必要があると考えられた。そしてこれは議院内閣制が有する民主主義機能の実現でもあると考えられた。

　たしかに、衆議院議員総選挙が政権選択選挙として機能すれば、有権者の負託を受けた首相の決断と政策の推進は民意を反映した政治指導であって「民主的」と考えられる。しかし、政治主導を制度的に担保する官邸主導体制は非民主的な政治を招くという批判もある。首相の政治決断を貫徹するには、官僚機構の論理の上に首相の決断を置く必要がある。しかしこれは首相の意思の支配を生みかねない。官邸官僚は「首相案件」を大義に省庁の異論を制圧し、原案を強行する（牧原、2018、66頁）可能性さえある。なるほど首相個人の人気や内閣支持率が高ければ、抵抗の強い改革を断行でき、それが国民の期待に応える政治なのかもしれない。しかし首相の決断の正統性を選挙結果だけですべて説明できるのか。首相の決断に賛同できない人々は強い反発を抱き党派対立が強まるかもしれない。多様な民意を反映する場である国会の役割も軽視できないはずだ。議院内閣制が人民投票的傾向を強めるなら、その権力を監視し必要であれば対抗できるだけ強い国会の権限が必要ではないのか。民主政治の実現を期す政治・行政改革は、道半ばと考えることができる。

おすすめの本・ウェブサイト

 森政稔（2016）『迷走する民主主義』ちくま新書

　戦後日本の民主政治について、政治思想・政治理論の視点から考察した好著。思想的考察を基底にして、日本政治の特質や民主党政権の問題点を浮かび上がらせている。文脈づけて理解する手法が印象深い。

 早川誠（2014）『代表制という思想(選書＜風のビブリオ＞１)』風行社

　代表制は直接民主制の次善策ではないとして、代表制独自の意義を論じている。代表制民主政治をめぐる重要な政治思想・政治理論の知見が明瞭に整理され勉強になる。議会制民主政治の問題として、首相公選制の考察も重要。

 文部省著作教科書（2018）『民主主義』角川ソフィア文庫

　中学生・高校生の社会科教科書として使用された著作を復刊した本。日本国憲法の原理や意義に加えて、民主主義とは何かという根本問題をわかりやすく解説している。含意が深く論点が広範囲に及んでいて、今でも古くない。

参考文献

飯尾潤（2007）『日本の統治構造——官僚内閣制から議院内閣制へ』中央公論新社。

大山礼子（2011）『日本の国会——審議する立法府へ』岩波書店。

坂野潤治（2008）『日本憲政史』東京大学出版会。

佐々木毅（2012）『政治学講義〔第2版〕』東京大学出版会。

清水真人（2018）『平成デモクラシー史』ちくま新書。

シュンペーター、ヨーゼフ（大野一訳）（2016）『資本主義・社会主義・民主主義Ⅱ』日経BPクラシックス。

高畠通敏（2012）『政治学への道案内』講談社学術文庫。

ダール、ロバート（中村孝文訳）（2001）『デモクラシーとは何か』岩波書店。

千葉眞（2000）『デモクラシー（思考のフロンティア）』岩波書店。

筒井清忠（2012）『昭和戦前期の政党政治——二大政党制はなぜ挫折したのか』ちくま新書。

筒井清忠（2018）『戦前日本のポピュリズム——日米戦争への道』中公新書。

福田歓一（1977）『近代民主主義とその展望』岩波新書。

福田歓一（加藤節編）（2009）『デモクラシーと国民国家』岩波現代文庫。

福永文夫（2014）『日本占領史1945-1955——東京・ワシントン・沖縄』中央公論新社。

牧原出（2018）『崩れる政治を立て直す——21世紀の日本行政改革論』講談社現代新書。

待鳥聡史（2015）『代議制民主主義——「民意」と「政治家」を問い直す』中公新書。

待鳥聡史（2020）『政治改革再考——変貌を遂げた国家の軌跡』新潮選書。

三谷太一郎（2017）『日本の近代とは何であったか——問題史的考察』岩波新書。

山口二郎（2019）『民主主義は終わるのか——瀬戸際に立つ日本』岩波新書。

第2章
現代日本政治史
——政党・政治家のダイナミックな動き を中心に

　本章では、第2次世界大戦後の占領期から、岸田文雄政権に至るまで、ダイナミックに動いてきた戦後日本政治史について述べる。

　1955年に保守合同によって結党された自民党は、1993年まで長期政権を維持し、その後もほとんどの期間で政権を保ってきた。革新陣営との激しい対立の中でアメリカとの協調を基本としつつ、高度経済成長の追い風に乗って政権基盤を固めていった。だが、党内派閥の対立を抱え、支持基盤の動揺も経験するなど、常に順風というわけでもなかった。

　一方、社会党は自民党政権が途切れる1993年まで野党第一党であり続けたものの、現実的な対抗政党となりきれなかったのに対し、小選挙区制導入後は一気に野党再編が進み、民主党の発展、さらには政権交代にまでつながった。この間、社会経済環境の変化もあり、自民党も質的な変化を経て今日に至る。

　民主党政権の失敗が第2次安倍晋三政権を生んだ。その安倍は歴代最長期間首相に在任したが、最大の政治目標であった憲法改正を実現することなく退陣し、やがて凶弾にたおれた。いま、今後の日本の民主政治の展開が問われる局面を迎えている。

1 自民党結党に至る流れ ─────────

　本章では、現代日本政治を理解し、よりよく政治につながっていくために必要な戦後政治史の基本について学んでみよう。

（1）日本の民主化から自立へ

　1945 年夏、第 2 次世界大戦に敗れた日本は、アメリカを中心とした GHQ（連合国軍最高司令官総司令部）による間接統治を受け、政府の機構を存続させる形で民主化を進めていった。戦時下で活動の制約を受けていた政党も復活への動きをみせ、政党制の再編成の時代を迎える。

　1946 年には戦後初の衆議院議員総選挙が行われたが、先の戦争に加担した有力者が GHQ により次々と公職追放の処分を受けた。自由党の総裁であった鳩山一郎も追放処分を受け、当時外相の吉田茂に総裁の座を委ねることとなった。この選挙の結果、吉田が首相に就任するも、大選挙区制のもとで行われたこともあり政党の議席が分立し、1947 年に再度衆院選が行われた。その結果、社会党を中心とした中道連立政権が誕生する。しかし、わずか 1 年ほどでこの中道政権が行き詰まると、吉田が再度首相に就き、1954 年まで内閣を組織して保守政権が戦後復興を担うこととなった。

　こうした中で、アメリカとソ連との間で東西冷戦が激化し、日本の周辺環境にもこれに関連する動きが相次いだ。1949 年に中華人民共和国が建国され中国に共産党政権が誕生した。さらに、1950 年には北朝鮮が韓国に侵攻して朝鮮戦争が勃発する。アメリカは、日本をソ連など東側諸国に対する極東地域での防波堤とすべく、占領政策において民主化よりも経済復興を重視して、日本の自立を急ぐようになった。1951 年にはサンフランシスコ講和条約を結んで日本の主権を回復すると同時に、日米安保条約によって、西側陣営の一員として日本が明確に位置づけられることとなった。

吉田は、対米協調を機軸として軍備をアメリカに依存しつつ（軽武装）、経済成長を最優先して、日本の国際的地位を回復させる方針をとった。こうした方向性は、後に自民党が結党されてからも歴代の政権に長く受け継がれ、「保守本流」と呼ばれることになる。

　さて、占領政策が見直される中で公職追放は徐々に解除され、1950 年には鳩山一郎も政界復帰を遂げた。鳩山とすれば、吉田に一時的に保守陣営の代表の座を譲ったつもりであったが、吉田は鳩山が復帰した後も自由党総裁の座にとどまり続けた。これを不満とする鳩山は自由党内で反吉田グループを形成し対抗した。そして、1954 年には岸信介らと日本民主党を結成して憲法改正や再軍備を高く掲げていく。鳩山・岸らの方向性は「保守傍流」とも呼ばれるようになり、保守陣営内部での確執が深まっていった。

（2）自民党の結党

　1955 年になると、サンフランシスコ講和条約への賛否をめぐって左右両派に分裂していた日本社会党が再統一を果たす。これにアメリカや資本主義経済の安定を図る**財界**は危機感を抱き、分裂していた保守陣営に対応を促した。そして苦難の末、同年 11 月に自由党と日本民主党が合併して、自由民主党（自民党）が結成された。保守政党の合同であることから、保守合同とも呼ばれる。自民党を政権党とし社会党を野党第一党とする 1955 年体制（55 年体制）が、ここに成立したのである。

　自民党は結党当初、総裁人事が決まらず総裁代行委員制をとり、翌年になってようやく初代総裁として鳩山一郎が選出された。妥協による結党であったため、自民党が政党として存続できるのか疑問視する向きも強かった。しかし、結果として、民主主義体制のもとで自由な選挙を繰り返しても、ほぼ一貫して自民党が一党優位である「1 と 2 分の 1 政党制」（スカラピノ・升味、1962）という、世界でも稀有な政党政治が展開されていくことになる。

　1954 年末から吉田茂に代わって政権を担った鳩山は、首相として独自

の外交を模索し、ソ連との国交正常化交渉を進め、1956年に日ソ共同宣言に署名し、国交を回復した。これを受け、日本は同年12月に国際連合への加盟を果たしたが、北方領土の返還やソ連との平和条約の締結は課題として残され、今日もロシアとの間で交渉が続けられている。

2　高度成長と自民党政権の経済中心路線 ──

（1）政治から経済へ

　1957年に首相に就任した岸信介は、戦前は革新官僚としてならし、戦後は先の戦争に加担したA級戦犯容疑者として公職追放の処分も受けていた。岸は、自らの政権でとりわけアメリカに対する日本の自立を志向し、まず日米安保条約をより対等なものとしたうえで、占領下でつくられた日本国憲法を改正すること（自主憲法の制定）を目指した。

　だが、安保条約改定をめぐっては、岸のもつ旧体制的な性格に反発する革新勢力による安保闘争を引き起こし、国会内外に混乱をもたらすこととなった。新安保条約は1960年に自然承認され成立したが、結局、改憲を果たせないまま岸は首相を辞任することとなった。

　岸のあとを受けて首相となったのは、吉田茂の門下生であった池田勇人であった。大蔵官僚出身の池田は、すでに1950年代から始まっていた経済成長の流れを活かして「**所得倍増計画**」を掲げ、経済中心路線へと政治の局面の転換を図り、高い支持率を維持した。こうした中で、憲法改正は徐々に自民党政治の後景へと退いていくことになる。

　池田は、1964年の東海道新幹線の開通、東京五輪の開催を見届けて、自らと同じく吉田茂の薫陶を受けた佐藤栄作に政権を引き継ぐ。佐藤は、経済成長が続く中で政権基盤を着実に固め、当時戦後最長となる長期政権を築いた。

　佐藤にとって、最大の課題は沖縄返還であった。とりわけ沖縄にある核兵器の取扱いが問題となったが、アメリカとの交渉を重ねて、1972年に返還を実現する。ただ、沖縄に集中する米軍基地の問題は今日も日本

政治の大きな課題として残り続けている。

（2）自民党派閥と利益分配システムの発展

　さて、もともと異なる政党が合同してできた自民党には８つの派閥が存在したが、1970年代にかけて５つに収斂していった。総理・総裁を目指すリーダーである領袖が組織拡大を図り、総裁選では派閥を単位として多数派形成が争われることになった。そして、派閥は政府や党などの役職や政治資金を分配する単位として機能していくこととなる。

　自民党は、近代的政党組織の整備のため、派閥解消を目指したが、同党の政治家同士の戦いが促進される衆議院の中選挙区制のもとで、個々の政治家が個人後援会を組織するのに精を出し、派閥の支援を求めることとなり、派閥の重要性がますます増していった。

　一方で、保守の自民党の政権が長期化し、経済中心路線が推進される中で、主として都市部で生まれた高度成長の果実を補助金や公共事業などの形で、自民党の主たる支持基盤である農村部へと政策的に再分配していく社会民主主義的な「自民党システム」が形成されていった（蒲島、2014）。有権者は利益を得た見返りとして自民党への投票に傾き、まさに利益誘導型の政治が展開された。こうした政治のあり方を身をもって体現したのが、1972年に首相となった田中角栄である（→コラム２）。

（3）社会党の伸び悩みと野党の多党化

　この間、社会党は「非武装中立」を党是として、護憲や日米安保条約の廃棄、自衛隊の解消などを訴え、自民党に対峙した。だが、1958年衆院選での166議席を頂点として、その後は伸び悩んだ。野党第一党として、労働者のための階級政党という位置づけを脱し、より広い層の支持を得られる現実的な政党への変化の試みもなされたが、左右両派の対立を抱えてうまくいかなかった（新川、1999）。しかも、社会主義が目指す社会の平等な発展は、保守の自民党政権のもとでもある程度実現することとなったため、支持拡大に苦慮することとなったのである。

こうした中で、1960年には民主社会党（のちの民社党）が社会党から分裂し、社会党は支持基盤の一部を失うこととなった。また、1964年には仏教系宗教団体の創価学会を母体とする公明党が誕生し、さらに社会党と同じ革新陣営に属した共産党も1970年代にかけて勢力を拡大した。高度成長に伴って、人口が都市部に集中し、議員定数も大都市により配分されるようになり、野党の多党化が進んだ。社会党は、1993年の政権交代に至るまで一貫して野党第一党であり続けたが、多党化によってその地位は相対的に低下していくことになる。

3 派閥対立と保革伯仲の時代

(1) 成長の負の側面の顕在化

野党が伸び悩む中で、自民党の基盤は盤石だったかというと必ずしもそうではない。やがて高度経済成長の負の側面が顕在化しはじめる。

具体的には、公害などの環境問題や高齢化に伴う福祉の充実といった課題であり、自民党政権は当初、開発や経済成長を優先してこれらの問題への対応が遅れた。有権者の不満は主に地方選挙レベルで顕在化し、特に東京都の美濃部亮吉知事や大阪府の黒田了一知事など大都市部を中心として、社会党や共産党などの支援を受けた政治家が首長となる「**革新自治体**」が次々に誕生していった。一方、都市部への人口集中も農村部を主たる支持基盤としてきた自民党を脅かし、得票率や議席率を減少させ、1970年代半ばには与党と野党の議席数が接近する保革伯仲の状態となる。こうした中、1970年代には自民党内の派閥の対立が深まり、比較的短い周期での首相の交代が続いていく。

(2) 角福戦争から田中支配へ

1970年代から80年代前半にかけて、自民党内の対立の軸となったのが田中角栄と福田赳夫である。佐藤栄作の後継者争い（角福戦争）に勝利して、当時最年少の54歳で首相となったのが田中であった。田中は、た

たき上げの政治家であったが、官僚と良好な関係を築いて政策に精通していた。首相として佐藤派の大部分を引き継いで田中派としたうえで、1972年に中華人民共和国を訪問して日中共同声明を行い、国交を正常化させた（中華民国（台湾）とは断交）。その一方で、自著『日本列島改造論』に基づいて、成長と福祉を循環させようという列島改造計画を内政の課題と位置づけた。だが、積極的な経済政策は狂乱物価を招き、また第4次中東戦争に端を発した石油ショックも相まって経済は混乱することとなり、国民の期待は一気にしぼんだ。最終的に田中は、自らの金脈問題によって辞任を余儀なくされた。

　その田中は、次の三木武夫政権時に発覚した**ロッキード事件**で1976年に逮捕され、自民党を離党したが、田中派の実質的なオーナーとして引き続き君臨し、派閥を膨張させていった。

　三木が党内の支持を失って首相を退任すると、大蔵省出身の福田赳夫が満を持して政権についた。岸信介の後継者であった福田は、「経済の福田」として経済の安定を図った。また、自民党の改革を進め、総裁選挙に予備選挙を導入した。福田は、総裁再選を目指し自信をもって1978年の総裁予備選挙に臨んだが、将来的に首相への返り咲きを狙う田中は派を挙げて自らの盟友の大平正芳を支援した。結果は大平が勝利し、福田は本選出馬を辞退し、大平政権が誕生した。

　大平は、池田勇人の秘書官を経て政界に進んだ。首相となってからは深刻な党内対立に苦しんだ。主流派（田中・大平派）と反主流派（福田・三木派）の対立が激化し、1979年衆院選の後には40日抗争と呼ばれる党内紛争が生じて、事実上の分裂状態に陥った。最終的には、1980年に社会党が提出した内閣不信任案の採決を自民党反主流派が欠席したことにより不信任案は可決され、同年に史上初の**衆参ダブル選挙**が行われることとなった。ところが、選挙期間中に大平首相が急逝し、自民党には同情票も集まって大勝した。

　大平政権後に政権についた鈴木善幸・中曽根康弘も、いずれも田中派のバックアップを受けた。田中角栄は、刑事被告人として傷を負ってい

たが、首相としての再登板をいまだ諦めていなかった。しかし、無所属議員としての田中が膨大な派閥メンバーを抱えながら、事実上自民党や日本の政治を動かすといういびつな構造が存在した（田中支配）。田中派は、田中の豊富な資金力を背景に選挙でも強く、多彩な人材を擁して「鉄の結束」といわれた一方で、自派から新たに総理・総裁候補を出せないことへの不満が派内に蓄積していくこととなった。

4　行政・政治改革への流れ

（1）中曽根政権と行財政改革

　1970年代後半以降低成長の時代に入り、少子高齢化が進展する中で、財政難が問題となってくる。1982年に政権についた中曽根康弘は、前任者の鈴木善幸が設置した第2臨時行政調査会（第2臨調）による歳出削減や行政改革を目指す路線を引き継ぎながら、自らの独自性のアピールに努めた。また、保守傍流出身の政治家として、保守本流政治のもとで築き上げられてきた諸制度の見直しを目指したほか、外部の有識者を登用して懇談会や審議会といった新たな諮問機関を設置し（審議会政治）、首相のリーダーシップのもとに政策実現を図る姿勢を鮮明にした。その一方で、田中派の強力なバックアップのもとで政権運営を行ったが、1985年、その田中派内で次のリーダーとされていた竹下登らが創政会を結成し、派閥の独立に向けた動きが顕在化した直後に田中が病に倒れ、田中支配はついに終焉を迎えることになる。

　こうした中で、自民党は1986年の衆参ダブル選挙で大勝し、中曽根は最終的に国鉄、電電公社、専売公社という3公社の民営化を実現することとなった。この民営化は、民間活力の活用による行財政改革の象徴として掲げられ、社会党の支持基盤で官公労（官公庁系の労働組合）を主たる加盟団体としていた総評（日本労働組合総評議会）に大きな打撃を与えた。社会党は、1980年代にかけて中道の公明党や民社党との協調を掲げ、1986年には西欧型社会民主主義を志向する新宣言を打ち出してようや

く現実路線に踏み出したが、自民党が支持を回復する中で、政権奪取に近づくことはできなかった。

（2）リクルート事件と政治改革に向けての動き

　竹下登は、1987年には田中派の大部分のメンバーと竹下派を結成する一方、中曽根の後を受けて首相に就任する。竹下は、田中派時代以来、国会対策などを通して築き上げた野党とのパイプを活かし、また世論の説得にも努めて、1989年に大型間接税である消費税（税率3％）を導入することに成功した。最大派閥のリーダーとして長期政権が期待されたが、**リクルート事件**が発覚し、退陣に追い込まれた。

　1970年代の激しい派閥対立を経て、この頃になると自民党の派閥の制度化が進んだ。当選回数による年功序列人事に加え、いわゆる「総主流派体制」が確立し、基本的に全派閥が総裁を支持する見返りに、派閥の議員比率に応じて大臣などのポストを獲得するようになった（派閥均衡人事）。そして、長期政権のもとで特定の政策分野に精通した**族議員**たちが自民党内で台頭し、自民党政務調査会での議論をリードすることを通して、政策形成過程において官僚より優位に立って政策調整を行うようになっていった（佐藤・松崎、1986）。一方で、最大派閥となった竹下派が日本政治の行方を支配していく。

　1989年12月、米ソ首脳によるマルタ会談が行われ、冷戦の終結が確認された。この年の参院選でリクルート事件の傷を負った自民党は大敗し、結党後初めて選挙における第一党を社会党に譲り渡すこととなった。この時社会党は土井たか子委員長を先頭に、女性候補を多く擁立したことからマドンナ旋風とも呼ばれた。

　社会党のブームは一時的なものにとどまったが、自民党長期政権の腐敗を前にして、政治改革に向けた議論が徐々に深まっていった。四半世紀に及ぶ「改革運動」の始まりである（薬師寺、2014）。特に、衆議院の選挙制度改革にスポットが当たっていく。竹下派の支援を受けて1989年に発足した海部俊樹政権のもとで、政権交代がより容易な体制を築きな

がら、中小政党の存在にも配慮するという観点から、大政党に有利な小選挙区制と、中小政党に有利な比例代表制という異なる制度を組み合わせた小選挙区比例代表並立制が有力な案として浮上する。だが、従来の中選挙区制から大きな変化となるだけに、野党だけでなく、自民党内からも反対意見が噴出し、海部は退陣を余儀なくされた。

（3）自民党の下野と非自民連立政権

　海部に続いて政権の座についた宮沢喜一も、竹下派の支持を受けていた。ただ、その竹下派は、派閥会長の金丸信が東京佐川急便事件をめぐり議員辞職と会長辞任に追い込まれたことをきっかけに、後継者争いから羽田孜派と小渕恵三派とに分裂した。

　そして、小沢一郎らが参加した羽田派は、宮沢が政治改革を実現できなかったことを理由に1993年の宮沢内閣不信任案に賛成し、可決された。これを受けて宮沢首相は衆議院を解散したが、羽田派は新生党を結党して、さらに武村正義らは新党さきがけをつくるなど、自民党からの離党の動きが相次いだ。

　1993年衆院選の結果、自民党は第一党の座を維持したが、過半数には達せず、新生党の小沢一郎を中心に、日本新党（1992年結党）代表の細川護煕を首相に推挙して、非自民8党・会派による連立政権が誕生した。ここに、自民党は結党後初めて野党に転落したのである。

　細川政権は、1994年に衆議院の選挙制度改革（小選挙区比例代表並立制の導入）を柱とした政治改革関連法を、自民党との妥協で成立させた。一方、自民党出身者から社会党まで幅広い政治家を含む連立政権内の政策調整は難航し、結局社会党と新党さきがけは、小沢一郎との対立もあって、連立を離脱した。

　野党となっていた自民党は、社会党とは55年体制のもとで鋭く対立してきたが、彼らの非自民連立政権からの離脱を好機として、社会党と組んででも一刻も早く政権に復帰する道を選んだ。こうして、自民党は社会党委員長だった村山富市を首相に推挙して、自民党・社会党・新党さ

きがけによる連立政権が誕生する。

5　小選挙区制導入と政党制の変化

（1）選挙制度改革と野党再編

　その後、小選挙区制の導入を控えて、政党の離合集散が進んだ。1994年12月、新生党、日本新党、公明党、民社党などが新進党を結成し、自民党との対決に備えた。しかし、1995年参院選、1996年衆院選といずれも自民党を議席で上回ることができず、新進党の党首となっていた小沢一郎への批判が顕在化して、1997年末には解党した。

　一方、1996年、当時自民党と連立を組んでいた社民党（社会党から党名変更）・さきがけの議員を中心に結党されたのが、民主党であった。民主党は、直後の衆院選では52議席を獲得し第三党となる。その後、新進党の解党を受けて結成された党・会派と合流する形で、1998年には新たに民主党が結成され、さらに2003年には小沢一郎率いる自由党と合併することで、自民党に対する対抗政党としての地位を確立していった。社民党は少数政党へと転落していく。

　これに対し自民党は、社会党などとの協力で政権に復帰した後、衆院選では堅調な戦いを展開したが、参議院では1989年に大敗した影響が尾を引き、過半数をなかなか回復できなかった。政府が提出する法案を国会で確実に成立させるためにも、かつてのような単独政権でなく連立政権が常態化することとなる。

（2）自民党の変化と小泉政権

　自社さ政権のもとで、1996年に橋本龍太郎が首相に就任し、自民党首班が復活した。橋本は、中央省庁再編や内閣機能強化を柱とした行政改革、財政構造改革など6大改革を掲げたが、1996年衆院選の結果議席を減らした社民党とさきがけは閣外協力に転じた。自民党は、その後連立相手を自由党に変え、1999年には公明党が連立に加わる。旧新進党時代

以来、創価学会を支持母体とする公明党に対しては自民党内の批判も根強かったが、公明党・創価学会の組織力は、小選挙区制時代の選挙を自民党が勝ち抜くために今や不可欠なものとなっており、自公協力は今日まで続いている。

　経済成長が止まり、1990年代にはバブル景気がはじけて長期の不況に入ると、自民党が長期政権下で築き上げた、再分配型の自民党システムは限界を迎えた。もともとの支持基盤である農村部は人口流出もあって疲弊が進む一方、選挙での重みを増す都市部の無党派層は利益誘導を主体とした旧来型の自民党のあり方に不満をもち、勢力を拡大しつつあった民主党に流れていた。こうした状況に危機感を抱いた自民党が選んだのが、2001年に首相に就任した小泉純一郎であった。

　小泉は、聖域なき構造改革を掲げ、自民党一筋の政治家でありながら従来の自民党的な政治のあり方を否定した。「民間にできることは民間に」と**郵政民営化**に象徴される新自由主義的な政策を推進した。また、テレビをはじめとするメディアも活用しながら、党内の抵抗勢力との対決姿勢を演出し、自らの主張を直接有権者に届けて、そっぽを向いていた都市部の無党派層を自民党へと振り向かせた。

　こうした小泉の成功の背景には、1990年代以来の行政改革の成果を活用しながら、首相の方針をトップダウンで浸透させる政策スタイルをとることができたことがある。また、選挙制度改革による衆議院への小選挙区制の導入の影響も大きい。選挙では政党や党首によりスポットライトが当たるようになり、首相・党首評価の重要性が高まったが、小泉は改革イメージを維持しながら、比較的良好な評価を有権者から得ることに成功した。それが極まったのが郵政選挙ともいわれた2005年衆院選で、小選挙区制のもとで強まった党執行部の公認候補者の選定権限を有効に活用して、郵政民営化に反対する候補者を公認せず、しかも彼らに対する刺客を選挙区に送りこんで、改革への強い意思を有権者に示すことができた。

（3）民主党への期待の高まり

　その小泉の後継者となったのが安倍晋三であった。自民党が政権を維持するためには、都市部の有権者に訴えかける小泉的なスタイルを引き継がざるを得なかったが、実は安倍は、多くの自民党議員と同様に、筋金入りの改革路線支持者というわけではなかった。

　安倍がこの矛盾に苦しむ中、小沢一郎が代表に就任し、「国民の生活が第一。」をスローガンとして掲げた民主党は、小泉政権以来の新自由主義路線による格差拡大を批判し、従来の地盤の都市部だけでなく、農村部にも勢力の拡大を図った（蒲島・大川、2006・2007）。その結果、2007 年参院選では自民党が大敗し、安倍はわずか 1 年で首相を辞任することとなった。

　衆参両院で多数派が異なるねじれ国会の状況が到来し、安倍に続いて首相となった福田康夫は、事態打開のため民主党との大連立を模索したが、政権交代を目指す民主党が拒否し頓挫した。続く麻生太郎政権も短命となる中で、民主党への有権者の期待が自民党への失望の裏返しとして高まりをみせていた。

6　民主党政権の挫折と第 2 次安倍政権 ─────

（1）民主党政権の混乱

　こうして迎えた 2009 年衆院選で、鳩山由紀夫代表の民主党は「政権交代。」をスローガンにマニフェスト（政権公約）を発表した。官僚主導を排し、政府と与党を一元化し、地域主権を実現するといった政治・行政の改革を掲げつつ、予算の組み替えや税金の無駄遣い排除によって財源を捻出し、子ども手当や農業戸別所得補償、高速道路無料化などを行うとうたい、自民党との違いを強調して、圧勝した。

　ところが、政府・与党一元化の方針は、政府や党に役職をもたない民主党議員らの不満をためさせることとなった。また、国民の生活を支える諸施策のための財源の確保は簡単ではなく、鳩山政権はマニフェスト

の実行に苦慮し、また「最低でも県外」としていた米軍普天間基地移設問題で迷走してアメリカとの関係が悪化し、連立を組んでいた社民党は政権を離脱した。続く菅直人政権は2010年参院選にあたって、政権交代時のマニフェストでは言及していなかった消費増税を突如として打ち出して敗北し、ねじれ国会を招いたほか、2011年に起こった東日本大震災の対応に追われた。

　消費増税問題は、その後、党の対立の火種となった。民主党は、野田佳彦政権下で当時野党だった自民党・公明党との間で、2012年に社会保障と税の一体改革（消費増税による社会保障の財源確保と財政健全化の同時達成を目指す）で合意し、関連法案を成立させた。しかし、小沢一郎らのグループは強硬に反対し、小沢ら衆参の49名の議員は民主党を離党して、政権党でありながら民主党は大きな分裂を体験した。

（2）第3極政党の登場と自民党の政権復帰

　この間、自民党が小泉改革路線から後退し、民主党も農村部に支持拡大を試みて改革色を薄めていく中で、外交・防衛面では自民党に近いタカ派的な立場をとりつつ、旧来の政治・行政のあり方の改革を掲げる、みんなの党や日本維新の会（地域政党である大阪維新の会を母体とする）といった第3極政党が登場してきた。

　また、いったん政権を失ったとはいえ、自民党は政治家の強固な個人後援会や地方議員、業界団体、支持者とのネットワークを全国にもっていたが、民主党は政権奪取後も十分に支持基盤を組織することができなかった。さらに、自民・公明両党以外の政党が乱立して票が分散したことも影響し、2012年衆院選で民主党は大敗し、安倍晋三総裁の自民党が政権に復帰した。

（3）第2次安倍政権の特質

　安倍は、第1次政権の反省をふまえて、第2次政権では民主党政権の失政への批判をしばしば行いながら政権担当能力をアピールし、安定的

に政権を運営することに腐心した。具体的には、経済最優先を掲げて、経済政策のパッケージとしてのアベノミクスを自ら提示し、政権のシンボルとしたのである。景気対策、成長戦略、生涯現役社会の実現や子育て支援といった社会保障政策など幅広い施策とアベノミクスとを関連づけて細かい政策変更を加えながら、多様な政策志向をもつ与党の政治家を包含してきた。そして、消費増税の延期を挟みながら、有権者の期待を長期にわたり持続させることに成功した。

　ただ、経済最優先とはいえ、かつての経済重視、軽軍備の保守本流の路線とは質的に異なっている。祖父の岸信介の影響も受けて本来保守的な信条をもっている安倍にとって、最大の政治目標は憲法改正の実現だったのである。自民党は徐々に右傾化してきたが（中北、2014；谷口、2015）、党内手続きを進めつつ、2014年には憲法改正のための改正国民投票法を成立させ、集団的自衛権行使を憲法解釈の変更によって容認した。そして、2015年には安全保障関連法（平和安全法制）を成立させるなどし、改憲に向けた環境整備を図ってきた。だが、改憲実現のためには、選挙で連勝しなければならない。そこで、アベノミクスを、政治目標の実現のための支持調達の手段として用いたのである。

　改憲をめぐっては、それに後ろ向きとされる連立パートナーの公明党とはそもそも温度差があり、改憲に関する世論も不安定であった。また、経済政策が政権の正統性の源泉として定着したことにより、2012年衆院選から2019年参院選まで6度の国政選挙で連勝しながらも、改憲に関する民意を問いづらいというジレンマを抱えることとなった（大川、2019）。

　結果的に、安倍の政権運営は現実的だったとの見方がある一方で、彼の保守的な信条は、政権に対する強い反対も呼んだ。また、森友学園・加計学園をめぐる問題、桜を見る会の問題など、権力を握り続けることの弊害も指摘された（→第8章）。

　こうした中で、2020年には、それまで未知の病であった新型コロナウイルス感染症の流行への対応に取り組むことになった。だが、安倍は持病の悪化により同年9月に退任せざるを得なくなり、在任中の憲法改正

は夢に終わった。安倍の首相在任期間は、第1次・第2次政権を合わせ3188日となり、憲政史上最長となった。

（4）第2次安倍政権後の与野党の動向

　安倍の跡を継いだのは、第2次安倍政権を官房長官として一貫して支えた菅義偉であった。菅は安倍政権の基本路線を踏襲しつつ、首相就任時には派閥に属しておらず、また世襲議員でもない「たたき上げ」の政治家として改革路線をとることを強調し、特に行政のデジタル化の推進や新型コロナワクチン接種の拡大などに力を入れた。

　だが、菅の自民党総裁としての任期は安倍の残任期間の1年とされており、衆議院の任期満了もおよそ1年後に迫っていた。そこで、衆議院の解散時期を見据えた政権運営が求められる中、新型コロナの流行状況が悪化し、説明不足が指摘され政権支持率は低下していった。菅は最終的に総裁選への再選出馬を断念し、短期での退陣を余儀なくされた。

　こうして、2021年の自民党総裁選は4名の争いとなったが、2020年に続き2回目の出馬となった岸田文雄が決選投票の末当選し、首相となった。

　岸田は首相就任後ただちに衆議院を解散し、2021年衆院選で勝利してまずは政権基盤を固めた。岸田は、池田勇人を祖とする宏池会（岸田派）の会長である。同じ自民党政権でありながら、かつて池田が岸政権からの変化を印象付けたのと同様に、新型コロナへの対応を引き続き打ち出しつつ、政治姿勢として「聞く力」を強調し、成長と分配の好循環を実現するために「新しい資本主義」を掲げて、2000年代の経済政策の基調となった新自由主義からの修正を図るなど、安倍・菅政権からのモードチェンジを図っているようにも見えた。

　しかし、岸田派は第一派閥ではなく自民党内の基盤には課題があり、政権を安定的に運営するためには、連立相手の公明党とはもちろん、安倍派や茂木派、麻生派など自民党の他派閥との協調が不可欠であった。こうした中、2022年7月、参院選の候補者の応援演説を行っていた安倍

元首相が銃撃され死去し、岸田首相は安倍の国葬（国葬儀）を行った。首相在任中と同様、安倍への評価は大きく分かれ、また岸田が事前に国会に諮ることなく閣議決定によって国葬を決定し、反対意見が強まる中で実施されたことなどもあり、世論は沸騰した。

また、安倍元首相の銃撃事件に関連して、旧統一教会（世界平和統一家庭連合）と政治（特に自民党）との関係がクローズアップされ、有権者の大きな関心と批判を呼んだ。2021年衆院選と2022年参院選でいずれも勝利したはずの岸田の政権運営は、試練に直面している。

良くも悪くも、21世紀に入って日本政治に大きな影響を与えてきた政治家の不慮の死が、政治構造ひいては民主政治のあり方にどのような変化をもたらすのかは注目されるところである。

一方、野党の動きであるが、第2次安倍政権が長期化する中で、2017年には民主党の後身の民進党が分裂して消滅した。かつて民主党・民進党に属した政治家は、現在では立憲民主党や国民民主党などに分かれているほか、維新や自民党に接近・入党した者もいる。

立憲と国民は一時合流への動きを見せたが、さらなる再編を経て、野党としての姿勢を鮮明にする立憲と、自民党に接近する国民とで方向性の違いが明確になっている。

イデオロギー面で安倍と対極にあった共産党は、安倍政権下で野党共闘路線に踏み出し、「野党連合政権」を目指す意向を示した。2021年衆院選では、立憲との選挙協力をさらに強化し候補者の一本化に加え、野党が政権を獲得した場合の共産党の「限定的な閣外協力」にまで踏み込んだものの、安保・外交面を中心に立憲・共産両党の政策的な差異は決して小さくなく、両党とも振るわない結果に終わった。また、立共両党の接近は、共産党との連携に否定的な国民民主党が野党協力から遠ざかる結果ももたらしている。

日本維新の会は、2017年衆院選では振るわなかったが、2021年衆院選・2022年参院選では躍進し、特に2022年は比例票では立憲を上回った。維新は、安倍・菅政権下では自民党との近さも見られ、野党内で独

自の立ち位置をとってきたが、2022 年秋の臨時国会では、一部の政策課題について立憲と国会内で協力を行い、2023 年の通常国会でも同様の連携がなされている。ただ、これが両党の本格的な協力のきっかけとなるのかはいまだ見通せない。

　政策的にも、政局への対応でも野党が分立する状況は、政権交代の可能性を遠ざけ、自民党政権の固定化をアシストする形となってきたが、野党間協力の動向が注目される。

　高齢化が進展し、かつてのような経済成長や拡大が困難となり政治課題が山積する中で、今後、どのような政治が展開されていくのか。それは、私たち有権者の政治へのつながり方にかかっている。

column 2
田中角栄

　田中角栄は、1918年に現在の新潟県柏崎市に生まれた。高等教育を受けずに上京し、田中土建工業を設立後、1947年衆院選で初当選し、その後自民党に参加する。田中は官僚などを経験したエリートではない典型的な党人派の政治家であったが、官僚と良好な関係を築き政策能力を高め、数多くの議員立法を立案し成立させた。

　1957年には郵政大臣として初入閣、その後、大蔵大臣や自民党幹事長などの要職を歴任した。そして1972年の自民党総裁選で勝利し、当時最年少の54歳で首相に就任して日中国交正常化を実現した。

　一方、自著『日本列島改造論』に基づき、自民党の基盤である地方の発展を進めようと企図した開発路線は、後の国土開発や公共事業の基礎となったが、土地への投機を招き、積極財政路線もあって物価の急上昇を招いた。首相就任当初「今太閤」などと呼ばれた田中だったが、国民生活の悪化もあり内閣支持率は急速に下落した。

　金脈問題が発覚し首相辞任に追い込まれた田中は、1976年にはロッキード事件で逮捕され、自民党を離党する。しかし再度の首相登板、復権を目指して自民党田中派の事実上のオーナーとして君臨し、大平・鈴木・中曽根各政権に多大な影響力を及ぼした。ロッキード1審で実刑判決を受けた後の1983年総選挙では、新潟3区で22万票（全体の47％）の得票で圧勝し、その力を見せつけた。

　しかし、1984年には田中腹心の二階堂進を総裁候補として擁立しようという動きがみられ、さらに1985年、竹下登が田中派内の勉強会として創政会を結成するなど、盤石とされた「田中支配」はほころびを見せ始める。そして同年、田中は病に倒れ、政治的影響力を失っていった。

　たたき上げの政治家である田中の政策構想力や人心掌握術、人間的魅力を再評価する声が最近高まる一方で、その背後に常にカネの問題がつきまとったことへの批判も根強い。

おすすめの本・ウェブサイト

 石川真澄・山口二郎（2021）『戦後政治史〔第4版〕』岩波新書

　敗戦後から第2次安倍政権や新型コロナ危機までカバーしているジャーナリストと政治学者による戦後政治の通史である。巻末には毎回の国政選挙の結果のまとめもあり、政権や政党の流れを手軽に振り返ることができる。

 蒲島郁夫（2014）『戦後政治の軌跡 —— 自民党システムの形成と変容』岩波人文書セレクション

　熊本県知事を務め政治学者でもある著者が、1980年代から小泉政権期まで積み重ねてきた研究成果の集大成である。主に有権者や政治家に対する調査データを計量分析することを通して、日本政治の変容を明らかにしている。

 北岡伸一（2008）『自民党 —— 政権党の38年』中公文庫

　自民党をめぐる政治史について、戦前の歴史的背景から1993年の宮沢政権までを対象に分析している。選挙結果、個々の総裁の政策課題、派閥やリーダーたちの対立構造などを通して、長期政権の特徴を描きだしている。

参考文献

大川千寿（2019）「第2次安倍政権とその政策」『選挙研究』35巻1号、5〜18頁。

蒲島郁夫・大川千寿（2006）「安倍晋三の研究」『世界』2006年11月号、70〜79頁。

蒲島郁夫・大川千寿（2007）「福田康夫の研究」『世界』2007年12月号、56〜65頁。

佐藤誠三郎・松崎哲久（1986）『自民党政権』中央公論社。

新川敏光（1999）『戦後日本政治と社会民主主義 —— 社会党・総評ブロックの興亡』法律文化社。

スカラピノ、ロバート・A.・升味準之輔（1962）『現代日本の政党と政治』岩波新書。

谷口将紀（2015）「日本における左右対立（2003〜2014年） —— 政治家・有権者調査を基に」『レヴァイアサン』57号、9〜24頁。

中北浩爾（2014）『自民党政治の変容』NHKブックス。

薬師寺克行（2014）『現代日本政治史 —— 政治改革と政権交代』有斐閣。

自由民主党「党のあゆみ」https://www.jimin.jp/aboutus/history/（2019年8月30日）。

第3章
選挙制度
——私たちの1票はどう政治に反映されるのか

　選挙は、私たちにとって最も身近な政治参加の機会である。最近では、2021年には衆院選、2022年には参院選が行われたように、実は日本では選挙がかなり頻繁に行われるのだが、衆議院・参議院それぞれの選挙の制度の違いや特徴について、皆さんはどれほど理解しているだろうか。

　もちろん選挙制度だけがすべてではないが、制度がどのようなものかによって、私たちの1票の政治への反映のされ方は変わるものであり、政治のあり方そのものを大きく左右する力をもっている。日本でも、今日に至るまで様々な制度の変更・改革が重ねられ、政党も、政治家も、そして私たち有権者も大なり小なり影響を受けてきた。

　本章では、現代日本の選挙制度の特質について、とりわけ国政選挙に着目しながら、それが現実政治や政治に携わるアクターに及ぼす効果の面も含めて検討する。直近の選挙での具体的な事例や数値も取り上げながら、理論的な考察を進めていきたい。

1 選挙と選挙制度

（1）選挙のもつ意味

　今日の民主政治において、選挙は不可欠である。選挙では、代表としてふさわしい誰かを選んでおり、選ぶ権利をもつ私たちは有権者と呼ばれる。もちろん、各々の選挙にはそれぞれ独自の性質があるが、究極的には、選挙を通じて政権を担当する者を選んでいることになる。選び選ばれるプロセスにおいて、政府や権力を批判することができる言論の自由があり、しかも、有権者の参加がしっかりとなされていることは極めて重要なことである。

　ところが今日の日本では、政治につながるための最も身近な機会であるはずの選挙への有権者の参加が弱まっていることが大きな課題となっている。近年では、2019年参院選で投票率が5割を割り込んだほか、選挙権年齢が18歳にまで引き下げられた（→**コラム3**）にもかかわらず、若者の投票率の低迷も問題としてしばしば指摘される。だが興味深いことに、その若者たちに聞いてみると、政党や国会、マスメディアなどと比べると、選挙制度に対する信頼は決して低くない（大川、2017）。

　選挙制度は、有権者の貴重な1票をどう議席に変換するかを定める重要なものである。制度は複雑で、把握するのは容易ではないが、少しでも理解が深まるならば、自らの1票をどううまく用いればよいか考えることができるだろう。本章がその助けとなり、私たちが政治により意義深くつながっていくための1つのよいきっかけとなれば幸いである。

（2）日本の選挙

　日本の選挙は、大きく国政選挙と地方選挙の2つに分けられる。国の政治のしくみとしては議院内閣制をとっており、国政選挙において有権者は国会議員を選ぶ。衆議院と参議院でそれぞれ別々に議員選挙が行われる。一方、地方の民主主義は**二元代表制**をとっており、地方選挙は各

自治体の議会議員選挙と首長選挙から成る。

　日本では公平かつ公正な選挙を実現するために、以下の4つの原則が特に重視されている。

　1つは、普通選挙の原則である。一定年齢以上の国民であれば選挙に参加できることを指し、これと反対なのは制限選挙である。2016年からは選挙権年齢がそれまでの20歳以上から18歳以上に引き下げられた（18歳選挙権）。

　次に、平等選挙の原則である。すなわち、地位や資格によって票や代表の数に差を設けてはならず、投票価値の平等を求めるものである。

　さらに、直接選挙の原則がある。有権者が直接に代表を選出するもので、アメリカ大統領選のような間接選挙（代表を選出するための選挙人を選挙する）の形はとらない。

　そして、もう1つは秘密選挙の原則で、誰に投票したかが公開されず、投票の秘密が守られることである。

　選挙制度は、選挙の方法や選挙運動、それらの手続きなどについて定めたもので、国によっても、時代によっても、その内容は大きく異なっている。選挙制度がどのようなものであるかによって、政党・政治家の戦略だけでなく、私たち有権者の選挙における選択のあり方に、大きな影響を与えることになる。

（3）公職選挙法

　現在の日本の選挙について定めた基本的な法律が、1950年に制定された公職選挙法である。2013年から解禁された**インターネット選挙運動**も、この法律の改正によって実現した。一方で、公職選挙法は「べからず集」とも呼ばれ、選挙運動に対してその方法や内容に関してまでかなり厳しい規制がなされている。

　たとえば、選挙運動のできる期間であるが、衆院選の場合は選挙期日の少なくとも12日前から、参院選の場合は少なくとも17日前からとなっている。選挙の1年以上前から集会や討論会を通して候補者が活発

に選挙運動を行うアメリカ大統領選のしくみとは対照的である。

選挙運動の期間についてもう少し詳しくみると、公示・告示日から投票日前日の午後12時までで、街頭演説や車上での連呼ができるのは午前8時から午後8時までと制限されている。しかも演説は停止した車でのみ行え、走行中の車からは名前の連呼しかできないとされている。

この選挙カーからの名前の連呼にどんな意味があるのか、と疑問に思う向きもあるだろうが、理由の1つとして、選挙運動で戸別訪問ができないことが挙げられる。その代わりとして手っ取り早く候補者名や政党名を有権者に浸透させるのに有効だとされているのである。ちなみに、選挙カーについては、台数や車種、同乗できる人数まで細かく定められている。

このほか、選挙権をもたない未成年者の選挙運動や飲食物の提供、買収・供応など禁止されている事項や、頒布できるはがきやビラ、マニフェストに関する制限などが存在する。

なぜ日本の選挙運動にはこれほど細かく厳しい規制がかけられているのか。それは、候補者や政党の資金の多寡によって選挙運動の内容に差が生じることを防止し、公平な選挙を実現するためとされている。たしかに選挙の公平を確保することは極めて重要であるが、有権者と政治との距離の広がりが指摘される今日、政治家や政党のより活発な選挙運動を促して、有機的なつながりを再生していく方策が検討されてもよいかもしれない。

2 選挙制度の分類と効果

（1）議席決定方式の違いによる分類

それでは、選挙制度はどのように分類することができるだろうか。まずは、議席決定方式の違いから分類してみよう。①各選挙区（議員を選ぶ基礎的な単位となる区域）で集計した得票の多い順に当選者を決定する多数代表制、②政党が提示した候補者名簿の得票に比例して議席を配分す

る比例代表制、③2つの制度を合わせた混合制の3つに分けられる。

　①多数代表制について、1つひとつの選挙区での当選者数（定数）がいくつかによる分類をすると、定数が1の場合を小選挙区制といい、2以上の場合を大選挙区制という。

　このうち小選挙区制については、さらに、当選に必要な得票数について、有効投票の過半数を求める絶対多数か、他の候補者よりも1票でも上回ればよいとする相対多数（単純多数）のどちらを求めるかで違いが出てくる。ただし、相対多数をとる場合でも、当選にあたって最低限必要な票数である法定得票数が定められる場合がある。

　いずれにせよ、小選挙区制のもとでは、得票1位の政党にはその得票と比べ大きな議席が与えられ、過大代表となる。制度の恩恵によって多数派を得た政党が、強力な政府を形成し安定的に政権を運営することが可能となる。また、有権者の立場からすれば、選挙での投票を通じて次の政権を選択しやすく、政権に対する統制を及ぼしやすいという面もある。

　一方、②比例代表制では、全国を1ブロックとして得票率に応じて政党に議席を配分する場合と、国を地域ごとにブロックに分け、人口に応じて定数配分し、ブロックごとに議席を決定する場合に分けることができる。

　また、政党が提出する名簿であらかじめ候補者の当選順位が決められている場合を拘束名簿式といい、順位が決められていない場合を非拘束名簿式という。比例代表制では、名簿を提出した政党に対して投票するのが原則であるが、非拘束名簿式をとる場合には、政党の名簿に掲載されている個別の候補者に対して投票することもできる（候補者に対する票も政党への票と数えられる）。各政党の議席は、それぞれの得票割合に応じて割り振られる。なお、議席配分の方式として、日本ではドント式が採用されている。

　②比例代表制のもとでは、得票となるべく比例する形で議席配分がなされるため、議会が社会の縮図となりやすいとされる。一方、政権の形

は選挙結果を受けた政党間の交渉によって定まることから、有権者にとっては選挙での投票が直接的な政権選択の場とはなりづらいという面もある。

（2）投票方式の違いによる分類

　選挙制度については、投票方式による分類もある。有権者が候補者のうち1名のみに投票できる単記式と、複数の候補者に票を投じることのできる連記式とに分けることができる。また、有権者が投票する先が候補者であるのか、政党であるのかということでも区別がなされる。

　日本の選挙では、単記式を基本とし、たとえば衆議院選挙では、小選挙区では候補者、比例代表では政党に対して投票することになっている。なお、日本では識字率の高さもあり、投票の際に意中の候補者・政党名を有権者自らが記す自書式がとられているが、疑問とされた票が按分される際の基準がまちまちであったり、集計の際のミスがしばしば報告されたりするなど、必ずしも効率的な方式とはいえないのではないかとの指摘もある。多くの国が採用するマーク式の投票であれば、こうした問題を回避しやすいかもしれない。

（3）選挙制度がもつ効果

　選挙制度は、政党や政党制（政党システム）に大きな効果を与える。このことを取り扱ったものとして政治学において最も有名なのは、デュベルジェの法則である（デュベルジェ、1970）。この法則は、「小選挙区制は二大政党制をもたらし、比例代表制は多党制をもたらす」というものである。では、なぜこのようになるのか。

　小選挙区制においては、1議席をめぐって候補者が争い、最も多い得票を得た候補者のみが当選するしくみのため、二大政党以外の第三党の候補者が議席を獲得することが困難となってしまう。また、第二党となる政党も第一党と比べると議席はかなり少なくなり、第一党の議席割合が得票率に比べてかなり大きくなり、過大代表される。これを機械的要

因と呼ぶ。

　さらに、こうした機械的要因が働くことを知った有権者は、自らが投じる票が議席に結びつくことなく死票となることを避けるようになり、第三党の候補者へは投票せずに、事実上の一騎打ちを展開する第一党か第二党のいずれかの候補者に投票するようになる。小選挙区制のもとでは、より当選する見込みの高い二大政党の候補者のうち、好ましい候補者に投票する**戦略投票**が促進されるという。これを心理的要因と呼ぶ。

　一方、比例代表制ではこうした機械的要因や心理的要因はあまり働かず、中小政党に投じられた票も議席として反映されやすい。名簿を提出した各党はおおむね得票率に沿った形で議席を獲得することとなり、多党制になりやすい。

　では、デュベルジェの法則がどのように働いているのか、日本における実際の選挙結果をもとに見てみよう。2017年の衆院選の小選挙区では、議席数1位となった自民党の得票率は48％だったのに対し、議席率は73％でかなりのボーナスを与えられているのがわかる。これに対して、議席数2位だった希望の党は、得票率21％に対して議席率は6％、共産党に至っては得票率9％に対し議席率は0.3％にとどまり、第二党以下の政党は過小代表となる傾向が強いことがはっきりと見てとれる。小選挙区制が、有権者の意見集約を重視した制度であることがわかるだろう。

　では、2017年の比例代表ではどうか。第一党である自民党の得票率は33％であるのに対し議席率は38％で、若干のボーナスはあるものの、小選挙区に比べると少ない。また、第二党の立憲民主党は、得票率20％に対し議席率は21％、また共産党も得票率8％に対し議席率も6％となっており、得票率に完全に比例しているわけではないが、第二党やそれ以下の中小政党もある程度得票率に沿う形で議席を獲得できている。比例代表制が多様な意見の反映を重視していることがわかる。

　ただし、比例代表制を含むすべての選挙制度は大政党を過大代表し、有利な傾向にある（Rae, 1967）。しかし、その程度は、比例代表制に比べて小選挙区制の方が圧倒的に大きいということである。

また、日本では、国政レベルでも地方レベルでもそれぞれ選挙制度が不均一であり、国全体として統合的な政党制を発展させることがなかなか難しくなっている（上神、2013）。

3　日本の国政選挙

（1）衆議院選挙の基本と中選挙区制時代のあり方

　日本では、国政選挙（衆議院選挙と参議院選挙）が頻繁に行われる。衆議院は議員の任期が4年となっているが、その中途で解散されることがあるためである。2012年以降では、衆議院4回（2012・2014・2017・2021年）、参議院4回（2013・2016・2019・2022年）と、あわせて8回もの選挙が行われた。両院の選挙について、以下で詳しく見ていこう。

　衆議院選挙は、総選挙と呼ばれる。これは、衆議院議員のすべての議席がこの選挙の対象となるからである。現在の選挙制度は小選挙区比例代表並立制と呼ばれ、多数代表制と比例代表制の混合制をとっている。1980年代末以降の政治改革の流れを受けて1996年の選挙からこの制度のもとで行われており、有権者は小選挙区で1票、比例代表で1票をそれぞれ投じる。

　日本の衆議院の定数は、2022年現在、定数は465で、このうち小選挙区が289、比例代表（全国を11ブロックに分割）が176と配分されており、小選挙区主体の制度となっていることがわかる。なお、衆議院選挙の比例代表では、拘束名簿式がとられている。政党が名簿に掲載する候補者の順位をあらかじめ決めているため、有権者は政党に対してのみ投票できる。無所属候補も小選挙区で立候補することができるが、政党（より正確には公職選挙法上の「政党」）公認候補は政見放送を行うことができ、個人のビラに加え政党のビラも配布できるし、選挙カーの台数も多いなどのメリットがある。

　日本の衆議院の選挙区は、前述の通り、現在は小選挙区制が採用されているが、1928年から1993年まで（1946年を除く）24回の総選挙で、選

挙区の定数が原則として3〜5（最終的には2〜6）の中選挙区制（大選挙区制の一種。比較的定数が少ないのでこう呼ばれる）であった。この中選挙区制のもとでは、ある政党が議会の過半数をとるなど、より多くの議席獲得を狙うためには、同じ選挙区内で複数の候補者を擁立する必要があった。そこで、有権者からすれば、候補者の所属政党だけでなく候補者個人への評価の観点も重視して選ぶことが可能となった。

　同一選挙区で同じ政党の候補者が複数立候補するということは、場合によって同士討ちや共倒れの可能性が出てくるということになる。このリスクを避けるために、中選挙区制のもとでは、各候補者は政党に頼らずに個人の実績や魅力をアピールしがちとなり、個人主体の選挙となる。そうすると政党の組織は弱いものとなり、政治家は同じ党のライバルに対して選挙での勝利を確実にするために、それぞれ異なる派閥に属するから、政党の分権的な構造が促進され、近代的な政党組織の整備が遅れてしまうこととなったのである。

　集権的な政党組織の代わりに、候補者は選挙区内に**個人後援会**を組織し、地方議員や地元の業界団体、支援者と結びつきながらネットワークを形成して、国による公共事業や補助金といった利益を選挙区内に分配することを競っていった。まさに利益誘導型の政治が、中選挙区制のもとで促進されることとなった。

　こうして、政策をめぐる論争は十分に深まらず、一方で同士討ちを回避するため、あるいは候補者を確実に当選させるために社会党などの野党は候補者の数を絞ったため、中選挙区では、全体の過半数を確保するのに十分な候補者を立てた自民党の政治家が複数競い合って当選する構造が固定化し、自民党政権が長期化することとなったのである。

（2）小選挙区比例代表並立制のもとでの衆議院選挙

　こうした状況を打破すべく、衆議院の新しい選挙制度が検討され、小選挙区主体の制度が導入された。その理由としては、1つには政党・政策本位の選挙の実現、2つには国民の投票による直接的な政権選択を促

進し、政権交代の可能性をうみ出すことなどが挙げられた。

　ただ、小選挙区制は、上位1名の候補者のみを当選させる制度であり、2位以下の候補者に投じられた有権者の票（死票）の割合が大きくなる弊害がある。そこで日本の衆院選では、1人の候補者が小選挙区と比例代表の両方に立候補できる重複立候補の制度が設けられている。

　比例代表の名簿を届け出た政党は、小選挙区との重複立候補者を名簿上で同一の順位に位置づけることができる。そして、仮に候補者が小選挙区で敗退したとしても、各小選挙区で得票1位の候補にどれだけ迫ったかを惜敗率という形で表し、その数値が高い順に比例代表で救われる可能性があるのである。これを**復活当選**と呼ぶ。

　この復活当選をめぐっては、死票が大きくなりやすい小選挙区制の弊害を緩和し、なるべく多くの民意を反映しやすくするものだと評価する声がある一方で、一度小選挙区で敗退した候補が同じ選挙で救われるのはいかがなものかという否定的な声もあるほか、社会の多様な価値観を反映しようとする比例代表制の趣旨からいっても、小選挙区の候補者が比例代表で安易に復活することは問題だとの考えもある。

　小選挙区制と比例代表制の並立制ということで、別々の制度のもとで同時に選挙が行われ、有権者はそれぞれ別々の政党に投票することが可能である（分割投票）。そして、この2つの制度に配分された議席数自体は、お互いに影響しない。ところが、2つの制度そのものは互いに影響し合っている。たとえば、小選挙区で候補者を擁立した政党は、候補者を立てていない選挙区と比べて、その選挙区内で多くの比例票を獲得する傾向がある。これを連動効果と呼ぶ（水崎・森、1998）。

　小選挙区では、候補者個人が自らの個人後援会を組織する一方、各候補者は得票1位になるために、あるいは少しでも惜敗率を上げようと、当該選挙区での政党の代表として政党ラベルを背負って積極的に選挙運動を展開する。その結果として、小選挙区での比例票が掘り起こされるのである。小選挙区を主体とする制度であるにもかかわらず、多党化、自民党の一党優位政党制化が進んできた背景には、比例代表との関係で、

中小政党が小選挙区での候補擁立を進んで行って、お互いに票を奪い合っていることが影響している（砂原、2015）。

　ただし、デュベルジェの法則からもわかるように、そもそも中小政党は、大政党と協力をしない限り、小選挙区において自らの候補者を単独で当選させることは極めて難しい。また、日本の選挙制度では泡沫候補の乱立を防止するために、**供託金**の額が高く設定されている。衆議院選挙の小選挙区の場合、候補者1人あたり300万円がかかり（比例代表に重複立候補する場合、さらに300万円が必要）、有効投票総数の10分の1以上を得票できなければ、その全額が没収されてしまう。

　政党はたんに名前を売るだけでなく、議席を得るために候補者を擁立しているのだとすれば、小選挙区での勝ち目がないと判断した場合、初めから候補者を立てずに他党に協力するといった戦略的な行動をとる可能性もある。

　実際、共産党は2003年・2005年の衆院選で300小選挙区（当時）のすべてで候補者を立てていた。ところが、2009年は152小選挙区に絞り、この時政権交代を果たした民主党を側面から支援する形となった。また、2012年には300小選挙区のうち299小選挙区で候補者を立てたが、野党共闘を進めた2017年には206小選挙区での立候補にとどめ、さらに、2021年には105小選挙区と大きく減少した。

　衆議院選挙は、有権者にとって直接的な政権選択の場となる。小選挙区制に重きを置いた比例代表制との並立制という衆議院選挙の制度環境を、各政党、とりわけ野党がどのように生かし対応するのかが、今後の日本の政党政治の行方を左右していくことになるだろう。

（3）参議院選挙

　参議院選挙は、任期6年の議員の半分を3年に1度選ぶので、通常選挙と呼ばれる。衆議院と同様に多数代表制と比例代表制の混合制をとり、有権者は選挙区と比例代表でそれぞれ1票ずつを投じる。参議院の定数は248で、うち選挙区が148（1度の選挙で選ばれるのは74）、比例代表（全

国1ブロック）が100（1度の選挙で選ばれるのは50）となっている。

　選挙区は都道府県ごとが基本となっているが、2016年からは**合区**によって、鳥取と島根、徳島と高知がそれぞれ1つの選挙区となったため、全国で45個ある。2022年現在、3年に1度行われる選挙で1人だけ当選する選挙区（1人区＝小選挙区）が32であるのに対し、東京は6人区、大阪や神奈川、愛知、埼玉は4人区で中選挙区であるなど、有権者規模に応じて選挙区から選出される議員の数が異なっているのが特徴的である。なお、選挙区では無所属候補の立候補も可能である。

　一方、比例代表は非拘束名簿式を基本とし、政党名か名簿に掲載された候補者名のいずれかで投票することができる。2019年の参院選からは、一部の候補者の順位を指定することができる特定枠が導入された（2019・2022年に実際に特定枠を活用したのは、主要政党では自民党とれいわ新選組の2党のみであった）。なお、参議院選挙では、選挙区と比例代表との間で重複立候補をすることはできない。また、比例代表では無所属候補は立候補できない。

　参議院選挙の混合制について、衆議院の制度との類似性を指摘する声も強い。2022年参院選の結果を見ると、選挙区で議席を獲得した政党は7だったのに対し、比例代表で議席を獲得した政党は10にのぼった。選挙区は、たしかに衆院選の小選挙区と比べても地理的範囲が広いという点で違いはあるが、1度の選挙で改選数1の1人区（小選挙区）がかなりの割合を占めており、選挙のたびに注目を集める。

　2007年の参院選では、当時29あった1人区のうち自民党がわずか6しか取れずに、選挙全体の大敗、またねじれ国会へとつながった。一方、第2次安倍政権のもとで行われた2016年・2019年の参院選では、1人区で主要な野党が候補者調整により統一候補を立てて自民党に対抗したが、それぞれ11名、10名が当選するにとどまった。さらに、2022年は候補者調整が一部にとどまったこともあり、野党側の1人区での当選者はわずか4人であった。

　仮に野党が協力して1人区（小選挙区）で勝利したとしても、各党に配

慮して無所属で立つ野党系候補者も多い。また、中選挙区の選挙区では、多くの場合、野党がそれぞれ独自の候補者を立てて競合することとなるため、野党間の共闘が成立したとしても、その深度は中途半端なものとならざるを得ない状況が続いてきている。

　立法府としての参議院の独自性を強化するために、衆議院とはっきりと異なる選挙制度に改めるべきだとの意見もある。だが、そのためには、制度変更によって大きな影響を受ける議員たち自身の審議を経なければならない。1990年代の選挙制度改革が難航したように、制度を大きく変えることはそれほど容易なことではない。

　衆議院との選挙制度の類似性をどう捉えるか。議会運営や政党政治のあり方など日本の民主政治の性質を変えうるほどの大きく難しい問題であるが、それぞれの選挙の意義を考え、1票を有効に用いていくうえで、有権者にとっても決して無視できない課題である。

（4）M＋1ルール

　政治学者のリードは、日本の中選挙区制における選挙競争が、選挙区定数をMとするとそれに1人を加えたM＋1人の競争に徐々に収斂していくというM＋1ルールを掲げた。小選挙区制の戦略投票と同じような合理的な選択を有権者が行うことを考えれば、論理的にこの法則が導かれていくという（Reed, 1991 ; Cox, 1994）。仮にM＝1とすると、M＋1＝2となり、このM＋1ルールは、デュベルジェの法則の小選挙区部分にも拡張できることになる。

　たとえば、小選挙区制が導入されて初めての選挙となった1996年衆院選での小選挙区の立候補者総数は1261名だったが、自民・民主の二大政党を中心に争われた2005年には989名となった。議席獲得につながりづらい諸派が多数の立候補者を出す場合があり、また、民主党が分裂した2012年には1294名と候補者数が増えたが、2017年には936名となった。さらに直近の2021年は、野党の候補者調整などもあって857名となり、比例代表単独候補と合わせた全候補者数（1051名）とともに過去最少と

なった。政党・政治家も有権者も、選挙制度について一定期間学習することを通して、適応していく様子が現れている。

　一方、参議院選挙の選挙区には、引き続き中選挙区も含まれる。日本の選挙は、M＋1ルールの働きを検証するのにふさわしい環境を提供しているともいえる。

4　都市への人口集中と1票の格差

（1）1票の格差とは

　日本の選挙でよく取り上げられる問題の1つに、「1票の格差」をめぐる問題がある。これは、有権者の1票の価値に不平等（格差）があることを指している。本章の締めくくりにこの問題を取り上げて、私たちが選挙で投じる1票の重みについて考えてみたい。

　衆院選・参院選、また都道府県や政令指定都市の議会議員選挙では、地域ごとに選挙区が設けられ、その選挙区ごとに議員を選出することになっている。そこで、議員1人あたりの有権者数をなるべく同じにして、有権者が平等な重みの1票を投じることができ、投票価値の平等が図られることが望ましいという考え方が当然ある。

　しかし、高度経済成長の過程で都市部の人口が急増し、さらに今日では、農村部の過疎化が進行して都市部への人口移動がさらに加速しており、将来的に消滅する可能性がある自治体が挙げられるまでに至っている（増田、2014）。こうした中で、選挙区の定数を単純に人口に比例する形で配分したとすると、都市部選出の議員がますます増え、農村部の有権者の意向が十分に反映されない可能性が出てくる。そうすると、人口が少ない農村部の選挙区定数をある程度厚くして、有権者の1票の価値に一定の差が生じることはやむを得ないという考え方も出てくることになる。

（2）格差をただすための方策

　1票の格差が生じたときに、それを是正するとしてどのような対応が考えられるだろうか。

　1つには選挙区ごとの議員定数の配分を変更すること（定数是正）、2つには選挙区の区割りを変更すること、3つには議員の総定数を見直すことが挙げられる。

　日本でも、1票の格差の是正を目指して、定数是正や区割りの変更がたびたび行われてきた。1票の格差は、当該選挙における議員1人あたりの有権者数が最小である選挙区を基準として、最大の選挙区の有権者数が何倍かでもって表現する。たとえば、2014年の衆院選では小選挙区での1票の格差は最大2.13倍だった。しかし、その後の定数是正や区割り改定の結果、2017年衆院選では最大1.98倍となった。小選挙区制導入後、1票の格差が2倍を下回ったのは初めてである。

　2021年衆院選では最大2.06倍と再び2倍を超えたが、この先の衆院選では議員定数配分の方法として「アダムズ方式」が導入されることとなっている。この方式は、各都道府県の人口をある数「X」で割り、商の小数点以下を切り上げて整数にしたうえで、その整数を各都道府県の定数とするものである。Xの値は、定数の総合計が小選挙区数の289になるよう調整されることになる。2022年6月には、2020年国勢調査の結果に基づいて定数の「10増10減」を行うほか、多くの選挙区の区割りを変更することが政府に勧告された。

　これを受け、2022年11月、改正公職選挙法が成立し、次期衆院選から適用されることとなった。小選挙区での1票の格差は最大1.999倍となり、「10増10減」では、東京で5、神奈川で2など大都市部を中心に定数が現状より合わせて10増える一方、宮城、新潟、広島など10の県で1ずつ定数が減ることになる。また、25都道府県の140選挙区、すなわち半分近くの選挙区で区割りが変更される。

　最大の目標が再選である政治家の立場（→第5章）からして、また有権者でも選挙の環境が変わることに不安や反発を抱く人が少なくないこと

は理解できるだろう。そもそも、都道府県に割り振られる議席数の基準として人口だけが取り上げられることへの異論もあるかもしれない。

　一方、2010年参院選の選挙区での1票の格差は、最大5.00倍だったが、2016年参院選では最大3.08倍となった。これまで参議院の選挙区では都道府県ごとに議員が選出されることが基本となってきたが、2016年参院選にあたって、鳥取・島根と徳島・高知が**合区**によって1つの選挙区とされ定数が半減する一方、東京・愛知など大都市を抱える選挙区の定数を増やして調整を図ったのである。

　さらに、2019年参院選にあたっては、埼玉選挙区の定数を増やしたほか、比例の定数増と合わせて、参議院の総定数を242から2022年にかけて248まで増やす制度変更がなされた。

　このように、1票の格差は衆議院・参議院いずれの選挙でも改善の方向に向かっている。2016・2019年参院選と2017・2021年衆院選での1票の格差について、最高裁はいずれも合憲であるとの判断を下した。定数是正などの国会の取組みを一定程度評価したのである。

　しかし、それでもなお格差が存在し続けていることも事実である。特に参院選の選挙区の格差の大きさは、合区などの取組みを経ても引き続き農村部に重く議席が配分されていることを示している。1つひとつの選挙区の1票の重みについて、より意識していく必要があろう。

　1票の価値の平等に目を配りつつ、日本全国どこに住んでいても有権者の声が的確に反映され、政治とのよりよいつながりが確保されるために、どのような制度をとるのがよいのだろうか。私たちも地道に考え続けなければならない。

column 3
18歳選挙権

　2016年にいわゆる18歳選挙権が導入されてから、私たちは3度の国政選挙を経験した。すでに世界の9割を超える国で18歳までの若者に選挙権が与えられていたが、日本の選挙制度上では、敗戦後の1945年に選挙権年齢が20歳とされて以来の大きな改革であった。

　高齢化が急速に進行する中で、より多くの若者に投票の機会を与えることで、公的な責任感を育み、政治的影響力を高め、政治離れを改善することなどが期待された。さらに、政治への関心や政治参加の意識を高めることをも目指していた。

　では、新制度の実施に若者はどう反応しただろうか。たしかに、有権者としての意識をもつうえでは意味があっただろう。ただ、彼らの政治参加への意欲は、劇的に改善したわけではなさそうだ。

　筆者が2016年・2019年に神奈川新聞社と合同で実施した高校生調査データから政治意識を分析すると、18歳選挙権導入後も高校生たちの政治関心は必ずしも高くなく、有権者としての資質や能力への自信も十分ではない。また、一般論として選挙で投票すべきという声は強いが、実際に投票に行くという声は力強さを欠いている。

　18歳選挙権導入を通して私たちが分かったことは、制度の変化は確かに重要だが、それだけで若者の政治意識が大きく変わるという考えは幻想だということだ。

　そもそも、18歳選挙権は多くの若者にとっては自ら獲得したものという実感に乏しく、与えられたものにすぎない。

　安易に投票率という結果を求めるのではなく、そこに至るまでの様々な機会や場、プロセスを、地道にもっと充実させる必要があるということだろう。

　若者が共同体の中の自立した個人としていかに自らを積極的に位置づけられるか。そのためにも基本的な知識を蓄えることはとても大切であり、本書がその一助となれるよう願っている。

おすすめの本・ウェブサイト

📖 **川人貞史・吉野孝・平野浩・加藤淳子（2011）『現代の政党と選挙〔新版〕』有斐閣アルマ**

　選挙制度が政党政治に及ぼす影響について日本の1990年代の選挙制度改革や、2000年代の政党政治の変化もふまえながら、多角的に論じた良書である。ややハイレベルだが、この分野の研究・理論動向が豊富に反映されている。

📖 **佐々木毅編（1999）『政治改革1800日の真実』講談社**

　本章で紹介した1990年代の小選挙区制導入を柱とする選挙制度改革は、1980年代末から始まった日本の政治改革の中心的論点となった。改革の展開や、関係した政党・各種団体をめぐる政治過程が詳細に記録されている。

📰 **総務省「選挙・政治資金」**
https://www.soumu.go.jp/menu_seisaku/senkyo/index.html（2022年10月15日）

　日本の選挙を統括する総務省が、選挙制度や政治資金について概要をわかりやすくまとめたウェブサイトである。有権者として最低限知っておくべき選挙のルールを知ることができ、選挙結果データなどへのリンクもある。

参考文献

上神貴佳（2013）『政党政治と不均一な選挙制度——国政・地方政治・党首選出過程』東京大学出版会。

大川千寿（2017）「18歳選挙権導入と若者の政治意識——2016年神奈川大学・神奈川新聞共同調査分析」『神奈川法学』50巻1号、86〜114頁。

大川千寿（2020）「定着する選挙権、深まらない政治意識——2019年神奈川大学・神奈川新聞共同高校生調査分析」『神奈川法学』53巻2号、31〜79頁。

砂原庸介（2015）『民主主義の条件』東洋経済新報社。

デュベルジェ、モーリス（岡野加穂留訳）（1970）『政党社会学——現代政党の組織と活動』潮出版社。

増田寛也（2014）『地方消滅——東京一極集中が招く人口急減』中公新書。

水崎節文・森裕城（1998）「得票データからみた並立制のメカニズム」『選挙研究』13号、50〜59頁。

Cox, G. W.（1994）Strategic Voting Equilibria under the Single Nontransferable Vote, *American Political Science Review*, 88(3), pp. 608-621.

Rae, D. W.（1967）*The Political Consequences of Electoral Laws*, Yale University Press.

Reed, S. R.（1991）Structure and Behaviour：Extending Duverger's Law to the Japanese

Case, *British Journal of Political Science,* 20, pp. 335-356.

総務省（2013）「インターネット選挙運動の解禁に関する情報」https://www.soumu.go.jp/sen kyo/senkyo_s/naruhodo/naruhodo10.html（2022 年 10 月 15 日）。

第4章
投票行動
——なぜ投票に行くのか、どうやって投票先を決めるのか

　民主政治を採用する国にとって、選挙は政治とかかわり、自分たちの望みを政治に伝えることができる重要な機会である。しかし、日本をはじめ、多くの先進国で、投票率が低下しつつある。特に日本は、国政選挙では約半数の有権者しか投票に行っておらず、さらに地方議会選挙では投票率が50％を切っている状態である。

　このように日本や先進国で、政治への関心が薄れる中で、むしろ有権者は、なぜ選挙に行くのであろうか。政治学では、この疑問に対して、個人の要因や選挙の際の有権者の利益とコストの視点などから説明してきた。また選挙で得られる心理的な要因が大きな影響を与えることを明らかにしてきた。

　しかし、選挙に参加することに利益があるとしても、誰に投票すればいいのかという別の疑問も存在する。この疑問に対しても、政治学では投票先を決める要因を様々な分野の視点から説明してきた。本章では、個人の環境や意識、そして情報への評価という3つの立場から投票に関する人々の行動を考え、選挙をめぐる有権者の行動を見ていく。

1 選挙と民主政治 ──────────────

（1）政治と「つながる」機会としての選挙

　普段から政治とのつながりを感じることは、非常に難しい。政治の
ニュースは興味を惹くものではなく、多くの知識が必要だと感じる。さ
らに政治に関して話すことは、ハードルが高く、自分の意見を表明する
にも引け目を感じてしまうことが多い。政治とのつながりが薄い日常で、
1つのつながる機会として「選挙」がある。しかし、普段から政治を意
識していない状態で、急に選挙で投票しろといわれても、ほとんどの人
が難しさを感じるはずだ。では、なぜそもそも選挙に行く必要があるの
だろうか。

　日本などの民主政治を採用する国では、国民主権に基づいて政治が行
われており、政治と市民のかかわりが重要な意味をもっている。しかし、
全国民が政治的な意思決定に参加するのは様々な困難が生じるため、選
挙を使った間接民主制が採用されている。間接民主制は、自分たちの代
わりに政治的な意思決定を行う代表者を選ぶ仕組みである。その中で、
市民は選挙において、自らの意思や利益を代弁し、政治に反映してくれ
る政治家を選び出すことが必要となる。そして、もし選出した政治家が、
我々の意思や利益を反映しなかったら、次の選挙で落選させ、別の政治
家を選出することで、常に国民にとって、より良い社会や国の実現を目
指すのである。

　では、単に選挙が行われていればいいのだろうか。たとえば、現代民
主主義の理論家であるロバート・ダールは、特に高度な民主主義が成り
立つには、政治的な意思決定プロセスの中で市民の政治参加や関与が重
要であると論じた。そして、その要素として、誰もが自由で平等に選挙
に参加でき、実質的に選挙で、すべての人が平等に扱われる「包括性」
を提示した。

　つまり、民主政治において、自らの利益や、望ましい国・社会がどの

ようなものかを表明する機会として選挙は重要であり、かつ、多くの市民が実質的にも政治参加することが重要な役割を有している。

（2）日本をはじめとした先進国の投票状況

　民主政治で重要な役割をもつ選挙だが、現在の日本では選挙が行われるたびに、選挙で投票した有権者の割合を示す投票率の低下が問題となる。

図表4-1　衆院選・参院選・都道府県議会選挙の投票率

出典：総務省「目で見る投票率（令和4年3月）」

　図表4-1は日本の各種選挙の投票率の推移である。国政選挙では、それぞれ直近の2021年の衆議院総選挙が55.93％、2022年の参議院議員通常選挙が52.05％であり、全有権者の半分程度しか投票していない。特に30代以下の若年層の投票率は30〜40％程度であり、選挙前に若年層に向けて関心を喚起するための広報など、多くの対策が講じられている。

　一方で、**図表4-1**を見ると、戦後から1990年代初頭までは投票率が高く、近年でも2005年と2009年の衆院選では投票率が高いなど、常に投票率が低いというわけではない。ではなぜ、高い投票率となったかについては、**2（4）**で説明する。

　1990年以降、国政選挙における投票率は低下の一途をたどることに

なったが、さらに深刻なのは、地方自治体の議会選挙である。2015年統一地方選挙での平均投票率は45.05%と戦後直後の1947年の選挙（81.65%）から、35％も投票率が減少しており、地方選挙への関心の低下が見てとれる。加えて、地方選挙では立候補者が当選できる定数と同数、もしくは首長選挙では1名しか立候補せず、選挙を行わずに当選が決まる「無投票当選」も多くなっている。このように地方政治では有権者が投票に行かないだけでなく、政治家になろうとする人すらいないという問題がある。

図表4-2　G7サミット参加国の2000年以降の下院選挙の得票率

出典：International IDE,"voter turnout database"（欠損値は各国の公的機関を参考に挿入）

　投票率の低下は、日本だけの現象だろうか。**図表4-2**は、2000年以降のG7サミット参加国の下院選挙（日本でいう衆院選）の投票率の推移で、多くの先進国で投票率が低下していることが分かる。特にフランスでは、徐々に投票率が低下し、50％を切っている。またニュースで熱狂的な大統領選挙が報じられるアメリカであっても、大統領選挙が行われない年の選挙では、有権者の半数以上は投票に行かない。さらにアメリカは、事前に投票するための申請を行わなければ、そもそも有権者としてカウントされない有権者登録制度を採用しており、実質的な投票率はより低い可能性が高い。その他の国でも投票率を60〜70％近くを維持しつつも、

低下傾向がみられるなど、投票率の低下は、日本特有の現象ではなく、経済が発展した先進国において共通に生じる現象なのかもしれない。

どうして、民主政治で重要な役割を有する選挙での投票を、有権者は行わなくなったのであろうか。言い換えれば、なぜ人々は投票しないのか、むしろ、なぜ人々は投票に行くのであろうか。この疑問を解くことで、近年の日本の低い投票率が続く中で、高い投票率を示す選挙が生じたのかを考える。

2 投票参加

（1）個人の能力・属性に基づく投票参加

「人々がなぜ投票を行うのか」について、政治学では「投票参加」の研究として議論されてきた。その中で、選挙で投票する・しない人の違いは、どのような要因で生じるのかを明らかにしようとしてきた。

まず投票参加だけでなく、政治に参加するには、ある程度の能力や環境、属性などが重要な要因となっている。一般的に投票を行うには、それ相応のコストがかかるため、投票することのコストを支払うことができる資源（能力や環境、属性など）をもっていることが必要となる。たとえば、年齢が高い方が、生活を送る中で政治を身近に感じることや政治の情報を得る機会が多く、政治の知識が蓄積される。就職・結婚・子育てなどのライフサイクルで、各税金を支払い、公共サービスを享受することで政治に触れ、テレビや新聞のニュースを視聴して政治の情報に接する機会も多い。そのため、若い人よりも政治への関心が高く、投票に行くと考えられる。

実際の選挙をみると、2021年衆議院議員総選挙の年齢別投票率は、18・19歳が43.21％、20歳代が36.50％と若年層の投票率が低く、50歳代が62.96％、60歳代が71.43％と投票率が高い。計算すると、60歳代の投票率は、20歳代の投票率の約2倍となり、年齢の違いが投票率の高低に影響を与える要因と考えられる。

次に政治の情報を得たとしても、それに基づいた判断や行動をとるか
どうかは分からないため、教育程度が高い層ほど、数ある政治情報を素
早く処理し、自らの判断に基づき投票できる。そのため教育程度（学歴）
も投票率に影響を与える要因として挙げられる。

　先に挙げた年齢と教育程度の２つの要因から考えても、最も投票に向
かわないのが若者である。若者は、生活の中で政治にふれる機会が少な
く、政治の情報や知識が蓄積されていない。そのため投票を行うコスト
が、他の層よりも高くなっている。

（2）合理的選択モデル：利益とコストの比較による投票参加

　投票参加の代表的な研究に、有権者が合理的な考えに基づいて、投票
に行くかどうかを決めるというものがある。これらの研究が想定する合
理的な個人とは、より多くの利益を得ようと行動するというものであり、
このような個人が利益を最大化する選択をとることから合理的選択モデ
ルと呼ばれる。

　選挙を合理的選択モデルで考えると、有権者は自分たちの意見を政治
に反映する政治家を選ぶことで、より多くの利益が得られると期待して
投票するはずである。逆に、投票したとしても、損しかないのであれば、
投票に行かないと考えるはずである。このような考え方を合理的選択モ
デルの中で、特に**期待効用モデル**と呼び、以下の数式を用いて説明され
ている（Riker and Ordeshook, 1968）。

$$R = P \times B + D - C$$

　上記の数式のアルファベットは、それぞれの意味するものの頭文字で
ある。

　報酬、利得（Reward）：投票に行くことで、得られる見返りや、期待す
る利益のこと。利益は、主観的なものや物質的なものなど、人それぞれ
に決まる。

主観的確率（Possibility）：自分の投票した１票が、候補者の当選に、どれくらい影響を与えるのかを示す確率。自分の１票で選挙結果が決まってしまうような候補者同士が拮抗している選挙では、自分の投票が大きな影響力をもつと認識し、選挙結果を変える確率が高くなる。また選挙結果に影響を与える確率は、個々人が主観的に判断するものである。

　便益（Benefit）：自分が投票する候補者が当選した場合に得られる便益のこと。あくまでも選挙前に予測できる便益である。たとえば、選挙での選択肢である「候補者A」が当選した場合と、「別の候補者B」が当選した場合に得られる自分の利益が、どれほどの差があるのかを考えるものである。

　意識・義務感（Duty）：投票に関係する心理的な要因のこと。投票しなければならないという義務感や、投票することの満足感、選挙を通して政治に反映したいことの思いの強さ、投票することで民主政治を支えていると感じる意識などの主観的な利益のことである。

　投票コスト（Cost）：投票に行く際のコストのこと。移動の手間や移動のための物理的なコスト（お金や時間など）、投票先を決めるために必要な情報を収集するための時間や労力。また、選挙に行かないことで得られたはずの別の利益もコストとみなす。

　この数式より、合理的選択モデルは、$P \times B + D$によって算出される投票の利益と、Cの投票コストを比較した時に、Rがプラス（利益＞コスト）であれば選挙で投票する。一方で、Rがマイナス（利益＜コスト）であれば、選挙に行かない（投票棄権する）と想定する。では有権者は、選挙での利益とコストの損得計算によって投票するかしないかを考えているのであろうか。

　有権者が何十〜百万人もいる中では、自分の１票が選挙結果に与える影響は微々たるもので、どの候補者が当選しようとも自分が得られる利益もまた微々たるものである。そのような状況では、「$P \times B$（主観的確率×便益）」で計算される利益が非常に低くなってしまう。むしろ「C（投票コスト）」の方が、非常に高くなるだろう。たとえば、選挙当日に、ア

ルバイトやデートの予定があった場合、選挙に行かずにアルバイト代を稼ぐことやデートによる満足感の方が得られるものは大きいと感じるだろう。実際に、投票に行かなかった人に理由を尋ねると、「選挙に関心がなかったから」に次いで、「仕事があったから」という理由の回答が多い調査結果もある（明るい選挙推進協会、2015）。

そこで重要になるのが、「D（意識・義務感）」である。たとえば、心理的な要因として挙げられる政治的有効性感覚は、選挙に影響を与える確率ではなく、自分の投票や行動が政治に影響を与えられているという有権者個人のポジティブな感覚を指す。つまり投票すること自体に、ある程度の充足感を得られるのであれば、コストが高くとも投票に行くだろうし、得られないのであれば棄権するだろう。また投票を義務だと考える人にとって、選挙に行かないことは自分の心理的な満足感を減らすことになるだろう。このように投票参加に関する利益とコストの比較は、有権者個人が有している心理的な要因が重要な役割をもっており、投票に行くか行かないかを左右している。

（3）期待効用モデルを用いて日本の選挙・投票率を考える

では、期待効用モデルを用いて、実際の日本の選挙の投票率の高低を考えてみる。まず取り上げるのは、1990年代初頭までの日本の選挙では、高い投票率を保っていたことである。

1993年の選挙制度改革まで、日本では中選挙区制と呼ばれる1つの選挙区で複数名が当選する選挙制度を採用していた。そのため、選挙区内に同一政党から2名以上が立候補し、一方の候補者に票が偏ってしまい、もう一方が落選することや、どちらも落選してしまう（同士討ち）といった激しい選挙戦が繰り広げられていた。そのため中選挙区制は、政党間の争いだけでなく、政党内でも争うことで、票を奪い合う接戦状態が多く生じ、自分の1票が選挙結果に与える主観的確率（P）が、非常に高いと認識されていたと考えられる。

また同一政党内に複数の候補者がいることは、有権者に対し政策内容

での違いを提示できず、明確な利益提供を主張することが常態化していた。そのため、有権者は、候補者ごとに当選した場合の便益（B）が明確、かつ高く感じることができ、投票の利益を高く感じていた可能性がある。

　しかし選挙制度改革で小選挙区比例代表並立制に変わったこと、加えて長く政権を務めている自民党が強く、選挙の勝敗が事前に予想できる選挙区が多くなっている。このような状況で有権者は、自分の1票が選挙結果に影響に与える主観的確率（P）を非常に低く感じるであろう。また選挙で政党や候補者が提示する政策も似たようなものが多いと感じる有権者が多く、当選した場合の利益を予測することが難しく、便益（B）も低く感じるだろう。主観的確率（P）と便益（B）の両方が低い状態では、投票の利益を多くの有権者は感じることができないだろう。しかし、このような状況の中でも、半数以上の有権者が投票するということは、投票することで得られる満足感や投票することの義務感（D）を大きく感じている有権者が一定数いると推測できる。

（4）2000年以降の衆院選で高い投票率を考える

　先に述べた2005年と2009年の衆院選で投票率が高かった理由を考えてみよう。2005年の選挙は、当時の小泉純一郎首相が、参議院での郵政民営化法案の否決をきっかけに、衆議院を解散し、「郵政選挙」と呼ばれた選挙である。この選挙では、郵政民営化法案に反対した現職の自民党議員の選挙区に「刺客」候補として別の自民党公認候補を擁立し、法案に賛成か、反対かを問う激しい選挙が繰り広げられた。激しい選挙戦で、各選挙区ともに接戦が報じられていたため、有権者は、自分の1票が選挙結果に影響を与える主観的確率（P）を高く見積もったであろう。さらに郵政民営化法案に賛成・反対というシンプルな二項対立は、有権者にとって、各候補者が当選した時の便益（B）を測ることが他の選挙よりも容易だったと思われる。

　次に2009年の衆院選は、自民党・公明党連立政権から民主党による選挙での政権交代が現実味を帯びた選挙であった。そこで有権者は、従来

の自民党・公明党連立政権を望むのか、それとも民主党を中心とした新たな政権を望むのかの二者択一を求められた。つまり投票次第で、政権交代という大きな政治的変化を生じさせることができるため、有権者は自らの1票の価値、選挙結果に影響を与える主観的確率（P）を高く見積もっただろう。また従来通りの政権と、民主党が政権を担った場合の便益（B）も予測しやすかったと考えられる。さらに心理的な要因（D）についても、政権交代によって政治を変えることは、他の選挙よりも投票することで高い満足感が得られると考えられる。これらの要因から、高い投票率だったと推測できる。

このように2000年以降の投票率が高かった衆院選に期待効用モデルを用いてみると、他の選挙よりも「主観的確率×便益（P×B）」が高く感じられたことが要因だったと推測できる。有権者個人の心理的な要因（D）は、短期間で変化するようなものではないが、このように時々の政治や選挙の状況によって「主観的確率×便益（P×B）」が変化し、有権者の投票参加に「つながって」いるということが理解できる。

（5）合理的選択モデルの別側面

加えて、合理的選択モデルには、期待効用モデルと別の考え方もある。ミニマックスリグレットモデルは、選挙のように自分だけではなく、様々な考えに基づいて、行動する有権者がいる状況では、最終的な選挙結果は不確実性が高く、不透明なものであり、自分が得られる利益を測ることが難しいため、損失や後悔を最小化する行動を取るはずだと想定する（Ferejohn and Fiorina, 1974）。つまり自分以外の不確定要素が多い状況で有権者は、期待する利益が全く得られない最悪の事態を避けようとすると想定するものである。つまり投票で得られる利益を最大化させようとする期待効用モデルに対して、ミニマックスリグレットモデルは、投票参加や候補者への投票で生じる後悔（損失）を最小化させようとする考え方といえる。

このように合理的選択モデルが想定する有権者は、意識・無意識にか

かわらず、選挙ごとに自分の利益や後悔（損失）、コストを比較して、投票に行くか・行かないかを決める存在なのである。

3　投票行動の３つの立場

（１）投票選択するための情報

　２をふまえて選挙を考えると、まず有権者は、そもそも投票に行くか、それとも棄権するかを決める。次のステップとして、どの候補者・政党に投票するかを決めなければならない。選挙の目的は、自分の意見を政治に反映してくれる政治家を選び、より良い社会をつくることである。しかし、国・社会の行く末を決めてしまうかもしれない選択では、間違った選択をしたくないと人々は考え、様々な情報を熟考し、行動するだろう。どの候補者・政党に投票するかを決めるには、情報収集が重要だが、すべての候補者や政党の情報を知るには、多くの時間や労力がかかってしまい、現実的ではない。そこで個々人は、ある一定の基準・情報をもとにして、投票先を決めていると考えられる。

　このような何かを選択する際の情報の取捨選択は、日常生活でも行われている。たとえば、進学や就職などで引っ越しする場合を思い浮かべてほしい。多くの人は、間取りや家賃などはもちろんのこと、周辺環境（治安の良し悪しなど）、交通の便などの諸々の情報を加味し、住む場所を選ぶだろう。しかし、実際にはすべての物件とそれに付随するすべての情報を調べるわけではなく、限りある選択肢の中から自分が妥協できる・できない条件を数個に絞ってから、最終的に物件を契約するだろう。これと同様に、個々人が自分にとって重要な、信頼できる情報を手がかりとして、投票先を決定しているものと考えることができる。

（２）投票行動：社会学モデル

　では有権者は、どのような情報や要因を投票の手がかりとして、重視し、候補者や政党を１つに絞り、投票するのだろうか。投票にかかわる

有権者の行動を分析することを政治学では、「投票行動」と呼び、多くの研究がなされてきた。これまでの投票行動研究では、有権者が投票先を決める手がかり、要因を大きく3つの立場から提示してきた。

　第1の投票先を決める手がかり、要因として、有権者個人の社会集団や社会経済的な地位が挙げられる。この立場は社会学を背景としているため**社会学モデル**と呼ばれ、主に家族関係や居住している地域、仕事などの地位、所得、宗教、人種などの社会集団、社会経済的な要因の投票の際に与える強い影響を分析してきた。

　たとえば、アメリカ大統領選挙では、長期間を通じて共和党が勝利する州と民主党が勝利する州がはっきりと分かれるなど、地域的な特徴が存在する。またアフリカ系やラテン系のアメリカ人は、民主党に投票する傾向が高いという人種の影響や、他にも職種・所得水準・教育程度などによって、共和党か民主党のどちらに投票する傾向が高いことが多くの研究で示されている。また日本でも、一般的な傾向として、農村部が多い地方や農業の従事者は自民党へ投票する傾向が高く、居住地域や職種が投票先を決める際に、大きく影響している。

　では、なぜ社会集団や社会経済的な地位に基づいて、投票先を決めるのであろうか。1940年代のアメリカ大統領選挙における世論調査を用いた研究では、所属する社会集団に応じて投票傾向が似ており、投票先を決める際に有権者は、日常生活での周りの人々との会話などのコミュニケーションを通じて影響を受けていることを明らかにした（Lazarsfeld et al., 1948）。つまり、自分の身の回りの集団や環境から影響を受けており、自分と似た境遇の人々が支持する政党・候補者を支持した方が利益を得られると考え、投票先を決めるのである。これは個人内の要因というものではなく、社会経済的な要因や社会との関係性などの自分の身の回りの状況と、各政党の間にある利益などのつながりを手がかりに投票すると想定するものである。

（3）投票行動：社会心理学モデル

　第２の要因として、有権者がもつ心理的な傾向や意識が挙げられる。この立場は社会心理学を背景としているため**社会心理学モデル**と呼ばれ、候補者や政党に関する様々な政治情報を受け取った際の有権者の心理的な動きを分析してきた。社会心理学モデルでは、政党帰属意識（政党支持）、候補者イメージ、争点態度といった３つの投票先を決める際の心理的な要因と動きを挙げている。

　まず政党帰属意識とは、政党に対する愛着や親しみといった好意的な感情や忠誠心のようなものであり、自らを政党のメンバーと認識するといった意識のことである。有権者が、ある政党に対して政党帰属意識を有していると、選挙の際に投票するだけでなく、政党が推し進める政策に賛成し、政党が公認する候補者を好意的に評価するなどの、政党を手がかりとして、政治を認識するようになる。このような政党帰属意識は、政治的社会化によって獲得するもので、簡単に変化するものではない。政治的社会化とは、人が成長するプロセスで家庭や地域、学校などの環境要因から影響を受けて政治に関する様々な意識が形成されるというものである。

　政党帰属意識に関して、アメリカでは、自らを共和党員（民主党員）であるといった政党への帰属を表明することが多い。しかし、日本で自分の政党への帰属（○○党員である）を表明することは滅多にない。そこで日本では、政党帰属意識よりも政党に対する好ましさのような弱いつながりの**政党支持**と呼ばれる。ほぼ変化することがない政党帰属意識とは異なり、政党支持は、時々の政党に対する好ましさであるため、選挙に応じて短期的に変化する。しかし、近年の日本における政党支持率の推移は、大きな変化が見られず、非常に安定的に推移している（**図表４-３**）。

　また現在の日本では、支持している政党がない無党派層が約40％近くもいる。無党派層は、政党間の主張に違いを見出せないことや政治への不信感などが要因だと考えられるが、現在の選挙では、いかに有権者の多数派である無党派層から支持を受けるかが重要になっている。この傾

図表4-3　自民党と立憲民主党の支持率と、無党派層の推移

出典：NHK 放送文化研究所「政治意識月例調査（2018 年 1 月から 2022 年 9 月）」（2019 年 10 月は台風の影響のため中止）

向も日本だけではなく、他の先進国でも、政党離れが起きており、無党派層が増えつつあるような状況である。

　続いて、候補者イメージとは、清廉潔白さのような見た目はもちろんのこと、実行力や有能さなどの候補者の行動や業績などの情報をふまえたイメージのことである。文字通り、候補者イメージが良ければ、有権者は投票する傾向が高くなる。日本の場合、衆議院の小選挙区比例代表並立制への選挙制度改革によって、候補者のイメージだけでなく、選挙におけるリーダーシップなどの首相へのイメージが投票の際に、重要性が高まっているという分析結果もある（前田・平野、2015）。

　最後に、選挙における各政党の政策や有権者が重視する政策に関する賛否を手がかりとして、投票先を決めるという**争点投票**（**争点態度**）である。争点投票は、まず有権者が選挙での政策争点を正しく認知し、賛否の意見を持ち、自分にとって重要な争点だと認識することを前提とする。その上で、争点に対する各政党の立場を理解し、自分の立場が近いかどうかを判断し、投票先を選択することを想定する。だが、争点投票が行われるプロセスを満たすには、政党の立場に関する多くの情報が必要であり、実際に有権者が争点投票を行うと考えることは非常に難しい。それは現代社会において、有権者は政治が重要だと考えていても、政治に

多くの時間を割くことができないことも影響しているかもしれない。

（4）投票行動：経済学モデル

　第3の要因として、有権者の合理性に着目し、経済などの政策の結果などを手がかりに、その評価に基づいて、投票するというものである。こうした考え方は、経済学が想定するような一定の有権者の合理性を前提としていることから**経済学モデル**と呼ばれる。経済学モデルは、政府が行う様々な政策の成果や業績の良し悪しを有権者は評価し、投票先を決める**業績評価投票**や業績の中でも、特に景気などの経済状況の評価が有権者の投票先の決定に重要であると考える**経済投票**といったパターンがある。いずれのパターンも、現在の社会や経済に満足していれば政権与党に投票し、逆に不満であれば野党に投票すると想定している。このような決定方法が、まるで有権者が政権与党の成績評価を行い、悪い場合に罰を与えるという意味で賞罰投票とも呼ばれている（Fiorina, 1981）。

　政府が行なった政策の結果を手がかりに投票する経済学モデルは、直感的で分かりやすいが、どのような政策の業績や経済状況の良し悪しを判断するかで、複数の立場が存在している。たとえば、経済でも、特に自分の身の回りや生活、家計に基づき投票先を決定する個人指向型の経済投票（pocketbook voting）と、景気や失業率などの社会全体の経済状況に基づく場合の社会指向型の経済投票（sociotropic voting）がある（Fiorina, 1981：Kinder and Kiewiet 1981）。景気が良くとも、自分自身の生活が厳しい時に経済投票を行う有権者の投票行動を考えてみると、個人指向型だと野党に投票するが、社会指向型では政権与党に投票するという全く投票先が異なる投票行動になる可能性がある。

　さらに評価対象とするのが、選挙直前の経済状況なのか、それとも政権に就いた時の経済状況との比較を行うのかといった時間軸の問題もある。加えて政党を過去の業績だけで判断するのではなく、将来性、つまり経済を好転させることを期待して投票先を決定することもあるだろう。また日本を例にとっても、グローバル化によって自国だけで経済を動か

すことができなくなり、政権与党だけに経済状況の責任を負わせるかどうかは有権者によって異なるだろう。このように、一見して直感的に理解できる経済学モデルでも、何を評価するのかに関しては、様々な立場に応じた研究がなされている（平野、1998；山田・飯田編著、2009）。

（5）投票行動と民主政治

　経済学モデルは、一見すると民主政治（特に間接民主制）の考え方に沿っている。有権者は、政権与党が良い社会や経済のために政策を行っているかを業績で判断し、投票する政党を決める。一方で、有権者が業績評価投票をしていると政党側が分かっているならば、各政党は有権者の要求に応えようと社会や経済を良くする政策を行うようになる。このような選挙を通じた有権者と政治の関係性を**政策応答性**（アカウンタビリティ）と呼ぶ。

　つまり政策応答性を高めることで、より良い社会が達成できる。そこで選挙では、政策応答性の高い政党・候補者に投票し、政策応答性が低い、つまり有権者の意思とかけ離れた政党・候補者には投票せずに罰することが有権者と民主政治にとって重要となる。実際に、2009年衆院選での政権交代を例にすると、2008年のリーマン・ショックが発端となった世界的な金融危機への対応と、その後の景気悪化が要因となって、多くの有権者は自民党に罰を与え、民主党に投票し、社会や経済をより良くしようと考えた可能性がある。逆に2012年衆院選での政権交代は、経済ではなく、2011年の東日本大地震の対応などに不満をもったことが一因として、民主党ではなく、自民党を選んだのかもしれない。さらに2014年以降の衆院選では、有権者は経済や社会の変化を求めず、一定の評価をして、自民党政権の継続を選んだのかもしれない。

　このように選挙において有権者が、自分の立場と近い政党や、各政党の政策応答性を見極めて、投票することは、民主政治を支えるための1つの方法である。しかし、その際に有権者は、政党の争点に関する立場や業績に関する情報を相応のコストを支払い、手に入れる必要がある。

投票率が低く、無党派層が多くなった現代において、日常的に政治への関心を高め、民主政治と人々の「つながり」をどのようにつくるかが、今後の鍵となる。

column 4
ポピュリズムを支持するのは誰か

　2010 年代から、注目される政治現象にポピュリズムがある。アメリカのトランプ現象や、イギリスの EU 離脱（Brexit）、フランスの国民連合などが例として挙げられる。ポピュリズムは様々な定義があるが、「善良な市民 vs 腐敗したエリート」という対立構造を用い、市民側の代弁者として振る舞い、その地位を確かなものにしている。現代のポピュリズムは、反移民などの右派側や反緊縮財政などの左派側の主張を行うだけでなく、新型コロナ禍で新たに反ワクチン・コロナ懐疑派などの身近な政策分野にもリンクしている。

　誰がポピュリズムを支持するか。右派ポピュリズムの研究では、社会や政治に不満がある層が支持することが明らかになっている。たとえば、支持のメカニズムを業績評価投票や経済投票から考えると、社会経済的に恵まれない層（低所得者や低学歴など）は、社会への不満が高く、政権与党以外に投票する。一方で、野党であっても既成政党であれば、変化が見込めないため、大きな変化を望み、極端な主張を掲げるポピュリスト政党・政治家に投票する。

　他方で争点投票に基づくと、既成政党では主張できないような極端な政策志向をもつ層は、その極端な主張に自分との近さを感じ、ポピュリスト政党に投票する。実際に、経済的に恵まれない層だけでなく、様々な層がポピュリスト政党に投票することが明らかになっている（たとえば、中井、2021）

　新興政党だったポピュリスト政党は、ヨーロッパにおいて、一定の支持を続けて獲得し、政権を担うこともあるなど、主流派政党へと変化しつつある。ポピュリズム支持の源泉となる既成政治への不満は、日本でも同様に見られ、実際に日本でもポピュリスト政党が議席を獲得しつつある。ヨーロッパと同様に、主流派政党へと変貌する可能性もあるかもしれない。

おすすめの本・ウェブサイト

選挙ドットコム
(https://go2senkyo.com/)

選挙に関する様々な情報を知ることができるサイト。各選挙の候補者情報や選挙結果、選挙や政治にまつわる知識や分析などが掲載されている。選挙の際の情報源としても活用できる。

飯田健・松林哲也・大村華子（2015）『政治行動論――有権者は政治を変えられるか』有斐閣ストゥディア

本章で扱った選挙や投票に関する有権者の意識や行動を詳細に学ぶことができる。データや実例などに基づいて、実際の有権者がどのように考え、行動しているかを順序だてて理解できる。

山田真裕・飯田健編著（2009）『投票行動研究のフロンティア』おうふう政治ライブラリー

投票行動に関する様々な研究がまとめられており、学生から研究者まで参考になる書籍。専門的な内容も多いが、投票行動を深く知りたいと思った際には手に取ってみることをおすすめする。

参考文献

明るい選挙推進協会（2015）「第47回衆議院議員総選挙全国意識調査」。

中井遼（2021）『欧州の排外主義とナショナリズム――調査から見る世論の本質』新泉社。

平野浩（1998）「選挙研究における『業績評価・経済状況』の現状と課題」『選挙研究』13号、28〜38頁。

前田幸男・平野浩（2015）「有権者の心理過程における首相イメージ」選挙研究31巻2号、5〜18頁。

Ferejohn, J. A. and Fiorina, M. P. (1974) The paradox of not voting : A decision theoretic analysis, *American political science review*, 68(2), pp. 525-536.

Fiorina, Morris P. (1981) *Retrospective Voting in American National Elections*, Yale University Press.

Kinder, Donald R. and Kiewiet, D. Roderick (1981) Sociotropic Politics : The American Case, *British Journal of Political Science*, 11(2), pp. 129-161.

Lazarsfeld, Paul ; Berelson, Bernard and Gaudet, Hazel (1948) *People's Choice : How the Voter Makes Up His Mind in a Presidential Campaign*, Columbia University Press（有吉広

介監訳（1987）『ピープルズ・チョイス──アメリカ人と大統領選挙』葦書房）.

Riker, W. H. and Ordeshook, P. C. （1968）A Theory of the Calculus of Voting, *American political science review*, 62(1), pp. 25-42.

第5章
政治家
──代理人の行動原理を理解し、しっか
り使いこなそう

　本章では、有権者の代理人である政治家の行動原理を理解し、本人とし
て有権者が政治家をコントロールすることの意味やその方法について考え
る。

　政治家の行動を説明するためには、まず合理的な政治アクターとして政
治家がいかなる目標を追求する存在なのかについて理解しなければならな
い。ここでは、政治家が追求する目標として、再選、昇進、政策という３
つの要素について１つずつ取り上げながら、そこから予想される政治家の
行動パターンについて検討していく。

　一方、代理人である政治家に対する有権者の評価は厳しい。ここでは、
「政治家の数が多すぎる」「政治家の質が劣化している」「政治家は腐敗して
いる」といった一般的によく聞く批判について、代議制民主政治における
本人・代理人関係の観点から吟味する。

　最後に、私たち有権者が政治家を使いこなすためには、政治家の行動原
理を理解したうえで、選挙において政治家が有権者の意思を意識しながら
行動するようにコントロールする必要があることを確認する。

1 有権者の代理人としての政治家 ————

（1）本人・代理人関係と政治家の役割

　民主政治における意思決定の究極的な主体（本人）は、有権者である。社会で何らかの集合的な意思決定を行うときに、個々の有権者は誰もがその決定内容に自分たちの利益が反映されることを望む。しかし、全員が自分の立場や利益を主張するばかりでは、みんなが納得できる合意に達することができない。すべての有権者による平等な政治参加を可能にすると同時に、多様な利害対立を調整して合意を形成していくために、私たちは議会制民主政治を採用している（→第1章1（2））。有権者は普通選挙を通じて、自分たちを代表する議員を選出する。そして議員は有権者を代表して判断を行い、議会審議を経て合意を形成していく。このように、有権者から委任を受けた代理人として、政治的な意思決定プロセスに携わるアクターが政治家である。

　有権者と政治家の間には、**本人・代理人関係**が成立する。本人・代理人関係とは、ある人（本人）が自らの利益のための何らかの仕事を、専門的な知識を有している他者（代理人）に頼んで実行してもらう際に成立する関係を意味する。本人より多くの情報を保有している代理人に、本人の希望通りに仕事をしてもらうためには、適切にその活動を監視する必要がある。政治家は選挙を通じて有権者からの委任を受けて政治的な意思決定に携わる代理人にすぎない。代理人が保有する権限の源泉は、主権者である市民であり、政治家は負託された目的を実現すべく、有権者に対して説明責任を負う。そして、本人である有権者は、代理人が期待通りに目的の実現に取り組んでいるか監視しながら政治家をコントロールしていく。

　他方、政策過程に携わる政治アクターとして官僚を加えた場合、今度は政治家が官僚や行政機関という代理人を監視する本人として、官僚が専門性を発揮しながら政策形成や実施をするようにコントロールする役

割を担う。官僚は選挙を通じて有権者に直接選ばれているわけではないので、政治家を介して、間接的に有権者からのコントロールを受けることになる。

（2）政治家に対する評価

　代理人である政治家の仕事ぶりに対して、有権者はどの程度満足しているだろうか。残念ながら政治家に対する有権者の評価は決して高くない。公的機関の腐敗に対する有権者の認識について、国際 NGO のトランスペアレンシー・インターナショナルが実施したサーベイ結果によれば、日本をはじめ多くの先進国で最も腐敗している機関として政党が名指しされることが多い（Transparency International, 2013）。選挙結果に基づいて有権者から正式に委任を受けている代理人に対して、これほど世論の評価が厳しいのはなぜなのか。

　まず指摘しなければならないのは、政治そのものが価値の権威的配分である以上、政治的な意思決定が不満から完全に自由になることは難しいという点であろう。多種多様な利害関係を調整して1つの合意を形成することは至難の業であり、全員を満足させる決定は存在しない。

　政治家に対する不信を生むもう1つの要因として、代表の選び方、すなわち選挙制度に対する不満も指摘することができる。投票に参加することによって自らの意思を選挙結果に反映することができたという実感がなければ、選挙結果に対する有権者の不満は高まる。一定数のまとまった得票によって当選者が決まるため、投票しても選挙結果を左右できない状況が生まれたり、誰が当選しても政治状況が変わらないと感じたりすると、有権者の不信は深まり、政治参加の意欲も低下してしまうだろう（→第4章1（2））。

　ここで問題なのは、政治家の活動に不満をもつ有権者が増えて、それが政治に対する有権者の関与を弱める結果につながった場合、本人・代理人関係のさらなる機能不全をもたらす可能性があるという点である。有権者の関与が低下すると、政治家は、自らの地位を保持することばか

り気にかけて、政治権力を私利私欲のために行使する誘惑に陥りやすくなる。政治家を、有権者の意思にあまり拘束されず自らの権力を利己的に追求する存在としてとらえる見方は、私たちが政治家の行動を理解するうえで、あまり役に立たない。むしろ私たち有権者と本人・代理人関係でつながっている政治家が具体的にどのような目標を追求している存在なのか、その行動原理を正確に理解したうえで、どうすれば代理人をコントロールできるのか工夫する必要がある。

（3）様々なタイプの政治家

　有権者から選挙で委任を受けて政治的意思決定に携わる政治アクターには様々な種類があり、政治家という概念はその範囲が非常に広い。いかなる政治制度のもとで成立した本人・代理人関係であるかによって、政治問題として扱われる案件の性格も、政治家がもっている権限や政治家の属性にも差が生じる。たとえば、執政制度として大統領制を採用している国には、国全体の幅広い有権者から直接投票によって選ばれる執政長官が存在する（→第8章1（2））。また、国内政治においても、国政か地方政治かというレベルの違いによって、それぞれ異なる文脈で活動する政治家が存在する。日本の場合、地方政治のレベルでは、**二元代表制**が採用されており、地方議会の議員だけではなく、知事・市町村長のような首長も活動している。

　以下では、主に日本の国政レベルで活動する国会議員を対象に、まず政治家が追求する目標について検討することで、代理人の行動原理を理解するためのヒントを見つけることにしたい。

2　政治家が追求する目標と行動原理 ——————

（1）最優先の目標は再選

　有権者から委任を受けて活動するには、まず選挙で当選しなければならない。したがって、政治家が最優先に追求する目標は再選である。一

般的に、選挙での当選ばかり気にする政治家の姿を否定的にとらえる見方も多く見られる。しかし、議会制民主政治において、政治家が有権者からの支持を受けて当選したいと強く望むことそのものが、代理人に対する本人のコントロールを可能にするしくみの根幹である点に留意すべきである（**図表5‑1**）。

図表5‑1　政治家が追求する目標

昇進　政策

再選

出典：筆者作成

　再選という目標は、選挙運動および議会活動で見られる政治家の行動パターンを理解するための鍵となる。当選するためには、本人である有権者からの得票を最大化する必要があるので、当然政治家の行動パターンは、有権者の投票選択を左右する要因を強く意識したものとして現れる（→**第4章3（3）**）。ここでは、有権者の投票選択に影響を与える3つの要因（政策争点、政党支持、候補者）に着目し、各要因に対する反応として現れる政治家の行動パターンを、①政策差異化、②政党所属、③選挙区活動に分けて、順番に説明する。

　まず再選を追求する政治家は、自らの政策的な立ち位置を明確にすると同時に、競合する候補者との差異化を図る必要がある。有権者が政策に関する情報を入手し、それを自らの投票選択に活用するにはコストがかかる。しかし、それでも有権者は、限られた情報を用いながらもなるべく自分の政策位置に近い政治家を選ぼうとする。政治家は、有権者の政策選好を意識しながら自分の立ち位置を設定し、他候補者との差異化を図る。

次に、政治家が政党に所属することも再選追求の観点から説明することができる。前述したとおり、情報コストの負担を嫌う有権者から政策差異化によって支持を獲得することは、それほど容易ではない。そこで、政治家は政党に所属することによって、1つの共通のブランド価値をもっているグループとして有権者により容易に認知してもらうことができるのである（→**第6章1(4)**）。

　最後に、政治家は、選挙区民との個人的なつながりを強化することによって、当選可能性を高めようとする。有権者は、政策や支持政党以外に、代表者を務める政治家本人の個人的な属性についても、重要な判断基準として考慮する。公約通りに政策を立案できる能力をもっているのか、信頼できる人柄なのかなどの候補者要因は、比較的に情報コストが低いため、あまり政治関心が高くない有権者にも影響を与える可能性が高い。政治家は、選挙区での有権者とのつながりを強化するため、積極的に選挙区活動を行う（濱本・根元、2011）。

　一般的に、日本では政治家が当選するためには、地盤・看板・カバンが必要であるといわれることが多い。地盤は**個人後援会**など候補者を支持する組織票を、看板は候補者の知名度を、カバンは資金力を意味する。いずれの要素も、政党中心の政策的な競争より選挙区民との個人的なつながりの強化にかかわるものであり、伝統的に日本の選挙において候補者要因が重要視されてきたことを表している。政党組織があまり発達していない中で、候補者は自らの個人支持票を組織化することで得票最大化を図るしかなく、そのために普段の政治活動や選挙運動に多くの資金が必要であった。また、日本では、親や親族の議員から支持地盤を受け継いで当選した「**世襲議員**」が国会議員全体の2〜3割を占めているとされるが、その理由として、世襲政治家の方が普通の候補者より地盤や政治資金に恵まれていることをあげることができる（飯田・上田・松林、2011）。

（2）昇進と政策の追求

再選以外に政治家が追求する目標として、昇進と政策を挙げることができる（**図表5-1**）。政治家が追求する複数の目標をあわせて検討することで、政治家の行動をより総合的に理解することができる。

政治家は当選後の議員としてのキャリアのなかで昇進を追求する。政治家にとって、昇進とは、政党組織、議会、政府のより高い地位の役職に就くことを意味する。たとえば、政府内であれば、「政務官 → 副大臣 → 大臣」、政党内であれば、自民党の場合、「政調副部会長 → 政調部会長・副幹事長 → 党三役（幹事長、総務会長、政調会長）」のようなキャリアパスが存在する。日本のように、**議院内閣制**を採用している国でキャリアパスの頂点に位置しているのは、内閣総理大臣（首相）である。限られた政治家しか辿り着けない役職ではあるが、国会議員になったからには誰もが、総理大臣に就任することを昇進追求の最終目標として考えるのである。

昇進を目指す政治家の行動パターンは、党内評価と一般有権者の評価のどちらがより重要視されるのかによって変わってくる。安定的な支持基盤からの得票を確保することで、それに比例する議席を獲得できる場合、政党は、政党全体の一体性を維持することによって政党としてのブランド価値を維持し、既存の支持層が離れないように努める。このような状況で政党組織の中で昇進するには、党全体の方針に忠実で、他の所属議員との政策距離があまり離れていないことが有利になる。その結果、政党の政策的な凝集性や所属議員たちの政党に対する忠誠心が高まることにつながりやすい。

他方、政党外部からの高い評価が昇進につながることもある。党全体の方針に忠実であるわけではないにもかかわらず、一般有権者の間で絶大な支持を得ているがゆえに、選挙戦略の一環として党内で高い地位の役職を与えられるケースである。固定的な支持基盤に依存した選挙競争が難しく、特定の支持政党をもたない「**浮動票**」が選挙結果を左右しやすくなった場合、政党は、一般有権者から高い評価を得ている人物を昇

進させることによって議席最大化を図る。自民党の小泉純一郎首相は在任期間中（2001～2006年）に高水準の内閣支持率を維持し、安定的な政権を築くことに成功したが、首相就任当初自民党内における彼の地位はそれほど盤石なものではなかった。

　次に、政治家は政策決定に携わる代理人として実現したい政策目標を有しており、どのような内容の政策を実現したいのかによって、その行動パターンは影響を受ける。その代表例が、議員の政党間移動である。前述したとおり、政党に所属することは政治家が再選と昇進を追求するうえで非常に重要な意味をもっている。しかし、政治家は、「当選さえできれば政党はどこでも良い」「昇進さえできれば、政党執行部の方針には何でも従う」と単純に考えているわけではない。政党間移動の中には、再選と昇進だけを考える政治アクターであるならば必ずしも合理的に思われないものも含まれている（山本、2010）。

　以上の通り、政治家は昇進と政策を追求するが、あくまでも政治家にとって最も優先される基本目標は再選であり、2つの目標は再選と密接に結びついている。以下では、3つの目標の関係について見てみよう。

（3）3つの目標の関係

　まず、再選と昇進の関係について見てみよう。議員は再選を重ねることによって、より高い地位の役職に就くことができる。議員としてのキャリアを経験することによって、専門性を高めて党内の役職や、与党であれば政府内の役職に就く資格を獲得できる。例外もあるが、自民党では、大体当選回数に応じて昇進には一定のキャリアパスが見られる（佐藤・松崎、1986）。

　昇進が、逆に再選可能性を高める効果をもつ場合もある。昇進することによって政策的な専門性が高まり、政策形成過程における権限を獲得できると、自ら立案した政策を業績として有権者にアピールできる。また、主要な役職に就くことができれば、国会での議論に参加したり、メディアを通じて有権者向けにメッセージを発したりする機会が増えるた

め、有権者への露出度を上げることにもつながる。

　次に、政策も再選と無縁ではない。再選を重ねることで議員としての経歴が長くなれば、政策的な専門分野を築き、そこで自ら好む政策を実現できる機会が増える。また、当初は主に地元有権者を意識したローカルな政策目標に重きをおいていた政治家が、当選回数が多くなり支持基盤が安定するにつれて、よりナショナルな政策分野に関心をもつようになることも多い。たとえば、1993年の初当選から9回連続当選を果たし首相も経験した安倍晋三議員（山口4区、選挙制度改革以前の旧山口1区）の例について見てみよう。父親である安倍晋太郎外相の秘書官として外交分野への関心を深めていた安倍晋三議員であったが、選挙の時に地元有権者に配布される選挙公報に記載されていた主な公約を調べてみると、最初は地域の活性化や農林水産業の振興など、選挙区を意識したローカルな公約も比較的に多く見られた。また、政策的には、衆議院厚生委員会理事や自民党の社会部会長を歴任するなど、社会福祉と教育分野にも関心をもって取り組んだ。一方、自民党幹事長として迎えた2003年衆院選では、「拉致問題の全面解決」を公約として掲げるなど、ナショナルな外交争点にもより高い関心を示すようになっていた様子がうかがえた。

　逆に、政策的な専門分野を確立し、自分の業績として誇示できる政策を実現すれば、それをもとに再選可能性を高めることができる。当該政策を支持する有権者からの得票や政治資金の寄付は、再選可能性を高める効果をもつ。選挙制度改革前の**中選挙区制**の下では、政策領域の棲み分けをすることによって再選可能性を高めようとする現象が見られた。中選挙区制の下では、同じ選挙区で複数の議席をめぐって同一政党の候補者同士の選挙競争が見られたため、政党ラベルという共通のブランド以外にも差異化できる手段を必要とした（→**第3章3(1)**）。そこで、各候補者は個人的な支持基盤を構築し、地理的な棲み分けを試みるか、政策領域の棲み分けをすることで他候補者との差異化を図ろうとした（建林、2004）。

　以上、政治家が追求する目標とその行動原理について検討したが、代

理人の行動原理を理解したところで、それを適切に活用して代理人をコントロールできなければあまり意味がない。しかし、前述した通り、有権者と政治家の間の本人・代理人関係はあまり機能しているとはいえず、政治家に対する有権者の評価は厳しい。

　以下では、一般的に政治家に向けられている批判について取り上げながら、議会制民主政治における本人・代理人関係の観点からその内容と問題点について検討する。

3　政治家の役割に対する期待と失望

（1）国会議員は多すぎる？

　政治家に対する有権者の厳しい評価の一例として、「国会議員の数が多すぎる」という批判がある。国政選挙でも公約として議員の定数削減を訴える政党がたびたび登場しており、2021年衆院選でも、日本維新の会は、「議員報酬・議員定数3割カット」を公約として掲げた。いわゆる「身を切る改革」を主張する根拠として提示されるのは、「一般国民が経験している痛みを共有すべきだ」、「議員を減らすことによって議員に支払われる歳費の支出を抑制することができる」といった考え方である。このような主張は、一般的に有権者から支持されやすい傾向がある。2012年衆院選の直後に全国の有権者を対象に実施した世論調査の結果によれば、「国会議員の定数を半分に減らすべきだ」という意見に対して、75.9％の回答者が賛成寄りの立場を表明している（2012年東京大学谷口研究室・朝日新聞共同調査）。しかし、議員数を減らすことが民主政治にどのような帰結をもたらすのかについて十分議論することなく、単純に多くの有権者に支持されているから問題ないとする考え方は、あまり健全ではない。

　国際的に比較してみると、日本の国会議員の数は多すぎるとはいえない。主要国の国会議員1人あたりの人口を比較した**図表5-2**によれば、アメリカに比べれば少ないものの、その他イギリス、フランス、ドイツ

図表5‑2　主要国の国会議員1人当たりの人口（2012年当時）

国名	議員1人当たり人口（単位：千人）	
	下院	上院
日本	266	528
アメリカ	699	3041
イギリス	94	74
フランス	108	179
ドイツ	132	1190
イタリア	95	190
カナダ	108	317

出典：衆議院（2012）『選挙制度関係資料集 平成24年版』

などと比較すると、日本では1人の衆議院議員が、2～3倍以上の数の有権者を代表している状況であることがわかる。

　情報通信技術の発達によって議員の政治活動における物理的な制約が大幅に軽減されたことを理由に、過去より少ない数の議員でも十分有権者の意思を代表できると考えている人もいるだろう。しかし、ここで重要なのは、1人の政治家がどの程度まで広い選挙区をカバーできるのかという問題ではない。選挙区は同じであっても、個々の有権者がもっている政策選好は一様ではないので、十分な数の代表者が選ばれることによって、異なる意見をもつ有権者の意向をより細かく反映できるようにすることには意義がある。

　さらに、代理人の選出にかかわる有権者グループの規模が大きくなればなるほど、選挙民の間で集合行為問題が深刻になる可能性がある点にも注意が必要である。日本では、政権交代が焦点だった2009年衆院選の投票率が69.28％まで上昇したものの、その後の4回は50％台と低迷しており、参院選の投票率も最近50％前後まで低下している（→**第4章図表4-1**）。投票参加は、有権者同士の協力を必要とする一種の集合行為であり、選挙区規模が大きくなればなるほど、有権者はフリーライダーとなり棄権する可能性が高くなる（Horiuchi, 2005）。選挙後に議員が代表とし

て活動する際にも、選挙区の規模が小さい方が、政治家に対する監視が容易となり、有権者に対する説明責任を果たしやすくなる。

　日本で2016年参院選から導入された**合区**（鳥取県・島根県、徳島県・高知県）は、代表者数の変更が本人・代理人関係に与える影響について検討できる1つの良い事例である（**→第3章4（2）**）。具体的にどのような変化が見られたのかについてはさらに分析していく必要があるが、合区実施が投票率にマイナスの影響を与えている可能性が指摘されている（塩沢、2017）。候補者1人がカバーしなければならない選挙区の空間的な領域が広くなったことによって、政治家が有権者と接触できる機会が減少したことが1つの要因として考えられる。実際に、合区が導入されてから実施された3回の参院選の投票率を比較してみると、現職が地盤としていない県の低投票率によって合区の対象となった4県の投票率が相対的に低下していることが確認できる。2022年参院選において、徳島県の県内投票率は45.72％（全国の投票率は、52.05％）となり、2019年に続き全国で最も低かった。

　このように、議員の本来の仕事は、有権者を代表することである。安易に「身を切る改革」を主張する前に、有権者を代表する代理人の数が減ることで、有権者と政治家の関係にどのような影響が見られるのかについて、より慎重に検討する必要がある。

（2）政治家の劣化が進んでいる？

　議員としての素質がない政治家が増えているという指摘もある。自民党が大勝し民主党から政権を奪還した2012年衆院選で大量に初当選した自民党議員のなかには、不祥事によって物議を醸す事例が散見され、同期の議員たちは「魔の○期生」と揶揄されるほどであった。2012年当選組に限らず、政治家の質が低下しているという指摘はよくみられ、その原因として選挙制度改革が名指しされることが多い。

　政治家の劣化という現象が実際に起こっているのか否かを判断するためには、まず政治家の質を客観的に測定するための基準を定めたうえで、

より厳密にその変化の有無を検証する必要がある。たしかに、選挙制度改革の結果、議席数の変動幅が大きくなり、急激に新人議員が増えた点は、政治家の質と無関係ではないと考えられる。政治家としてリクルートできる人材プールが限られている中で、1つの政党が急激に議席を増やすことによって、あまり政治家としての素養も備えていない人物が大量に政界に入ることになれば、平均的な政治家の質が下がることは避けられないだろう。通常、自民党では新人議員が入ってくると、党内派閥に所属しながら若手議員としての「教育」を受けることになるが、同じ時期に多数の新人議員が入ってくると、そのような教育が行き届かないこともありうる。また、そもそも派閥の影響力が低下しているといわれている中で、派閥に代わる存在として政党執行部が同様の機能を担当することが期待されているものの、それもやはり新人議員の数が多くなるとうまく機能しない可能性が高い。

　他方、議席数の大幅な変動が定期的な政権交代をもたらす選挙制度は、選挙競争を通して議員としての素質がない政治家を退場させることができるという側面も有している。定期的な政権交代を伴う政党間競争が定着していれば、再選を第一目標とする政治家もより有権者の視線を意識した行動をとるしかない。しかし、日本では、2012年衆院選で自民党が大勝して政権に返り咲いて以来、自公連立政権に代わる選択肢を提供できる野党が出現することはなく、2012年で初当選した自民党議員は、追い風のなかで再選を重ねることができた。政治家の劣化という現象は、選挙制度だけではなく、政党間競争のあり方によっても左右される問題として理解すべきであろう。

（3）政治家は腐敗している？

　政治家が腐敗しているという批判も根強い。実際に「政治とカネ」にかかわるスキャンダルが発生するケースは多く、そのたびに政治家の権限を制約すべきだという議論が活発に行われてきた。その結果、歴史的に政治資金に対する規制は、少しずつではあるが厳しくなってきた。

元来政治家がもっている権限は、政治家の活動を支え、代理人として
の役割を果たせるようにするためのものである。政治家の権限に制約を
設ければ、政治腐敗を防止でき、有権者のために忠実に仕事をさせるこ
とができるという考え方には問題がある。政治活動に必要な政治資金の
資金源となる政治献金を断つ代わりに、政党助成金を支給することでク
リーンな政治を達成できるという考え方もあるだろう。しかし、政治献
金も政治参加の一形態であり、政治家と有権者とのつながりを形成する
ための手段でもある。安易にそのつながりを断とうとするのではなく、
政治家がどこから献金を受けてその資金をどのような使途で支出してい
るのかを詳細にわかりやすく開示することで、その透明性を確保して有
権者にさらなる判断材料を提供する方がより望ましい。

　日本の**政治資金規正法**は、政治家に対する企業・団体献金を禁止する
など政治資金に対する質的規制を強化すると同時に、その献金額につい
ても量的な規制をかけている。しかし、その規制には抜け穴が多いこと
が問題となっており、逆に、政治家への資金の流れが把握しにくくなっ
ているという指摘もある。透明性を確保するための規制強化も行われた
が、政治家の政治資金収支報告書の内容にアクセスし、その内容を理解
することが非常に難しくなっており、有権者にとって政治資金の流れに
ついて情報を入手することは未だに難しい状況である（→**おすすめの本・
ウェブサイト**）。

　今後は、政治家が政策的な専門性を高め、有権者とのつながりを強化
するために必要となる資源を十分確保できるよう、政治資金に関する過
度な規制は見直すとともに、政治資金の流れそのものの透明性を強化す
る方向で政治資金規制を改良していくべきであろう。

4　代理人である政治家を使いこなすには──

（1）選挙によるコントロール

　政治家は有権者のことを考えず私利私欲ばかり追求する「利己的な存

在」なのか。公共の利益や有権者のことだけを考えて奉仕する献身的な政治家を理想として考える人も多いだろう。もちろん献身的に有権者のために働く政治家は高く評価されるべきであろう。しかし、合意形成メカニズムが、政治家個人の「質」のような属人的な要素によって左右されることなく安定的に継続できるようにするためには、「利己的な存在」としての政治家を前提にしたうえで、それでもなお社会全体のための調和のとれた合意が得られるしくみをつくる必要がある。現代の議会制民主政治において、そのしくみの根幹を成しているのがまさに選挙であり、再選という目標が政治家の行動をコントロールする鍵となる。

　選挙プロセスによって政治家を使いこなすためには、再選を追求する政治家が、選挙を通じて有権者の意思を意識しながら行動するようにすることが重要である。本人である有権者の政治的な無関心は、代理人である政治家のモラルハザードを引き起こす原因となる。代理人は本人に対して説明責任を負っているからこそ、常に本人の意思を意識しながら自分の行動を調整するのであり、民主主義における平等な政治参加を可能にする投票は極めて重要である。

　単に選挙に参加しているだけではなく、有権者がどのような判断基準で投票しているのかを、政治家側に明確に伝えることも重要である。有権者の積極的な政治参加を前提とすれば、有権者が関心をもっている政策争点は、政治家にとっても優先順位が高くなる。そういう意味で、選挙の時だけ投票という形で政治に参加するのではなく、普段から私たち有権者と政治家とのつながりを意識しながら、自らの意見を政治家側に伝えていくことも重要である。直接、政治家側に意見を伝える形式をとらなくても、普段から用いている情報媒体で自分の意見を主体的に発信していくことができれば、何らかの形で世論形成にかかわっていくことが可能になる（→第10章3（1））。

（2）選挙制度と本人・代理人関係のあり方

　ところが、最近の日本政治の状況を見ると、投票率の低下傾向が続い

ている。このまま投票率の低迷が続くと、本来、本人と代理人とのつながりを確かめることによって、政治家の行動を規定する役割を果たすはずの選挙があまり機能しないおそれがある。たしかに、有権者の中には、誰に投票してもあまり政治は変わらないと考えている人が多くなっており、投票しないという選択をする有権者にもそれなりの理由があるといえる。

　どのようなルールの下で選挙が行われるのかは、有権者と政治家との本人・代理人関係のあり方を決める。多数決型か比例型かによって、本人に対してどのような形で説明責任を果たすべきかが変わってくる（→第3章）。自分が支持する候補者に誠実に投票したところで、それが選挙結果に反映されず**死票**になってしまえば、政治に対して何らかの影響を与えているという政治的有効性感覚の低下につながる。

　1994年の選挙制度改革は、既存の選挙制度がもっている問題点が明確に意識されている中で実施されたものであった（→**第3章3（2）**）。意図した通りの結果をもたらしたのかについて評価が分かれるところである。

　衆議院議員総選挙に小選挙区比例代表並立制が導入されたことによって、有権者の意見表出よりも効率的な意見集約の方がより重視されるようになった。有権者からの得票率と各政党の議席率があまり比例しなくなり、選挙で勝利した勢力に得票率よりもはるかに大きな議席数を与えることになった。2009年と2012年には、一連の政権交代を経験することによって、選挙による政権選択が政党と政治家に緊張感をもたらすことになったが、2012年以降は野党が分裂する中、与党中心の一強体制が続いている状況である。

　政治家を十分にコントロールできていないという自覚があれば、現在の選挙制度が適切に機能しているのかについて検証し、制度を改良していくことも大事である。選挙制度の変更は、既存の選挙制度の下で当選してきた政治家側の反発も大きく、制度の内容によって政治アクター間の損得が異なるため、合意形成が極めて難しい。しかし、選挙制度をすでに与えられたものと考えてその改良を諦めるのではなく、政治家とい

う代理人に緊張感をもって活動させるにはどうすればよいのか、議論を
していくことは極めて重要である。

column 5
日本の女性議員

　日本の女性議員は非常に少ない。2022年9月現在、国会の女性議員の比率は、衆議院が9.9％、参議院が25.8％である。**列国議会同盟**（IPU）がまとめたデータをもとに、世界193か国の一院制議会または下院における女性議員の比率を比較してみると、日本は165位であり、先進国の中で最下位となっている（IPU, 2022）。

　日本の女性議員が極端に少ない理由としては、議員になるまでのキャリアパスの面で女性には男性のような一定のパターンが存在しないため、専門性と知名度を備えた限られた女性しか政治家になれない点、衆議院が採用している小選挙区制中心の多数決型選挙制度が女性候補者の擁立を難しくしている点など、様々な要因が女性の議会進出の障壁として指摘されている（三浦編著、2016）。

　日本でも女性の過少代表問題を解決するための運動が一定の成果をあげ、2018年5月、国会および地方議会の選挙において男女の候補者数ができる限り均等になることを目指す法律、「政治分野における男女共同参画の推進に関する法律」が成立・施行されることになった。

　同法が施行されてから3回目となる国政選挙だった2022年参院選では、全候補者に占める女性の割合が33.2％（181人）で、戦後の国政選挙で初めて3割を超えた（そのうち35人が当選）。党派別では、立憲民主党と共産党が、それぞれ50％を超える女性候補を擁立したのに対して、自民党の女性比率は23.2％にとどまった。一方、衆院選の場合、参議院に比べて女性の擁立があまり進んでいない。2021年衆院選では、女性候補の割合が17.7％にとどまり、女性議員の数は逆に減る結果となった。

　今後女性議員を増やしていくためには、各政党にクオータ制を採用するように促すこと、女性が立候補しやすくするための環境づくり、選挙制度の改良などに向けて、さらなる努力が必要である。

それでは、最後に今の国会議員が候補者や議席の一定割合を女性に割り当てる「**クオータ制**」の導入の是非についてどのように考えているのかみてみよう。**図表5-3**は、2022年参院選の当選者および非改選議員を対象に実施したアンケートで「クオータ制を導入すべきだ」という意見に対する賛否の割合を、政党別・男女別に示したものである（196人の回答者を対象）。全体では、クオータ制導入に賛成寄りの意見をもっている議員が約49％であり、男女別では、女性議員（75％）の方が男性議員（41％）に比べてより導入に積極的であることが分かる。一方、党派別に比較してみると、各政党間で十分な合意形成が行われているとはいえないことが分かる。自民、維新のような保守系の政党は、制度導入に消極的であり、連立政権の一員である自民・公明の間でも立場の違いが見られる。

図表5-3　クオータ制導入に対する参議院議員の賛否（2022年参院選）

（棒グラフ：男性／女性の区分で 自民・公明・立憲・維新・国民・共産・れいわ・全体 を示す。縦軸は0〜100（%）。■賛成　▨どちらとも言えない　▨反対）

出典：2022年東京大学谷口研究室・朝日新聞社共同調査（http://www.masaki.j.u-tokyo.ac.jp/utas/utasindex.html）（2022年9月30日）

おすすめの本・ウェブサイト

 政治資金センター
（https://www.openpolitics.or.jp）

　政治団体の政治資金収支報告書をデジタル化し、文字検索も可能なPDFファイルで公表しているウェブサイト。有権者がアクセスし閲覧することが難しい政治資金収支報告書を収集し、誰もが手軽に閲覧できるように公開している。

国会議員白書
(https://kokkai.sugawarataku.net)

第2次世界大戦後の新憲法の下で実施された国政選挙で当選した衆参両院全議員の国会での活動をまとめたウェブサイト。選挙出馬履歴、本会議での発言、委員会での出席と発言、質問主意書などのデータが入手できる。

三浦まり編著（2016）『日本の女性議員 —— どうすれば増えるのか』朝日選書

日本の女性議員について、ジェンダー研究の専門家による共同研究の成果をまとめた本。日本の女性議員が少ないのはなぜか、男性議員と女性議員の政治意識には違いがみられるのか、女性議員を増やすためにはどうすれば良いのかなどについて論じている。

参考文献

飯田健・上田路子・松林哲也（2011）「世襲議員の実証分析」『選挙研究』26巻2号、139〜153頁。

佐藤誠三郎・松崎哲久（1986）『自民党政権』中央公論社。

塩沢健一（2017）「選挙区域の拡大が投票率に及ぼす影響——鳥取・島根両県における『合区選挙』実施を踏まえて」『選挙研究』33巻2号、5〜20頁。

衆議院（2012）『選挙制度関係資料集　平成24年版』。

建林正彦（2004）『議員行動の政治経済学——自民党支配の制度分析』有斐閣。

東京大学谷口将紀研究室「東京大学谷口研究室・朝日新聞社共同調査（東大・朝日調査）」（http://www.masaki.j.u-tokyo.ac.jp/utas/utasindex.html）（2022年9月30日）

濱本真輔・根元邦朗（2011）「個人中心の再選戦略とその有効性——選挙区活動は得票に結び付くのか？」『年報政治学』62巻2号、70〜97頁。

三浦まり編著（2016）『日本の女性議員——どうすれば増えるのか』朝日選書。

山本健太郎（2010）『政党間移動と政党システム——日本における「政界再編」の研究』木鐸社。

Horiuchi, Yusaku（2005）*Institutions, Incentives and Electoral Participation in Japan : Cross-Level and Cross-National Perspectives*, Routledge.

Inter-Parliamentary Union（2022）*Parline : global data on national parliaments*（https://data.ipu.org）（2022年9月30日）.

Transparency International（2013）*Global Corruption Barometer 2013 : Report*（https://www.transparency.org/en/gcb/global/global-corruption-barometer-2013）（2022年9月30日）.

第6章
政党
——信頼されないけれど政治に欠かせない存在

　第2章でもみたように、現代日本政治の中核となってきたのは、間違いなく政党である。

　政党は、私的結社として狭く厚い部分的な利益を反映し競い合うところから、徐々に公的な役割をもつようになっていった。だが、社会経済的な成熟は有権者の政党への帰属意識を低下させ、政党は幅広く薄く有権者にアプローチしていく組織形態に変化し、選挙至上主義的な性格を強めた。こうして政党組織の緩みが進み、有権者と政党の距離が広まっていった。

　一方、日本では戦後長く自民党が分権的な性格をもちながら政権を維持し、一党優位政党制が形成された。民主政治の再活性化を目指して行われた、衆議院での小選挙区制を中心とした制度の導入は、二大政党を中心とした政党制（政党システム）と政権交代をたしかにもたらした。しかし、多党制に向かわせる力も弱くなく、現在は再び自民党一党優位の状況となってきている。また、政党そのものへの不信の強さとともに、政党制をどう健全に機能させるかも大きな課題となっている。

1 政党とはどのようなものか ────────

（1）私的な結社から公的な役割を果たす存在へ

　政党。現代の代表制民主政治を機能させていくうえでなくてはならない存在で、私たちの声を政治につないでくれる大切なものである。ところが、政党への批判は古くからやまず、既成政党に対する不信も、日本を含む先進国で決して小さくない。政党とはいかなるものなのだろうか。

　政党は、英語で Party という。本来的には私的な結社であり、社会における部分的な利益を代表するものとして発展してきた。政党の最も重要な活動の場所は、今も昔も議会である。かつての身分制議会で、国王と対峙して各身分の特殊な利害を代表した議員たちの集団が、政党の源である。政府や国王の側からすれば、政党が場合によっては自らの特殊な利害に固執し、国益に反する行動をとることもあるのではないかと思われた。このように否定的に捉えられるがゆえに、政党は徒党と揶揄されることもあった。

　ところが、19 世紀から 20 世紀にかけて、政治の民主化（大衆の政治参加）が進み、次々と新しい政党が誕生して、議会政治が活性化するようになる。そうすると、政府の側も自らが関与して政党をつくり、政局をコントロールしようと試みるようになる。日本の戦前の政党政治を二大政党の一翼としてリードした立憲政友会（1900 年結党、初代総裁・伊藤博文）も、このような背景からつくられた。

　こうして、本来的には私的な結社である政党が徐々に公的な存在となり、国家の経営と民主政治の健全な運営に不可欠な存在として浮かび上がってくることとなったのである。

（2）政党に関する規定と定義

　ところで、日本国憲法には政党に関する明確な規定が存在していない。また、政党について 1 つの定義が明確になされていることもなく、公職

選挙法や政党助成法、政治資金規正法といった政治に関する重要な法律において、各々の法律の目的に従って一定の定義がなされているにすぎない。そこで、現代の日本においても、政党を名乗る多様な団体が存在しているのである。

　では、政党について一般的にはどのように定義することが可能だろうか。たとえば、岡澤憲芙は、全体的な政治権力の獲得・行使・維持を行うものだとした（岡澤、1988）。あるいはサルトーリは、選挙における公式のラベルによって身元が確認され、選挙を通じて候補者を公職に就けさせる政治集団だとした（サルトーリ、1992）。

　ところが、世の中にある政党には、候補者を通じて党の名前を売ることに専念し、選挙で当選させ、議会で有権者の代表として活動することを必ずしも目指していないと思われるものもあれば、権力（政権）を獲得することにまるで興味のなさそうなものもある。つまり、政党について確固とした定義を行うことは、実はそれほど簡単ではないのである。

　そこで、ウェアは政党について次のように定義した。すなわち、しばしば政府の役職を獲得することを目指すことにより国家に対する影響力を追求する一方、社会の利益の集約をある程度まで目指す組織である、というのである（Ware, 1995）。

（3）政党が果たす機能

　このように政党を定義するうえでも、政党の果たす機能とはどのようなものか考える必要がある。1つは、政策を形成する機能である。有権者や利益集団とつながって、それらの利益を集約・調整したうえで、政策をつくり、選挙で公約（マニフェスト）として掲げ、有権者の信任を得たうえで実現に向けて動いていく。

　2つ目は、政治を運営する機能である。今日では、政党なしに政府を形成し、首相や大統領など政治的な指導者を選抜することはできなくなっている。

　3つ目は、新人を発掘して政治家として育て、登用する機能である。

政党が組織として発展するためには、常に新陳代謝を図ることが重要となる。

　そして４つ目は、有権者を教育・啓蒙する機能、**政治的社会化機能**である。現在の政治で重要な課題や争点は何か、必ずしも政治に興味をもつ人ばかりではない中で、政党が有権者にわかりやすく提示していくのである。

（４）なぜ政党は必要なのか

　今日では、ますます発達してきているインターネットなど情報通信環境を活用して、政党や政治家を介さずとも、有権者が直接政治的な意思表示を行い、決定することが可能ではないか。このような声をよく聞くようになった。それでも、政党は必要なのだろうか。政治家、有権者それぞれにとっての観点から考えてみよう。

　政治家にとっては、自らの政策を実現するためには議会で議案を通さなければならない。そこで、結果として似たような志向をもつ議員同士が緩やかに集団を組むようになり、やがて政党に発展する。実際、事前に議員間である程度議案への賛否を調整しておけば、可決か否決かを見通して、政治の混乱を防止することができるだろう。また、選挙で当選し、よりよい役職に就くという野心をもつ政治家にとっては、政党に所属することによって必要なコストを節約することができる。さらに、政党の側からすれば、政治家の造反を防ぐために、選挙での公認や政治資金など、メンバーに固有の利益を与えることもできる。

　有権者にとってみると、個別の政治家とつながることはそれほど容易なことではない。こうした中で政党は、政治家の政策の傾向等の情報を、政党名というラベルを通してある程度示してくれる。つまり、有権者にとっての情報コストを減らしてくれる存在である。また、労働組合（社会党や労働党）、環境保護団体（緑の党）、宗教団体など、特定の集団の利益を代表するものとして政党が結成されてきたという歴史もある。

2 政党組織のあり方────────────

（1）政党組織の歴史的な変化

　政党がうまく機能するためには、有権者を巻き込みながらその組織を
充実させなければならない。政党は、時代とともにその組織形態を変化
させてきた。

　デュベルジェは、政党を大きく幹部政党と大衆政党とに分類した（デュ
ベルジェ、1970）。幹部政党は、選挙権が制限されていた時代のイギリス
の政党が典型で、地位や資金力に優れた地方の有力者（幹部）を中心に、
エリートとしての議員同士が議会内で緩やかにつながり、クラブ的な性
格をもっているのが特徴である。分権的な組織をもち、議員の自律性が
強く、保守主義や自由主義を掲げる。

　一方、大衆政党は、選挙権が拡大していく中で広まった組織形態であ
り、幹部や議員だけでなく、議会外の一般党員・活動家や大衆組織を基
礎として成り立っているのが特徴である。集権的で結束力が強く、党と
しての決定は拘束力をもつものとなる。議員以外が指導者として統率す
ることもあり、社会主義政党や宗教政党などによくみられる組織形態で
ある。

　大衆政党組織の発展を支えたのは、政党間の**イデオロギー**や政策をめ
ぐる対立の激化であった。ところが、日本を含む先進国では高度経済成
長を経験して、経済的な利益の分配こそが政治の役割となってくる。
人々が経済的な豊かさを享受し始めるにつれて、資本家対労働者といっ
たイデオロギーに基づく対立構造や支持調達のあり方は徐々に意味を失
い始める。

　こうして、特定の支持層に限られず、選挙民全体の支持を得ようとす
る政党が出現する。これが包括政党である（Kirchheimer, 1966）。包括政
党は、イデオロギーや主義主張に基づく特定の利益集団との結びつきよ
りも、複数の集団とかかわりながら、多様な利害を調整する役割を担う

ようになる。そこで、政党間の政策提案の違いは小さくなり、政治刷新も穏健なものとなりがちである。有権者からすると、現実的な選択肢をより選びやすくなるかもしれないが、政策の違いが不明確になりわかりづらいという面もあるかもしれない。

やがて、政党と市民社会・有権者との間の距離が広がり、それまで築き上げられてきた政党の組織はますます緩んでいく。さらに、経済成長に限界がみられるようになり、今日のように経済の国際化が進むと、政府や国家の役割が衰退し、利益分配を前提とした政治の運営も難しくなる。こうして、政党の性格は変化を遂げることになる。

すなわち、政党にとって有権者との利害関係に基づいて政策を実現することが第1の目的ではなくなり、とにもかくにも選挙で勝利することが第1となり、政策はそれを実現するための手段と化してしまうのである。そこで、専門家の力を活用しながらマスメディアを利用して世論や選挙民に直接アピールし、党首や政治家個人のリーダーシップや能力を強調して選挙での勝利を優先的に考える選挙プロフェッショナル政党（選挙至上主義政党）へと移行することとなる（パーネビアンコ、2005）。

（2）現代日本の政党組織のあり方①：自民党

現在の日本の政党についてはどのような見方ができるだろうか。自民党は、ヨーロッパの保守政党のような幹部政党の性格をもってスタートし、1970年代にかけてたびたび大衆組織政党への脱皮を図ってきたが、結果としては十分に進まず、現在でも政治家が主体となる議員政党としての性質が極めて強い。

衆議院の中選挙区制時代、全体として過半数の議席を獲得するために、自民党の候補者同士が同じ選挙区で対決することがしばしばあった。そうすると、自民党政治家は互いにライバルとなり、別々の派閥に属するとともに、個人後援会を組織して、利益誘導を競い合い、自らの支持基盤を醸成することに力を注ぐことになった。

1994年以降、衆議院に小選挙区制が導入され、政党同士の対決促進が

図られたが、政治家の個人後援会は維持され、政治家個人の地盤・看板・カバン（資金力）を受け継いだ世襲政治家も多く活動している。自民党の支持がもともと厚い地方部を中心に、確固とした個人の地盤をもつ政治家たちの連合体としての性格を未だに維持している。

　その一方で、高度経済成長を通して経済的な豊かさがある程度実現し、また人口移動の結果、選挙における議席の比重は、徐々に都市部に移動してきた。政権の長期化や野党の無力さ、また無党派層の増大などを背景に、自民党は1980年代にかけて包括政党としての性格を強めた。

　だが、1990年代以降は長期の不況でかつてのような利益誘導が難しくなり、党員数が最盛期に比べて大幅に減少する中で、移り気な有権者たちをつかんでいかに選挙で勝利するか、メディア戦略を強化した選挙プロフェッショナル政党としての側面も強まっている。このように、時代の流れに応じて、融通無碍に社会の変化に適応してきたことが、自民党の強みかもしれない。

（3）現代日本の政党組織のあり方②：自民党以外

　これに対し、55年体制のもとで自民党に対峙してきた社会党は、大衆政党的な組織形態をもちながらも、自前での党員数は自民党に比べ伸びなかった。党勢拡大にあたっては支持基盤である労働組合や社会主義理論を信奉する活動家たちに大いに依存していたのである。このため、党の方針の現実化が遅れ、労働者のための党という性格から脱皮しきれずに支持層を十分に拡大できなかったことは、自民党長期政権の持続を後押しすることとなった。

　2009年から3年余り自民党に代わり政権を担った民主党も、連合（日本労働組合総連合会）を最大の支持組織としていたが、政権交代を目指して勢力を拡大する中で、労組出身議員の割合は減少し、多様な背景をもつ議員が党に集まってきた。

　その結果として、かつての社会党と比べて自民党に対抗する現実的な選択肢として有権者にアピールすることが可能となったが、政策的な多

様性は「バラバラだ」との批判を招き、実際に党内グループの一体性の欠如がしばしば指摘され、党首選のたびに激しい党内対立が展開されるなど、合意形成の難しさが与党となってからも足かせとなった（前田・堤編著、2015）。

　また、党員・サポーター数は自民党にはるかに及ばず、合併により大きくなる中で政党としての十分な組織的な基盤をもたないことから、都市部を中心に自民党に批判的な無党派層を主たるターゲットとして、マニフェストを通して自民党に対抗する現実的選択肢としてのイメージを確立し、選挙で議席を積み重ねる選挙プロフェッショナル政党的な戦略をとった。

　その結果、2009年衆院選では「政権交代。」をキーワードに、自民党の自滅もあり全国的に圧勝したものの、政権交代を果たすことを優先した結果として、選挙で提示したマニフェスト・政策の不備が次々と明らかになった。このことは、民主党の政権担当能力への深刻な懐疑を有権者に植え付けることとなった。

　地方では民主党が政権についた後も、前述したとおり自民党（の政治家）の基盤が根強く存在し、2017年には立憲民主党と国民民主党に分裂するなどし、かつての民主党勢力は今日に至るまで確固とした支持基盤を築くことができていない。さらに、民主党が元来得意としてきた都市部でも、第2次安倍政権がアベノミクスの実績を掲げて長期化する中で自民党に勢力を奪われ、また、行政や統治機構の改革を掲げる日本維新の会が伸長して、旧民主党の流れをくむ立憲民主党と野党内での勢力争いを繰り広げている。こうして旧民主党勢力は未だ浮上のきっかけを十分につかめないでいる。

　実際には、民主党政権と第2次安倍政権とでは、かなりの政策的な継続性がみられた（竹中編、2017）が、民主党政権の失敗を強調し、かつての社会党のように万年野党化・無力化させるという安倍政権による戦略的目標が、効果的に作用した面があった（境家、2022）。

　共産党や公明党はいずれも大衆政党的な性格が強く、政党としての確

固とした指揮系統や支持基盤をもって組織的に動くことが特徴である。しかし、両党ともに支持層の高齢化が進んでいるといわれる。また、小選挙区制を主体とする衆議院の選挙制度のもとで、中小政党である両党は議席獲得のために腐心している。

　公明党は1999年以来自民党と連立を組んで、選挙協力を継続している。一方、共産党は長く他の野党とは一線を画していたが、第2次安倍政権になって、選挙協力（野党共闘）を推進する形に転じた。だが、公明党は自民党と、また共産党は立憲民主党など他野党との間で政策的な差異を抱えており、また、他党との協力を深めれば深めるほど、党としての独自性や存在感をどうアピールしていくかが課題となっている。

（4）日本における政党派閥の役割

　ここまで、政党の分類と日本の各政党について説明してきたが、自民党や旧民主党に関する説明でもわかるように、政党は必ずしも一元的な組織とはいえない。特に自民党については、派閥と呼ばれる党内グループが形成され、大きな役割を果たしてきた。

　それでは、なぜ自民党の派閥構造が促進されたのだろうか。第1に、自民党が保守合同により結成されたことが挙げられよう。そもそも多様な党内集団が存在していた。第2に、議員の規模が極めて大きく、党内の意思決定を効率的に行い、分裂を防ぐうえでプラスに働いた。

　第3に、前述した通り、自民党の政治家が複数立候補する衆議院の中選挙区制のもとで、個々の政治家が選挙を勝ち抜き、選挙資金や政府・国会・党のポスト、情報を得るうえで有益であった。そして、第4に、派閥の領袖が総裁選で当選を果たすために、「数は力」と組織化を競った。日本に伝統的に存在する親分＝子分間の交換関係（クライエンテリズム）が派閥の領袖と構成員の間で形成され、派閥の結束は強いものがあった。

　もちろん、こうした政治家の利益の追求だけではなく、それぞれの派閥が政策集団として色合いの異なる政策を掲げ、有権者の多様な利益を反映し、党全体の政策運営の柔軟性につながったという点も重要である。

派閥には、資金調達力と人心掌握術をもった領袖の存在が欠かせないが、組織としての派閥が発展するにつれて領袖の存在感は徐々に薄れていくことになる。また、小選挙区制が衆議院で採用されたことによって、選挙区の公認手続きや資金配分の主導権が党の執行部に移り、総裁のリーダーシップが強調されるようになると、党における派閥の地位・役割は流動化することとなる。

　今日でも派閥は存在し続け、自民党政権が再び固定化する中で、総裁争いやポストの配分等で一定の役割を果たしているものの、その存在感は低下しつつあるといえよう。

（5）政党助成法と日本の政党組織

　1（2）で政党の定義について説明した際に、日本では個別の法律でその法律の目的に従って定義がなされていると述べた。このうち、政党助成法について説明しよう。

　そもそも、私的結社であるはずの政党は、いつ、どこで、誰が結成して運営し、解散しようと国の関与は受けなくてもよいわけだが、徐々に公的な存在として認知されるようになり、国が国民の税金を元手として資金を助成する制度が創設されるようになった。日本では、これが政党助成法（1994年制定）という法律で規定され、政治資金規正法上の政治団体であり、以下の要件を満たしたものに対して、**政党交付金**が支給されている。

　具体的には、①所属国会議員が5人以上いること、もしくは②所属国会議員が1人以上、かつ、前回の衆議院議員総選挙（小選挙区または比例代表）か前回の参議院議員通常選挙（比例代表または選挙区）か前々回の参議院議員通常選挙（比例代表または選挙区）のいずれかの選挙における全国を通じた得票率が2％以上であることが、政党助成法上の政党要件である。

　政党交付金は、衆参両院での議員数と直近のこれらの選挙での得票をもとに各党別の割合を算出して、各党に配分されることとなる。なお、

交付金の総額は、直近の国勢調査に基づいて人口1人あたり250円で計算されており、毎年300億円を超える額が分配されている。2022年分は最も多い自民党に約160億円、次いで立憲民主党が約68億円、日本維新の会が約32億円と続き、同年参院選で初めて政党要件を満たした参政党にも約7700万円が支払われることになった。

　日本でこうした政党助成制度が導入された背景には、1980年代末から1990年代初頭にかけて、リクルート事件や東京佐川急便事件など、自民党政治家が関係する汚職事件が相次いだことがある。

　もちろん政党や政治家は、その活動のために一定の資金を必要とするが、企業や団体から提供される政治献金についてはどうしてもそれへの見返りを与えることを意識せざるを得なくなる。そこで、政党が民主政治の健全な運営に不可欠であり、公的な役割を果たしていることをふまえ、国家が政党にクリーンな政治資金を提供することによって、その活動を支えようということになったわけである。

　ところが、本来私的な結社である政党が国から資金を受け取って活動することは、政治活動の自由を制約することになるとの批判もある。実際に共産党は政党助成制度に反対して、政党交付金を一切受け取っておらず、機関紙の発行等による事業収入が総収入の大半を占めている。ただ、2020年の政治資金収支報告書によれば、自民党の収入のうち政党交付金は約72%を占めており、日本の主要政党にとって政党交付金はその組織運営になくてはならないものとなっている。

3　政党制（政党システム）

（1）政党制とその形成

　さて、本来的に部分利益を代表するものである政党同士がどのように協力し競合しているかは、その国や地域の政治のあり方を大きく左右することになる。もっと具体的にいえば、その国や地域において、いくつの政党が存在し、また政策的な距離はどの程度あって、勢力の分布や配

置がどうなっているのかということが重要な問題となる。こうした政党間の相互関係が一定のパターンを形成するとき、それを一般に政党制（政党システム）と呼ぶ。

　それでは、政党制はどのようにして形成されるのだろうか。デュベルジェは、選挙制度（投票方法）との関係で政党制が定まってくるとの見方を示し、一党制、二党制、多党制という3つに分類することができるとした（デュベルジェ、1970）。特に政党の数に着目した政党制の分類である。「小選挙区制は二大政党制をもたらし、比例代表制は多党制をもたらす」というデュベルジェの法則は有名である。

　このように、選挙制度が政党制に及ぼす影響は決して小さなものではなく無視できない一方、リプセットとロッカンは、西欧諸国の近代化・工業化のプロセスにおいて社会勢力間に生じた社会的亀裂に着目し、政党制がそれらの亀裂を反映しているという観点から、政党制の違いを説明しようと試みた（リプセット・ロッカン、2007）。

　さらに、言語や宗教の共同体が国の中で分かれている場合に、それを反映する形で異なる政党の形成が促進され、政党の多様性が増すことがしばしばある。そして、日本の政党交付金のような政党に対する国庫補助制度は、普段は議会で対立する政党同士であっても、自分たちに利益になるように協働して制度設計を行うことが多い。既成政党がいわばカルテルを組んで既得権を守る形となり、しばしば新党の参入を阻害することとなる（カルテル政党）。

（2）サルトーリの政党制分類

　1970年代になると、サルトーリが政党の数に加えて、政党間のイデオロギー距離という新たな変数にも着目して政党制を考えることを提唱した（サルトーリ、1992）。数とイデオロギー距離に基づいたサルトーリの政党制の分類は、以下に示す通りであり、今日でも政治学の世界で大きな影響を与えている。

　まず、非競合的な政党制として、一党制（ただ1つの政党のみの存在が許

され、政治システムを支配する）とヘゲモニー政党制（複数の政党が存在できるが、制度上、特定政党のみが圧倒的な力を握る形になっている）とが挙げられる。

次に、競合的な政党制として、**一党優位政党制**（複数の政党で自由な競争が行われるにもかかわらず、1政党が常に他党を圧倒している）、二大政党制（政治システムの中心としての二大政党が政権交代をめぐり争う）、穏健な多党制（3〜5のイデオロギー距離が小さい政党間で競合し、安定的な連立政権が組まれやすい）、分極的多党制（6〜8のイデオロギー距離が比較的大きい政党間で競合・連合し、不安定な政権になりやすい）、そして原子化政党制（イデオロギー距離の大きい無数の政党が競合する）が挙げられる。

これらの分類のうち、代表的なシステムは、一党優位政党制、二大政党制、多党制ということになるだろう。

（3）現代日本の政党制の変化①：中選挙区制時代

1955年から1993年にかけての自民党長期政権下の日本の政党制は、一党優位政党制に分類される。自民党と社会党が対峙するいわゆる55年体制のもとで、保守と革新というイデオロギー対立や、経営者と労働者の対立という社会的亀裂を反映した政治がダイナミックに展開した。

だが、戦後の民主化を受けて、たしかに自由で民主的な選挙が繰り返されながら、結局自民党が一貫して政権を担い続けた（自民党に対して社会党がおよそ半数の議席数であることから、「1と2分の1政党制」とも呼ばれた）。こうした戦後日本の政党政治のあり方については、他の民主主義国とは違うという特殊性が強調されることが多かったが、サルトーリの分類によって、国際的な政党制比較の対象として本格的に加わっていくこととなった。

日本では戦前の1928年から1993年まで（1946年を除く）、衆議院選挙が中選挙区制の下で行われてきた。選挙制度の詳細については、**第3章**の説明に委ねるが、中選挙区制とは1選挙区から原則として3〜5名の議員を選出する制度である。

自民党は、派閥の対立を抱え、分権的な運営を強いられながらも、政

権党であることの利益を求める点では党内が一致し、中選挙区制の下で
議会の過半数の確保を目指して複数の候補者を擁立してきた。だが、社
会党をはじめとした野党は、確実に候補者を当選させるために自分たち
の支持基盤をふまえて徐々に候補者を絞り込んでいき、政権交代を実現
する熱意が失われていくことになった。

　自民党政権が続く中で、党内の派閥対立や政策路線の違いをふまえた
首相・内閣の交代は疑似政権交代と呼ばれた。同じ自民党の政権であり
ながら、ある政権が政策面で右に振れ過ぎたとすれば、次の政権で振り
子のように左側に揺り戻していき、そして人事も刷新することで、有権
者にある程度の新鮮さを与え、自民党への飽きの感情を緩和していた面
がある。

　しかし、1980年代の竹下登政権の頃には自民党の派閥はいわゆる総主
流派体制となり、派閥競争が衰退するとともに、発足から30年以上が
経った自民党長期政権の弊害が顕在化してくることとなった。そこで、
政権交代による健全な民主政治の発展を目指して、1994年、衆議院に小
選挙区制を中心とした選挙制度が導入された。

（4）現代日本の政党制の変化②：小選挙区制時代

　小選挙区制では1選挙区で1名の候補者のみが当選するために、自民
党に対抗する野党の連合・合併が進み、2000年代半ばには、自民党とそ
れに対抗する民主党という二大政党が競争する政党制が出現し（大川、
2011：中北、2012）、それが日本においてそのまま発展するかと思われた。

　ところが、現在の日本の国政選挙では衆議院・参議院ともに、中小政
党が生き残ることのできる比例代表制も採用している。また、2009年に
一度は政権についた民主党が党内対立によって一体性を失い、最終的に
は分裂したことにより、多党化が促進されてきた。

　こうして、特に小選挙区では大政党である自民党に有効に対抗できる
態勢が野党側に整わず、今日では長い歴史と豊富な政治的資源を有する
自民党が、固定的な選挙基盤をもつ公明党を味方につけながら優位に立

つ一党優位の状態に戻りつつあるとの指摘も出てきている。

　野党側では、第三極として自民党とも他の野党とも一線を画そうとする勢力のうち、今日では大阪の地域政党（大阪維新の会）から発展してきた日本維新の会が一定の勢力を確保している。2022年参院選では、立憲民主党を上回って比例代表の獲得議席で野党トップとなるなど勢いを示したが、大阪や近畿圏を越えて全国政党としてどう基盤を築けるかが問われている。

　その一方で、共産党は「野党連合政権」の実現をめざして、前述の通り野党共闘を推進し、この流れの中で、候補者一本化や市民団体を介した野党共通政策の提示といった動きも見られた。だが、立憲民主党や国民民主党を支援している連合は共産党との連携に否定的で、また、共産党が政権の一翼を担いうる党としての野党内や有権者からの理解を十分に得られているとは言い難い状況である。

　選挙制度の変化に適応する形で、一度は二大政党化の動きをみせた日本の政党制だが、多党化が進む現在、政党間の政策的な差異は小さくない。野党内では、対立が目立っていた立憲・維新両党が、2022年秋から国会で一部政策について協力を行うなどしているものの、感情面での分断は大きく、20年以上連立を組み信頼関係を醸成してきた自民・公明両党との差は歴然としている。だが、自民党が政権に復帰した2012年以降の衆院選では、自民党の比例代表での得票は有効投票の4割にも達しておらず、自民党への有権者の支持は必ずしも圧倒的であるわけではない。

　自民党を中心とする政権の固定化がみられる一方で、政権交代のある政治をめざし導入された小選挙区制を主体とする選挙制度自体は衆議院に残っている。特に自民党に批判的な政党がどのような連携・競合の動きをみせるかが、今後の展開を占う1つの要素となるだろう。

4　日本の政党・政党制の可能性

　欧米各国では、今日、グローバル化や技術革新が進む中で、いわゆる

中間層が政治的な疎外感を深めている。それを好機として、既成政党を批判し、カリスマ的なリーダーを擁するポピュリズム政党が支持を伸ばし、これまでの政党システムのあり方を揺るがしている（谷口・水島編著、2018）。

　日本において、現状ではポピュリズム政党が既成の政党の基盤を揺るがすほど台頭しているわけではない。自民党が結党以来ほとんどの時期で政権を担い、その戦略的柔軟性も相まって、多様な有権者をうまく吸収してきたとみることもできるだろう。しかし、その自民党も党員数は最盛期の5分の1程度の100万人超であり、他の主要政党はこの数に遠く及ばない。

　1990年代の政治改革では、政権交代、政党の成熟と政策本位の政治の実現による民主政治の活性化が目指された。現実に、個人から政党中心の政党政治へと変化した（濱本、2018）という評価がある一方で、日本が実際に経験した政権交代にあたっては、選挙至上主義的な政党のあり方が特に強まり、政策は選挙で有権者の支持を得るための政党の商品と化した。

　有権者とのつながりに基づいてその実現可能性が十分に重視されなかったことは、実に不幸なことであった。結果として、本章でこれまで議論してきたように、今日の日本の政党や政党制も他の先進国の例と同様に、有権者との距離をますます広め、根無し草のような形になってしまっている。こうして、有権者の政党に対する不信感もかなり強いものとなっている。

　財政難、少子高齢化、国際競争の激化など、日本政治を取り巻く環境は厳しい。かつてのような利益配分を中心としたあり方はもはや望めず、どの政党が政権を担おうと実施できる政策には制約が生じてくることになるだろう。

　だが、そうだとしても、本来的に部分の利益を反映する政党が、それぞれに有権者と結びつき、その声をしっかりと拾いあげて、その中から政策を丹念に練り上げていく重要性は、これからも変わらないはずであ

る。代表制民主政治をとる以上不可欠な存在である政党が、不満に向き合いつつ、どう有権者との新しいつながりを創造していけるのか。健全な政党制を構築していくうえでも、今それが問われている。

column 6
政党のスタンスをどうつかむ？

　日本の政党は日々のニュース等でもよく話題となるが、皆さんは、それらの政党の「スタンス」をどのようにつかんでいるだろうか。「保守」や「革新（リベラル）」といった政治的な信条の体系としてのイデオロギーから判断するという人もいるだろう。世論調査で有権者に各政党のイデオロギー位置を尋ねると、回答できるという人は少なくない。

　しかし、イデオロギーが果たす役割やその内容は時代とともに変化してきており、世代によって「保守」や「革新」というラベルが表す中身やイデオロギー認識が異なってきているとの指摘がある（遠藤・ジョウ、2019）。

　一方、本章でも触れたように、日本の主要政党の組織は弱いということもあり、選挙で立候補している各政党の公認候補の政策的な立ち位置を通してつかむという人もあろう。また、国政選挙が政党間対決の様相を強めてきた中で、各政党の党首の立ち位置や主張に注目が集まりやすくなっている（→第8章）ことから、党首級の政治家から政党のスタンスやイメージを想起する人も多いだろう。

　だが、政策的立ち位置といっても、同一政党内でも多様であり、スタンスを正確に把握するのは有権者にとり容易ではない（→第4章）。

　さらに、2003年衆院選から配布が始まった政策パンフレットであるいわゆる「マニフェスト」（政権公約）では、政党が根拠をもって政策の詳細を説明することで、有権者が政党の政策的なスタンスをよりよく理解し、健全な政党間競争を促進することが期待された。だが、マニフェスト導入を推進した民主党がいざ政権につくと、マニフェストに掲げた政策・公約をめぐる問題が指摘されたこともあって、この期待は崩れ去ってしまった。今や、政策パンフを「マニフェスト」と称する主要政党は少数である（2022年参院選では公明

党と日本維新の会のみ）。

　このように、政党のスタンスは必ずしも自明でなく、だからこそ政党が分かりやすく自らの立場を伝達する必要があるが、有権者にとっては知るためのコストが大きくなっている。これも今日の根深い政党不信の一因であろう。

おすすめの本・ウェブサイト

東京大学谷口将紀研究室「東京大学谷口研究室・朝日新聞社共同調査（東大・朝日調査）」(http://www.masaki.j.u-tokyo.ac.jp/utas/utasindex.html)（2022年10月15日）

　2003年衆院選以来、国政選挙の機会に行われてきた東大・朝日調査（政治家・有権者調査）のデータが公開されている。データの分析を通して、政党の構造や政策、また政党間関係のありようの変化を読み取ることができる。

中北浩爾（2012）『現代日本の政党デモクラシー』岩波新書

　日本の1990年代以降の日本の政党政治の変化について、特に二大政党制を志向した選挙制度改革や、マニフェストの影響などに着目しながら、「競争デモクラシー」という鍵概念を通して分析・検討している。

待鳥聡史（2015）『政党システムと政党組織』東京大学出版会

　政党システムや政党組織について、マクロな社会経済動向と政治家や有権者など個々のアクターに着目したミクロな要因の双方に目配りしながら整理し、それをふまえて後半では現代日本の政党政治についての理論的説明を試みている。

参考文献
遠藤晶久・ウィリー・ジョウ（2019）『イデオロギーと日本政治――世代で異なる「保守」と「革新」』新泉社。
大川千寿（2011）「自民党対民主党――2009年政権交代に至る政治家・有権者の動向から」『国家学会雑誌』124巻1・2号、1～64頁、3・4号、1～55頁、5・6号、1～60頁、9・10号、1～23頁。
岡澤憲芙（1988）『政党（現代政治学叢書13）』東京大学出版会。
境家史郎（2022）「選挙・世論対策――若年層を取り込んだ「静かなる革命」」アジア・パシ

フィック・イニシアティブ『検証　安倍政権——保守とリアリズムの政治』文春新書、73～112頁。

サルトーリ、ジョヴァンニ（岡澤憲芙・川野秀之訳）（1992）『現代政党学——政党システム論の分析枠組み〔新装版〕』早稲田大学出版部。

竹中治堅編（2017）『二つの政権交代——政策は変わったのか』勁草書房。

谷口将紀・水島治郎編著（2018）『ポピュリズムの本質——「政治的疎外」を克服できるか』中央公論新社。

デュベルジェ、モーリス（岡野加穂留訳）（1970）『政党社会学——現代政党の組織と活動』潮出版社。

パーネビアンコ、アンジェロ（村上信一郎訳）（2005）『政党——組織と権力』ミネルヴァ書房。

濱本真輔（2018）『現代日本の政党政治——選挙制度改革は何をもたらしたのか』有斐閣。

前田幸男・堤英敬編著（2015）『統治の条件——民主党に見る政権運営と党内統治』千倉書房。

リプセット、S.M・ロッカン、S.(白鳥浩・加藤秀治郎訳)（2007）「クリヴィジ構造、政党制、有権者の連携関係」加藤秀治郎・岩渕美克編『政治社会学〔第3版〕』一藝社、173～265頁。

Kirchheimer, Otto（1966）The Transformation of the Western European Party Systems, in Joseph La Palombara and Myron Weiner (eds.) *Political Parties and Political Development*, Princeton University Press, pp. 177-200.

Ware, Alan（1995）*Political Parties and Party Systems*, Oxford University Press.

第7章
国会
——多数決の原理と少数派の権利の狭間で

　議会制度には、多数決の原理に基づいた意見集約と少数派の権利の尊重という、一見矛盾するようにもみえる2つの異なる役割が期待されている。日本の国会は、政治的意思決定のメカニズムとして、どちらの役割をより重視してきたのか。

　日本の国会制度には、少数派の権利を尊重する議事運営上の慣行が存在する一方で、与野党間の合意形成を強調するあまり著しく立法機能の効率が低下することを防ぐための多数主義的な対応策も備えられている。

　このような国会制度の特徴は、立法過程のあり方および政治アクターの行動にも影響を与えている。政府・与党は、限られた審議時間を効率的に利用するため、事前に政府・与党内の意見調整を終わらせておくことで安定的な法案成立を図ってきた。それに対して、野党は、審議を引き伸ばしながら与党から部分的な譲歩を引き出すか、与えられた審議時間を活用して法案の実質的な修正以外の目標を追求することで対抗した。

　国会審議の形骸化や意思決定メカニズムの機能不全が問題点として指摘されている中で、古くて新しい課題として国会改革をめぐる議論が行われてきた。国会改革の問題は喫緊の政治課題であり、その重要性がますます高まっている。

1 国会に期待される2つの役割 ─────────

（1）「決められない政治」と「強行採決」の間で

　国会は、有権者によって選出された議員によって構成される、国権の最高機関である（憲法41条、43条）。選挙で有権者からの委任を受けた代理人たちは、国会に集まり、社会における諸利害の対立を調整しながら、法律の制定、予算の審議、条約の承認、内閣総理大臣の指名など、様々な政治的な意思決定に必要な合意形成を行う。

　国の唯一の立法機関である国会でなされる決定は、最終的な法的規範としてすべての有権者に影響を及ぼすことになるため、国会の意思決定プロセスがいかに機能しているのかという問題は、有権者にとって非常に重要な意味をもつ。

　それでは、まず一般有権者が国会についてどのように評価しているのかを確認することにしよう。いつの時点の国会を記憶しているのかによって、人々が国会に対してもつイメージは大きく異なるだろう。たとえば、主に2007年参院選から数年間の国会を覚えている世代なら、「決められない政治」として揶揄されていた国会の姿を思い浮かべるに違いない。2007年参院選の結果、自民党は歴史的な大敗を喫し、結党以来初めて、参議院第一党の座を譲った。野党は非改選議席と合わせて137議席（定員242）となり、参議院における安定多数を確保した。衆議院では、2005年総選挙で圧勝した自民・公明連立与党が引き続き圧倒的な多数を占めていたものの、衆参両院で多数派が異なる「**ねじれ国会**」が生まれ、参院で多数を握る野党の協力なしに法案は成立しなくなった。当時の自公連立政権は、インド洋での海上自衛隊の給油活動に関する新テロ対策特別措置法や日銀総裁人事などをめぐり、国会での合意形成が困難になったことによって、厳しい国会運営を強いられた。また、2009年総選挙で民主党が圧勝し政権交代が実現した後も、2010年参院選で民主党が惨敗したことで同様の状況が生まれた。当時国会が抱えていた最大の問

題は、合意形成メカニズムが機能不全に陥り、効率的な意思決定ができなくなったことである。

　一方、主に2013年参院選以降の国会の姿を覚えている世代であれば、全く異なる印象をもっているに違いない。2012年総選挙で圧勝し政権に復帰した自民党は、次の2013年参院選でも大勝し、非改選を含む自民・公明の与党の新勢力は135議席（定員242）となった。一方、民主党は結党以来最も少ない17議席にとどまり、衆参のねじれが3年ぶりに解消された。この時期には、採決をめぐって与野党の合意が得られず、野党の議員が審議継続を求めている状況で、与党が審議を打ち切って採決を行う事例がしばしば発生し、野党はそれを「強行採決」であると厳しく批判した。衆参両院で与党が圧倒的な多数派を占める中で、**安全保障関連法案**、IR（統合型リゾート）推進法案、出入国管理法改正法案などの主要法案の採決を急ぐ与党に対し、野党が「審議が尽くされていない」と反発する場面が目立っていた。この時期の国会運営については、少数派の意見をあまり尊重せず、強引に意見集約を急ごうとする姿勢を批判する意見が多くみられた。

　あまりにも時間がかかりすぎて何も決められない状況になるのは望ましくない。しかし、だからといって少数派の意見を全く聞き入れず、すべて多数派の思惑通りに決めるのも良くない。このように、国会に対しては、一見矛盾するようにもみえる2つの異なる役割が期待されている。以下では、一般的に議会制度に期待される2つの役割として、多数決の原理に基づいた意見集約と少数派の権利の尊重について検討する。

（2）多数決の原理に基づいた意見集約

　議会は、有権者からの委任を受けた代理人たちが議員として集まり、政治的な意思決定に必要な合意形成を行う機関である。すべての政治制度には、①多数決の原理に基づいた意見集約と②少数派の権利の尊重という2つの異なる価値の中で、どちらをより重視しているのかという判断が反映されている。選挙制度を、民意集約による多数派の形成と民意

表出による多様性の尊重のどちらを重視するかによって、多数決型と比例型に分類できるのと同様（→第3章）、議会制度の場合も、どちらの価値をより重視するかによって、各国が採用している議会制度には多様性がみられる。

　議会には基本的には、多数の意見対立を調整して合意形成を行うという役割が期待されており、できるだけ効率的に意見集約が行われる必要がある。選挙で代表を選出することである程度の民意集約が達成できたとはいえ、多数の議員間に存在する選好の違いを調整して合意を作っていく作業も決して簡単ではない。多数主義は、なるべく多くの人々によって支持される選択肢を、社会全体にとって最も望ましい選択とみなすことで、効率的な意見集約を可能にする。

（3）少数派の権利の尊重

　一方、ある合意形成メカニズムが安定的に機能するためには、意見集約の過程で取り残された少数派にも十分な意思表明の機会を与え、すべての構成員にその決定プロセスの正統性を認めてもらう必要がある。多数派と少数派の地位が頻繁に変動する場合もあるので、少数派の権利を尊重するしくみを設けることは、必ずしも多数派だけに不利な結果をもたらすとは限らない。また、国会は、有権者からの要求を法律に変換していく「立法機能」だけではなく、審議を通じて政治的課題や与野党間の見解の違いを有権者側に明らかにする「**争点明示機能**」も担っているので、たとえ少数派の意見であってもそれについて十分議論できる時間を設けることは、今後の立法的な措置を講じていくうえで重要な意味をもつ。

　ある議会制度が多数決の原理と少数派の権利尊重のどちらをより重視しているのかは、議案の提出から採決に至るまでの審議手続きのルールにも現れる。多数決の原理を重視する議会制度の下では、効率的な立法が可能になるが、議会内の審議が政策的な帰結にあまり影響を与えず、議会での議論が形骸化しやすい。これに対して、少数派の権利を尊重し

た合意形成を重視する議会制度の下では、少数派による意見表明の機会が増え、慎重な審議が可能となるが、有権者からの要求を法律に変換していく機能が低下するおそれがある。

以下では、国会の立法過程にみられる特徴について、多数決の原理と少数派の権利尊重という2つの側面から検討していく。

2 国会の立法過程がもつ特徴

（1）法案審議の流れと立法の状況

まず、国会における法案審議の流れについて確認しておこう（次ページの**図表7-1**）。国会での議案の発議は、議員が行う。議員が議案を発議するには、衆議院で20人以上、参議院で10人以上の賛成を要し、特に予算を伴う法律案を発議するには、衆議院で50人以上、参議院で20人以上の賛成を要する（**議員提出法案**。以下「議員立法」という）。また、憲法は、内閣総理大臣も、内閣を代表して議案を国会に提出できると定めている（内閣提出法案。以下「閣法」という）。

議案は、衆議院か参議院に提出される。法案を受け取った先議院の議長は、法案の内容に合わせて所管の常任委員会に付託する。委員会審査が終わると採決を行い、その結論を本会議に報告する。本会議では、委員会での審査結果をふまえ、議員全員で採決を行い、可決された法案は、後議院に送られる。後議院でも、先議院と同じように委員会の審査と本会議の審議が行われる。最終的に、両議院で可決したときに法律案は法律として成立する。両議院の意思が一致しない場合の調整方法として、衆議院の出席議員の3分の2以上の多数による再議決や両院協議会の制度が用意されている。

戦後日本の国会（第1～207回国会）における法案の成立率をみると、閣法が88.9％、議員立法が28.3％であり、成立する法律の中では、閣法が約84％を占める。最近13年間の状況をみると、毎年平均的に83件の閣法、111件の議員立法の法案が提出され、それぞれの成立率は84％、20％

図表 7-1 法律案審議の流れ（衆議院先議の場合）

出典：衆議院ホームページ

程度である（133ページの図表7-2）。特に、民主党政権時代と重なる 2009～2012 年の間、50％半ばまで低下していた閣法の成立率は、自民党 が政権に復帰し与党が衆参両院の多数派を占めることになった 2013 年

図表7-2　日本の国会の法案の成立率（2009〜2021年）

	閣法			議員立法		
	提出件数	成立件数	成立率	提出件数	成立件数	成立率
2009年	81	72	88.9%	101	23	22.8%
2010年	84	46	54.8%	84	22	26.2%
2011年	106	82	77.4%	69	30	43.5%
2012年	93	60	64.5%	83	32	38.6%
2013年	98	83	84.7%	126	20	15.9%
2014年	112	100	89.3%	107	29	27.1%
2015年	75	66	88.0%	72	12	16.7%
2016年	75	68	90.7%	198	31	15.7%
2017年	75	71	94.7%	164	12	7.3%
2018年	78	73	93.6%	159	29	18.2%
2019年	72	68	94.4%	96	22	22.9%
2020年	66	62	93.9%	89	13	14.6%
2021年	65	63	96.9%	100	23	23.0%

出典：『衆議院の動き』衆議院事務局

　以降、再び90％台まで上昇している点は注目に値する。野党議員を中心に相当数の議員立法の法案が提出されているが、限られた審議時間のなかで、閣法の審議が優先されていることがわかる。

　また、閣法は、無修正で法律が成立する場合が圧倒的に多い。事前に与党内の了承が得られた法案だけが閣法として国会に提出され、与党議員は法案に関する実質的な質疑に参加しなくなるので、政府・与党の多数派が支持する法案がそのまま法律になる。これについては、国会審議が形骸化していることが問題点として指摘されている。

　しかし、無修正で法律が成立する場合が多いとはいえ、法案に対する審議が行われていないわけではない。閣法については、その重要度に応じてある程度の回数と時間をかけて委員会審査が行われており、重要法案であったり、反対する政党が多かったりするほど、その審査回数が増える傾向がみられる（福元、2000）。法案の審議時間に関する基準があるわけではないが、特に慎重な議論が必要だと判断した場合に指定される

「重要広範議案」の場合、衆議院での審議時間は20〜30時間程度が目安とされているといわれている（朝日新聞、2018年7月19日朝刊）。

　それでは、国会の法案審議に以上のような特徴がみられる理由は何なのか。（2）では、国会の立法過程の2つの異なる側面に着目しながら、その答えを探ってみたい。

（2）「少数派の権利尊重」の側面からみた国会

　国会の立法過程の中で、少数派である野党に有利に作用する側面に注目した概念として、野党が様々な抵抗手段を用いて、政府・与党が提出する法案の成立を阻止、あるいは遅らせるという「議会審議の粘着性」の議論がある（Mochizuki, 1982；岩井、1988）。日本の国会に粘着性を生み出している要因として指摘されたのは、①議事運営に関する全会一致の慣行、②会期制と「会期不継続の原則」、③**委員会中心主義**、④二院制である。

　①国会の議事運営に関する決定は、議院運営委員会や国会対策委員会における与野党間の交渉によって行われる。その決定には、全会一致の慣行が適用されてきたため、審議日程を決める際に、少数派である野党が影響力を行使できる要因の1つとされてきた。

　また、②短い会期も、野党が影響力を行使できる要因の1つとなっている。国会は、毎年1月から開かれる通常国会のほか、必要に応じて臨時国会と特別国会が開かれるようになっており、1回の会期で利用できる審議時間に制約が存在する。さらに、会期中に議決に至らなかった案件は、原則として、後会に継続しないことになっているため、審議未了の法案は廃案になる。内閣が提出した法案に反対する野党は、審議を引き延ばすことによって会期末まで成立を阻止することができれば、法案を廃案にすることができるので、議会審議の粘着性を高める効果をもつ。野党は、法案を否決することはできないものの、審議を引き延ばすことによって法案を廃案にするか、与党から立法的な譲歩を引き出すことを目指すことになる。たとえば、野党は、反対する法案の審議入りを遅ら

せるために、他の反対していない法案（枕法案）を先に委員会に付託して時間をかけて審議を行う戦略をとることができる。また、野党は、他の議案よりも優先的に審議される内閣不信任（参議院の場合は問責）決議案を提出して審議の引き延ばしを図ることがある。さらに、表決をとる方法として記名投票を求め、法案に反対する議員が投票箱までゆっくり移動することで議事進行を遅らせようと試みる場合もある（牛歩戦術）。

　次に、③法案の実質的な審議が本会議ではなく委員会を中心に行われる点も、野党が影響力を行使できる機会を増やす効果をもつ。本来、法案を所管分野の常任委員会に付託し、当該分野について専門的な知識をもっている議員に審査してもらうことは、効率的な意見集約を可能にする効果ももちうる。しかし、両議院の本会議のほかに、法案成立の可否を左右できる関門がもう１つ増えることによって、野党側に法案の成立を阻止できる余地が生まれる。委員会で本会議に付することを要しないと決定した議案は、これを本会議に付さないことになっている（国会法56条3項）。したがって、与党が国会運営の主導権を握るためには、委員会においても過半数を確保しておく必要がある。与党にとって、過半数だけではなく、衆議院のすべての常任委員会で委員長を出し、野党側と同数の委員を確保できる「**安定多数**」、さらには、すべての常任委員会で委員長ポストを独占し、全委員会で過半数の委員を確保できる「**絶対安定多数**」が意識されるのは、委員会中心主義によって委員会における委員の数が法案の行方を左右するからである。

　最後に、④日本の国会が採用している二院制も、権力を分割することで、少数派の権利を尊重する機会を増やす効果をもつ。衆議院と参議院は、それぞれ独立して意思決定を行い、両議院の意思が一致することによって国会の意思が成立する。もし両議院の議決が一致しない場合、衆議院の決定が優先しているが、衆議院が参議院の議決を覆すには3分2以上の賛成が必要であり、参議院に認められている拒否権は決して弱くない。もっとも、両議員の議員構成が似通っているため、実質的に参議院の存在意義は大きくないという指摘もある（福元、2007）。一方、両議

院は、選挙制度、選挙時期、議員の任期などの面で異なるため、それぞれ有権者から委任を受けた多数派が異なる状況が生まれることがある。その場合、1（1）で紹介した「決められない政治」と揶揄された時期のように、野党が議会審議の粘着性を高める、もう1つの手段を保有することになる。

（3）「多数決の原理」の側面からみた国会

　少数派である野党が様々な抵抗手段をもっているとはいえ、与党は多数派として安定的に法律を成立させることに成功している。以下では、そのような多数主義的な帰結を可能にしている、国会の制度的な特徴について検討する。

　①議事運営に関する決定が全会一致の慣行に基づいてなされている点が野党の影響力を増大させる要因として指摘されているが、それと同時に、国会には与野党間の意見が一致しない場合に効率的な意見集約を図るための対策が用意されている。議事運営をめぐる与野党間の意見が一致しない場合、議長は、それを裁定することができる（国会法55条の2）。議長は多数派である与党側から選出されるので、全会一致による合意形成が難しくなった場合、議長の裁定を経て多数決の原理を適用することが可能である。

　次に、②会期制と「会期不継続の原則」が、国会審議に時間的制約を課している点であるが、政府・与党は、会期の延長、国会の召集などの方法により、さらに審議時間を確保することができる。すなわち、内閣は、国会の臨時会の召集を決定することができる（憲法53条）。また、会期についても、両議院一致の議決で、常会は1回、臨時会は2回まで延長することができる（国会法12条）。野党が質疑を長時間続けるなど、審議の引き延ばしを図ろうとする際にも、与党側として対処できる手段が存在する。両議院の議長は、質疑、討論その他の発言につき、その時間を制限することができる（国会法61条）。また、両議院の規則には、質疑が続出して容易に終局しないときは、議員20人以上から質疑終局の動議を提

出することができると規定されている（衆議院規則 140 条、参議院規則 111 条）。

　最後に、③委員会中心主義によって委員会における委員の数が法案の行方を左右してしまうおそれがある点に関連して、多数主義の観点からどのような手段が用意されているのかみてみよう。各議院は、委員会で審査中の案件について中間報告を求め、特に緊急を要すると認めたときは、委員会の審査に期限を設け、本会議で審議することができると国会法で定められている（国会法 56 条の 3）。委員会での採決を省略し、いきなり本会議での採決に持ち込むことを意味するので、その強引さから野党はもちろん、世論からの批判を受けるリスクが高くなる。しかし、国会でこの手法がとられたケースが全くないわけではない。たとえば、2017 年 6 月、自民・公明連立与党は、与野党間で激しく対立していた改正組織犯罪処罰法案を成立させるために、衆議院法務委員会での審議を打ち切り、本会議での採決に持ち込むために「中間報告」の手続きをとった。2017 年には、1 年間に合計 75 件の閣法が提出され、そのうち 71 件が成立しており（94.7％の成立率）、当時与党が可能な限り多くの主要法案を成立させるために議事運営を行っていた様子がうかがえる（→図表 7 - 2）。

　以上の通り、日本の国会は、少数派の権利を尊重する議事運営の慣行や、一定程度以上の時間をかけて慎重に審議できるようにするための制度的な特徴をもっている一方で、そのような側面が過度に強調されることによって、著しく立法機能の効率が下がることを防ぐための多数主義的な対応策が講じられていることがわかる。それでは、このような国会制度は、国会の立法プロセスやそこで活動する政治アクターの行動にどのような影響を与えているのだろうか。

3　国会制度がもたらす帰結

（1）政府・与党側の観点から

　政府・与党としては、基本的に多数決の原理に基づいて閣法を当初の

内容通り無修正で成立させることは十分可能である。しかし、野党からの合意調達を重んじる議事運営上の慣行が存在するので、法案ごとに一定の審議時間を確保しながら、限られた可処分時間を効率的に利用する必要がある。なるべく多くの閣法を成立させるためには、各委員会における合意形成にかかる時間を最小化しなければならないので、この場合、事前に政府・与党内の意見調整を終わらせておくと、より効率的に立法過程を進めることができる。特に、日本の議院内閣制は、権力分立制と組み合わされているという特徴をもっているため、閣法が国会に提出された後は、内閣が直接立法過程に介入できる余地が少ない（川人、2005）。

　以上の理由から、自民党は、内閣が法案を国会に提出する前に、与党の内部手続きとして「**事前審査**」を行うことで、政府・与党としての合意形成を図ってきた。まず、法案は各府省庁の官僚レベルで起草され、自民党の政務調査会部会に持ち込まれる。部会は、国会の常任委員会と対応するかたちで政策分野ごとに設置されており、法案の内容に関する具体的な審議が行われる。部会は、自民党議員が政策的な専門性を高める場としての役割も担っているといわれ、当選回数を重ねながら特定の政策分野に詳しく、関係府省の官僚や利益団体とのネットワークをもとに強い影響力をもつ「**族議員**」が現れた。部会での審査を終えた法案は、政務調査会の決定機関である政調審議会での決定、総務会の了承を得たのち、最終的に党議として国会に提出される。部会・政調審議会・総務会の順に進む、一連の事前審査プロセスは、政務調査会部会の規模が拡大し政策決定過程への関与が強化されるにつれて、より円滑になったとされる（奥、2018）。

　与党内の事前審査を終えた法案については、**党議拘束**がかけられることになるため、法案が国会に提出された後、与党議員は特に修正を試みることはせず、なるべく早く成立させることを意識して行動する（→コラム7）。議会における発言量を与野党で比較すると、政府に批判的な立場から政府案を追及するために与えられた時間を最大限に活用する野党に比べて、与党は、審議時間を切り詰めようとするため、全体的な発言

量が少ない。

　しかし、法案に対する実質的な審査が行われる場所が与党内であるからといって、与党議員がただ単に時間を潰しながら採決のタイミングが訪れることを待っているわけではない。委員会での発言量を用いて与野党議員の議会活動について分析した先行研究によれば、法案によってその論点を明らかにしながら政府・与党の立場を擁護する必要がある場合は、与党議員も委員会で発言する頻度が増える傾向にあり、その際には、与党内の事前審査において十分な影響力を行使できない若手議員の出番が比較的多く見られる（松本・松尾、2011）。また、同研究によれば、世論からの注目度が高く、メディアへの露出も増える予算委員会では当選回数が多い与党議員も頻繁に発言していて、小選挙区比例代表並立制の選挙制度が導入されてから、以前より与党議員の発言量が増えているという。

（2）　野党側の観点から

　今度は、国会制度が立法過程にもたらす影響について、野党側の観点から検討してみよう。もし政府・与党が制度上多数派に保障されている、多数主義的な議事運営に踏み切った場合、野党として何らかの政策的な変更を加えたり、法案成立を阻止したりすることは難しくなる。この場合、野党の質疑は単なる態度表明にすぎないといえる（増山、2003）。しかし、少数派の権利が全く無視されているわけではなく、議事運営の慣行や制度を活用すれば、政府・与党の政策や政権運営について追及する審議時間を確保できる。したがって、野党議員としては、審議を引き延ばしながら与党から部分的な譲歩を引き出すか、与えられた審議時間を活用して法案の実質的な修正以外の目標である再選、昇進などを追求するか、どちらかの戦略をとることができる（→第5章2）。たとえば、委員会で政府の問題点を厳しく追及し世論から注目を集めることに成功すると、議員個人の再選可能性を高めることにつながる。さらに、国会審議中の「活躍」が所属政党の支持拡大に貢献することになり、政党内に

おける議員個人の評価が高まれば、より高い役職へ昇進することも可能である。

　たとえ実質的に法案を修正する能力をもたない少数派であっても、国会という公開の場で政府・与党と対峙しながら議論することで、政治争点に関する情報を有権者に提供すると同時に、政府に説明責任を果たすよう促すことができるのである。

（3）有権者の観点から

　有権者の観点から考えると、まず、法案の実質的な審議プロセスが、究極の主権者である有権者にあまりよく見えない点を指摘することができる。法案の内容に関する実質的な審査が行われている与党内での事前審査は、国会での審議過程ほど一般有権者に公開されているわけではない。自民党内では、連日政策立案のための部会、調査会などの会合が開催されており、そこでは法案審査だけではなく、官僚、各種団体、有識者を招いたヒアリングなども実施している。どのような会合がいつ開催されたのかに関する情報は公表されるが、議論の中身については、マスメディアから部分的に報道される内容しか把握することができない。部会・調査会における国会議員の活動が、当該議員に対する有権者の評価に全く影響を及ぼしていないわけではないにしても、議員の活動にあまり高い関心をもっていない有権者への影響は限定的にならざるを得ない（今井、2003）。テレビやインターネットを通じてすべてのプロセスが公表され、議論された内容も議事録として残る国会審議と比較すると、有権者がアクセスすることが非常に難しいのである。

　国会審議へのアクセスは比較的に容易であるが（→おすすめの本・ウェブサイト）、政策的な論争より、「与野党対決型」の攻防が展開されることが多い国会審議から、政策プロセスに関する情報を獲得することが難しくなっている。与野党間の合意形成に失敗して、結局「強行採決」という手段を選ぶ多数派とそれに激しく抵抗する少数派が対立する与野党対決型のパターンが繰り返して発生すると、有権者の国会に対する信頼が低

下するおそれがある。

4　国会改革論の軌跡と今後の展望————

（1）国会改革への試み

　国会改革は古くて新しい課題であり、衆議院改革にかかる諸問題については、1966 年に衆議院議会制度協議会を中心に検討が始まり、参議院でも、1970 年代以降、議長の諮問機関として参院問題懇談会、参院改革協議会などが設置され議論が行われた（武田、2006）。これらの機関では、国会法改正、議院運営、政治倫理などの問題について協議が行われたが、大幅な改革は実現せず、国会の制度的な骨格は長らく維持されてきた。

　しかし、全く改革の実績がなかったわけではない。1999 年には、自民党と自由党の連立政権の発足にあたっての政策合意によって、「**国会審議活性化法**」が成立した。その結果、両議院に常任委員会として国家基本政策委員会が設けられ、党首討論が実施されることになった。また、国会審議で官僚が答弁する政府委員制度を廃止し、2001 年から行政各部に政治任用の副大臣および大臣政務官を置くことにした。これは、それまで与党の事前審査にかけられる法案の作成から国会での答弁まで立法過程に深く関与してきた「政治的官僚」を排除することで、国会審議を政治主導で活性化することを意図した試みであった。一方、国会審議の活性化のために導入された党首討論の場合、時間が合計45分間と短いことなどから、与野党ともに質疑時間を確保できる予算委員会の集中審議を重視することになり、一度も開かれない年があるなど、その開催回数は減少傾向にある。

　2009 年に新しく誕生した民主党政権は、自民党政権時代の「政府・与党二元体制」を批判し、法案提出前の事前審査の慣行を廃止して、政策決定における政府・与党の一元化を試みた。しかし、国会の立法過程に関するルールが変わったわけではないので、与党として、野党からの合意を調達しつつ限られた審議時間の中で法案成立を目指さなければなら

ない状況は、民主党政権でも同じであった。与党議員が国会で活動の場を見出しながら、政党・与党の一員として政策立案に加わることが難しいという状況は以前とあまり変わらなかったのである。結局、政府に加わることができず、政策立案の機会が得られなかった与党議員の不満が高まるなか、民主党は党内の意見調整に失敗し、当初意図していた成果を上げることができなかった（飯尾、2013）。

（2）国会改革論の現状と課題

　衆参両院で多数派が異なる「ねじれ国会」がもたらした「決められない政治」の弊害を経験し、国会では、衆参両院の役割分担や議事運営のあり方について検討していく必要が高まった。しかし、具体的にどのような部分を重点的に改革していくべきかについては、与野党間で立場の隔たりが大きい。

　まず、自民党は、2018年に、与党の質問時間をさらに増やすこと、首相や閣僚の出席を減らすこと、党首討論の月1回実施を遵守することなどの改革案を提示した。これまで与党側が野党に譲ってきた審議時間を与党が使用できるようにし、野党による政府追及のターゲットとして出席を要求されることが多い首相や閣僚の出席日数や時間を減らすことは、これまで国会で少数派の権利を尊重する慣行として存在してきたルールを変更することを意味するので、野党との合意形成には難航が予想される。

　これに対する野党は、議員立法の審議活性化、国会審議を通じた法案修正の活性化、国会の行政監視機能の強化、党首討論のあり方の見直し、女性議員が活躍しやすい環境の整備などを具体案として提示している（立憲民主党、2018）。議員立法の審議にかける時間を増やそうとすれば、与党が優先する閣法の審議時間が制約される可能性がある。また、実質的な法案修正を伴う審議を行うためには、与党の事前審査制を見直し、与党議員が党議拘束から自律性を確保できるようにしなければならないため、与党に大きな変化を求めることになる。行政監視機能の強化は、

政府・与党が安定した政治基盤を築いている時期であるがゆえに、以前よりもさらに重要視されるようになった項目である。一定割合の議員から動議が出された場合には、特別委員会の設置等が義務づけられる「少数者調査権」の導入が主張されていて、もし実現すれば、野党の行政監視機能の大幅な強化が期待される。

　以上の通り、与野党ともに国会改革の必要性は共有しているものの、互いに異なる立場から構想を提示しており、2018年以降も具体的な改革までには至っていない。今後、制度を改良していく際には、それぞれの改革が単純な思いつきに基づいて場当たり的に実行されることを避ける必要がある。民主党政権時代の失敗例からもわかるように、互いにつながっている複数の制度群を総合的に改革の対象とせず、対症療法的に部分的な改革を実施するだけでは、意図した通りの成果をあげることはできない点には注意が必要である。

　国権の最高機関である国会と有権者とのつながりを強化するためには、まず法案の内容に関する実質的な審議が国会で行われるようになることで、そのプロセスがより多くの有権者にわかりやすく伝わるようにすべきであろう。国会改革の問題は喫緊の政治課題であり、その重要性がますます高まっている。有権者としても、各政党が提示する国会改革論の構想に注目しながら、新たな国会像を模索していくべきであろう。

column 7
党議拘束

　党議拘束とは、政党が所属議員の行動を拘束し政党の方針に従わせることを意味する。党議拘束は、直接的には政党組織に関係している問題であるが、国会における審議や採決の手続きとも深く関係している。

　日本の政党は党議拘束が非常に強いことで知られている。しかし、自民党の事前審査制が歴史的に定着してきた経緯からすると、強い党議拘束が生まれたのは、むしろ従来、首相が政党の一体性を確保できるほどの強いリーダーシップをもっていなかったがゆえに、限られた審議時間を利用して党内外の合意を形成していく必要があったからであると理解できる。

　従来から自民党の党議拘束が強いといわれてきたが、党議拘束に対する議員の態度は一様ではない。事前審査制を基本とした立法過程に大きな変化があったわけではないが、選挙制度改革によって政党としての支持獲得がより重要視されるようになり、首相の権限が強化されたことで以前より所属議員の一体性を確保することが容易になった。**図表7‐3**は、2012年衆院選時に実施した政治家調査のデータをもとに、当選回数と党議拘束に対する議員の態度の関係について、自民党と旧民主党議員に分けて比較したものである（ここでは、5名以上の当選者がいる当選回数のみを表示）。グラフは、「国会での採決時、政党はなるべく党議拘束をかけて、所属議員が全員一致して行動することが望ましい」という考え方に同意する議員の割合を示している。2012年の選挙で初当選した「1回」のケースを除けば、全般的に自民党議員の方が、より党議拘束について肯定的に認識していることがわかる。一方、両党とも4～5回でピークに達するまでに、当選回数が多くなるほど政党に対する忠誠心が高くなっている点は共通している。

　ここで、1つ興味深いのは、自民党の当選回数1～2回の若手新

人議員の中に党議拘束に対して肯定的な認識を示している議員が多い点である。当選回数1回議員は、自民党が大勝して政権に復帰した2012年衆院選で初当選した新人議員であり、2回議員のほとんどは、2005年郵政選挙で初当選を果たした後、一度落選を経て再び国会に復帰した議員たちである。このグループは、まさに多数決型の選挙で主要政党の議席が大きく変動する中で、政党に対する支持拡大を背景に当選を果たし、強い権限をもつ首相のもとで議員生活をスタートさせた議員たちである。所属議員の政党に対する忠誠心の度合いが変化している点については、政府・与党の一元化を図り、国会で与野党議員による審議活性化の可能性を考えるうえで、今後も注目していくべきであろう。

図表7-3　当選回数と党議拘束への態度（2012年衆院選時）

出典：2012年東京大学谷口研究室・朝日新聞共同調査
　　　（http://www.masaki.j.u-tokyo.ac.jp/utas/utasindex.html）（2022年9月30日）

おすすめの本・ウェブサイト

国会会議録検索システム（http://kokkai.ndl.go.jp）
第1回国会（1947年5月開会）以降のすべての本会議、委員会等の会議録を検索・

閲覧できる。発言者と会議に関する情報、キーワードなどの検索条件を入力することで、関心分野について国会でどのような議論が行われているのか手軽に確認できる。別途、帝国議会会議録検索システムもある。

📰 **衆議院インターネット審議中継**（http://www.shugiintv.go.jp）**および参議院インターネット審議中継**（https://www.webtv.sangiin.go.jp/）

　国会審議の動画を PC やスマートフォンなどで視聴できる。原則としてすべての審議は生中継され、当日中に公開される映像はビデオライブラリとして視聴できる。衆議院の場合、第 174 回国会より継続して公開しているのに対して、参議院は、会期終了日から 1 年が経過した日までしか公開していないので注意。

📖 **大山礼子（2018）『政治を再建する、いくつかの方法——政治制度から考える』日本経済新聞出版社**

　「国会審議は無意味に見えるのはなぜ」、「なぜ無能の議員が量産されるのか」、「日本の選挙制度はどこが問題なのか」といった一般的な疑問に対して、国会研究の専門家がこれまでの研究成果に基づいてわかりやすく解説している。

参考文献

飯尾潤（2013）「政権交代と『与党』問題——『政権党』になれなかった民主党」同編『政権交代と政党政治』中央公論新社。

今井亮佑（2003）「有権者と政治エリート——国会議員の活動と有権者の業績評価」『選挙研究』18 巻、113〜124 頁。

岩井奉信（1988）『立法過程（現代政治学叢書 12）』東京大学出版会。

奥健太郎（2018）「事前審査制の導入と自民党政調会の拡大——『衆議院公報』の分析を通じて」『選挙研究』34 巻 2 号、33〜46 頁。

川人貞史（2005）『日本の国会制度と政党政治』東京大学出版会。

武田美智代（2006）「国会改革の軌跡——平成元年以降」『レファレンス』2006 年 7 月号、94〜120 頁。

福元健太郎（2000）『日本の国会政治——全政府立法の分析』東京大学出版会。

福元健太郎（2007）『立法の制度と過程』木鐸社。

増山幹高（2003）『議会制度と日本政治——議事運営の計量政治学』木鐸社。

松本俊太・松尾晃孝（2011）「国会議員はなぜ委員会で発言するのか？——政党・議員・選挙制度」『選挙研究』26 巻 2 号、84〜103 頁。

立憲民主党（2018）「立憲民主党 国会改革」（https://archive2017.cdp-japan.jp/policy/diet-reform）（2022 年 9 月 30 日）。

Mochizuki, Mike（1982）*Managing and Influencing the Japanese Legislative Process：The Role of the Parties and the National Diet, Doctoral Dissertation*, Harvard University.

第8章
首相と内閣
――リーダーシップをどうチェックするか

　日本は、民主政治のしくみとして議院内閣制を採用している。本来、立法と行政の権力が融合し、首相のリーダーシップが発揮されやすいしくみである。ところが、日本で1955年から長く続いた自民党政権のもとではそうならず、与党の一般議員が政策過程で影響力を及ぼし、また行政実務を担う官僚の存在感が強いとの見方がなされてきた。

　1990年代以降立て続けに行われた政治・行政改革の結果、首相や内閣の機能が高まり、政治主導が促進された。だが、2009年から政権を担った民主党は、官僚を過度に排除しようとして政権運営が行き詰まった。逆に、2012年に成立した自民党の第2次安倍政権のもとでは、官僚との関係を再構築しつつ、官僚の人事管理の徹底を図るなど官邸主導の動きが強まり、長期政権となる中で、官僚による首相や官邸への忖度が話題となった。政官関係や市民参加をめぐる議論もふまえながら、リーダーシップをどう適切に統制すればよいかを考えてみたい。

1 立法府と行政府の関係性 ―――――――

（1）立法国家から行政国家へ

　民主政治については、**第1章**でも取り上げたように多様な捉え方がある。ただ、その中でも主権者によって選挙を通じて民主的な形で選ばれた議員、また彼らにより構成される議会が、国政において十二分に役割を果たすべきであるという基本的な考え方では、多くの人が一致することができるだろう。

　実際、国家の形態として、当初は立法府が政治において重視される立法国家の性質が強かった。政策を決定する立法府に対し、行政府は決定した政策を執行することに専念していたのである。だが、市民革命を経て、選挙権が拡大したことにより政治参加が増大し、秩序だった政治社会の形成が課題となったほか、産業革命を経て、都市化や雇用、貧困をめぐる問題など社会経済的な諸課題も顕在化する。

　それまでは市場や社会の自由に委ね、国家の関与は最小限にすることが原則であったが、こうした社会の急速な変化の中で、様々な課題に国家が介入する必要性が増大してくることになる。ところが、立法に携わる議員たちは、有権者に選出されたという民主的な正統性をもつものの、必ずしも個別の政策課題の専門家とはいえない。

　そこで、専門知識・能力を備えた官僚たちの役割が拡大していくこととなる。こうして官僚制の整備が進み、国家のあり方として、議会に代わって官僚制が政策立案を主に担っていく国家、すなわち行政国家としての性格を強めることとなったのである。

　だからといって、このことは立法府の重要性がゼロとなったということではない。有権者の負託を受けた政治家たちは、議会での議決を通して最終的に政策を左右することができるのである。

　ところで、民主政治が健全に機能するためには、人々の自由と権利が保障されなければならない。そのための大事な原則が、権力分立の原則

である。その一方で、統治が効果的に行われるためには、分立の原則を徹底するのか、それとも原則を緩和するのか。立法府（議会）と行政府（執政部）の権限や役割のバランスをどうするかが論点となりうる。実際の民主政治のあり方として、この点から議院内閣制と大統領制という大きく２つのしくみに分けることができる。

（２）議院内閣制と大統領制

　日本が採用しているのは、**議院内閣制**であるが、このしくみをとる代表的な国がイギリスである。議院内閣制では、議会選挙の結果を受けて、議会が国民の代表である議員の中から首相を選出し、首相が内閣を形成する形をとる。つまり、議会（二院制の国では原則として下院）による信任を背景に内閣が存立し、内閣は議会に対して責任を負う。イギリスでは国王の行政権をいかに抑制し、国民の自由を確保するかが長い間模索されてきた。国民の代表が集う議会が内閣をコントロールするしくみは、こうした伝統をふまえている。

　議院内閣制では、選挙において有権者の負託を受けた議会多数派が内閣を組織し、支持するのが一般的である。法案提出権をもつ内閣が、その長である首相のリーダーシップを背景として政策をスムーズに実行することが期待され、立法と行政の権力の融合が進む。つまり、権力を融合させることで、効率的な統治が期待される制度であるといえる。ただ、近年イギリスでは、政治エリートへの不信の高まりを背景に、政治への監視とコントロールのしくみが強化されてきた（高安、2018）。

　これに対して、大統領制をとる代表的な国はアメリカである。大統領制では、大統領と議会の議員とが別々の選挙で選出される。このため、議会と大統領には信任関係がなく、大統領は議会に対してではなく、国民に対して責任を負う。そして、大統領の任期は固定され、原則として解任されることがない。

　大統領が安定的な政権運営を行うには、議会との協調を図ることが不可欠であるが、選挙の結果、大統領の属する政党と議会の多数派が異な

る場合（分割政府）もありうる。イギリス議会の専横に抵抗し戦争を経て独立したという建国の経緯、また市民の平等に対する意識の高さもあり、立法と行政との権力分立を重視し、統治のバランスをとることを期待した制度である。

（3）戦後日本の議院内閣制

前述の通り、日本では議院内閣制を採用している。しかしながら、イギリスのような権力の融合という特徴は、日本では十分に発揮されてこなかった。特に、1955年から1993年まで、自民党が衆議院でほぼ一貫して単独過半数をもつ政権党であったにもかかわらず、一般的に日本の内閣を束ねる首相の指導力は弱いとみられてきた。在任期間が短い首相のもとで、リーダーシップが十分に発揮されずにきたのである。

それはなぜか。そもそも内閣の職務は、閣議による決定を受けて、各大臣が分担して執行することとなっている（分担管理の原則）。そこで首相には、内閣全体を主体的にリードするよりも各省の利益を調整する能力が求められがちになった。

また、内閣は法案を国会に提出することができるが、国会法の規定により、内閣は法案の議事日程のあり方に関与できず、また法案の修正権も制約されている。さらに、日本の国会は会期の短さを特徴とし、しかも会期不継続の原則により、いったん提出された法案は会期内に成立しないと廃案となってしまう（→第7章）。

そこで、内閣が安定的に法案を通すためには、与党の力が欠かせなくなってくる。内閣としては、国会に法案を提出する前に、与党内で十分に議論してもらい議員の了解を得たうえでなければ、確実な法案の成立が見通せないのである。こうして自民党長期政権期に確立した慣行がいわゆる**事前審査制**である。

内閣提出法案は、所管の省庁の官僚が法案に関係する省庁（予算に関係するものは財務省も）や国会議員、業界団体などとの調整を行い、内閣法制局による条文等の審査を経たうえで、原案を作成する。その後、原案

は、自民党内の政務調査会（部会・審議会）、総務会（党大会などを除いて通常の最高意思決定機関）の了承を得たうえで閣議に付され、最終的に国会に提出されるのである。

このプロセスにおいて、自らの専門分野をもつ与党の族議員たちが、法案について、利益を同じくする官僚や業界との強固なつながり（**鉄の三角形**）を背景に、大きな影響力を発揮することがしばしばあった。

こうして、議院内閣制が本来予定している政府・与党の一元的な政策決定が行われず、自民党長期政権では、与党内での事前の議論と了承が内閣提出法案の成否を分けることとなった（政府・与党二元体制）。

与党内での非公式・非公開の事前審査のプロセスで、族議員をはじめとする政治家たちが政治決定の権限をもち、官僚を中心にボトムアップ・コンセンサスを重視した政策形成が行われてきた（中北、2017）。戦後日本の政策決定過程で重要な場となってきた自民党は、派閥が割拠した分権性・多様性を特徴としていた。こうした中で、自民党総裁＝首相を皆で一致して支えるという形になかなかなりづらく、首相のリーダーシップは大いに妨げられることとなった。

2　政官関係とその変化

（1）政官関係とは

ここまで述べてきたことでもわかるように、戦後日本の統治のあり方をみるうえでは、官僚と政治家の存在、また両者の関係性、すなわち政官関係について探ることが重要である。

民主政治においては、選挙で有権者から負託を受け、公職に就いているという正統性をもつ政治家の存在はなくてはならないものである。だが、政治家は、有権者の支持を背景にして有権者の要望を政策へと変換することを追求するので、往々にして利益誘導的な施策に傾きがちである。しかし、それを実現する資源には当然限界があるわけであり、専門知識や技能、豊富な情報をもって政治家の過度な動きを牽制する存在と

しての官僚が必要となる。

　ただ、官僚は有権者の直接の負託を受けていない。また、ルールに則って仕事をすることが大原則となるため、すでにある政策や制度を改革するという方向には向かいにくいという問題がある。政治や行政の改革を進めるうえでは、やはり政治家の政治力が必要となる。このように、官僚と政治家はそれぞれに特長と限界を抱えており、どう両者のバランスをとるかがポイントとなる。

（２）官僚優位か政党優位か

　戦後日本の政官関係については、様々な見方があるが、大きくみると官僚主導から徐々に政治主導へと向かってきたと解されることが多い。

　行政学者・辻清明に代表されるのが官僚優位論である。日本は、日本国憲法制定などを柱として戦後民主化を進めたが、GHQのもとで政府機構や官僚制が温存された。このため、官僚の優位は「天皇の官吏」として特権的な身分保障があった戦前から継続し、国会や政党などが官僚を十分な民主的統制に服させられなかったという議論である（辻、1969）。

　このように官僚優位論が戦前と戦後の連続性を強調するのに対し、政党（政治家）優位論を掲げたのが村松岐夫である。ただし、これは党首のリーダーシップではなく、与党政治家の強さを表す。日本国憲法によって国民主権となったことにより、官僚に対して正統性をもって主導権をとりうる体制となったこと、また自民党長期政権の中で事前審査制がとられ、与党の政治家が徐々に政策に関する専門知識を蓄え官僚とわたり合えるようになり、最終的に政治決定を行うことを通して官僚を統制することができる点を重視する。

　このような状況で、官僚も政治に適応していくようになり、政策形成を官僚が行い、政治家が最終的に政治判断・決定を行うという形で役割を分担し、共存する政官スクラム型の関係が成立していた（村松、1981・2010）。

（3）政治の大統領制化

　政治学者のポグントケとウェブは、議院内閣制を採用している民主主義諸国で、公式な統治構造に変化がないにもかかわらず、その運用が大統領制化しており、政治的な権力が政党や議会などから、首相個人へと移行してきているとした。政治の大統領制化と呼ばれる現象である（ポグントケ・ウェブ、2014）。

　なぜこのような変化が起きたのだろうか。1つには、国際化の中で国内政治が国際政治の影響を受けやすくなり、首相をはじめ外交交渉にあたる執政部の力が強まったことがある。また、社会的亀裂や主義主張の違いによる政党組織が崩壊し、選挙でいかに票をつかんで勝利するか（選挙至上主義）が政党にとって大きな要素となった（→**第6章**）。

　こうした中で、テレビの発展によって、メディアが争点を単純化したり、政治家個人のパーソナリティにより着目したりするようになり、政策が十分論じられなくなると、政治家の側も有権者に受けのよい政策のシンボルを掲げるようになるなど、構造的な変化が生じた。こうして、多くの国で政治指導者個人の「顔」が重要視されるようになったのである。

　日本においても、1980年代の行政改革を主導し、トップダウン型の政策形成を志向した中曽根康弘首相について、大統領的首相と呼ばれることがある。さらに1990年代以降、首相への注目がより高まってきたが、そこには立て続けに行われてきた制度変革が影響を与えている。

3　制度改革とリーダーシップの強化 ────

（1）大きな政府から小さな政府へ

　行政国家の進展、政党政治を主体とした民主政治の発展、そして第2次世界大戦後の高度経済成長は、国家財政の拡大、官僚や公務員の増加、そして政府機関の拡大などをもたらし、大きな政府の形成を促進した。各種規制を設けて経済を適切に管理しながら、公共事業などを通して政府が積極的に財政出動し景気を刺激していったほか、**福祉国家**として、

1人ひとりの健康で文化的な生活を平等に保障していくことが求められるようになり、社会の富を政策的に適切に再分配しながら雇用・医療・年金などの社会保障政策を充実させていった。

　ところが1970年代に入り、高度成長に陰りが見え始め、税収の伸びに限界が生じると、財政難がおこり、発展してきた社会保障制度を維持するための財源をどのように確保するべきかが問題となる。肥大化した行政のあり方や福祉国家への批判が高まり、大きな政府の見直しを図ろうと様々な議論が提起された。

　そして、1980年代になると、完全な自由放任ではなく自由な経済競争を秩序立って確保することを重視しながらも、政府の民間への介入を排除しようとする**新自由主義**（ネオリベラリズム）に基づく政策が展開されるようになった。

　具体的には、政府のあり方を小さな政府へと改め自己責任を重視するようにし、政府機関や公営企業の民営化を進め、公共事業を削減しつつ規制緩和や減税によって市場の活性化を図り、福祉など公共サービスを縮小していくといった方向に、多くの先進国が舵を切っていった。

（2）行財政改革から選挙制度改革へ

　日本でも、徐々に財政難や公営企業の経営悪化が進行し、特に1980年代以降に政府のあり方の改革へ向けた動きが強まっていった。1981年に設置された**第2臨調**（第2臨時行政調査会）は、「増税なき財政再建」を原則として議論を進めて行財政改革に向けた答申を行った。その結果として、赤字国債の発行抑制や政府機関の統合が行われたほか、中曽根政権においては国鉄（日本国有鉄道）、電電公社、専売公社の民営化が実施され、これらの事業に関する規制緩和が進んだ。

　新自由主義的な政策が日本でもとられるようになる中で、1990年代にかけては、高級官僚による不祥事・スキャンダルが相次いだ。また、バブル景気が崩壊して経済不振が強まるなど、日本の政策決定で長く主要な役割を果たしてきた官僚の政策を疑問視する声が高まった。さらに冷

戦が崩壊してグローバル化が進展し、安全保障や危機管理をめぐる新たな状況が次々に生じ、日本の国際貢献のあり方が問われるようになると、行政の主体として内閣やその長である首相の権限やリーダーシップを強化するべきだとの見方が強まった。

　こうして、1990年代にはさらなる行政改革が推進されるとともに、1980年代末から政治家による汚職が立て続けに発覚したこともあり、選挙制度改革を柱とした政治改革が進められた。それまでは中選挙区制のもとで候補者主体の選挙戦となりやすかったが、衆議院に小選挙区比例代表並立制が導入され、小選挙区制のもとで各政党の候補者が1名となったことで、候補者の公認や政治資金の配分にあたっての党執行部の影響力が増した。また、政党やその党首により注目が集まり、政権やその業績、党首に対する評価の選挙における重みが増大して、自民党の分権性を象徴した派閥の役割が低下する方向へと変化していった。

（3）内閣機能強化と中央省庁再編

　1996年に首相に就任した橋本龍太郎は、自ら会長として直轄する行政改革会議を設置した。行政事務を分担管理するという内閣法の規定もあり、従来縦割り行政（**セクショナリズム**）が日本の行政の病理とされ、問題視されてきた。これを打破し、内閣やその長である首相がよりリーダーシップを発揮し、政治主導で行政を統合的に運営することを目指して、行政改革会議は1997年の最終報告において、中央省庁を大きく再編するとともに、企画立案と総合調整を担い内閣機能を強化するために内閣府を設置すること、また首相の知恵袋となる会議体として経済財政諮問会議などを新たに設けることなどを提唱した。

　橋本首相は、1998年参院選での自民党の惨敗を受けて退陣することとなったが、1999年の内閣法改正により、閣議の主宰者である首相による、内閣の重要政策に関する基本方針発議権が明確化された。また、2001年には、森喜朗首相のもと中央省庁再編が実現し、これによって内閣府が新たに設けられ、首相や内閣官房を補佐する体制が整備された。この時

の省庁再編では、1府22省庁から1府12省庁へと変化したほか、従来の政務次官制度を廃止して、各省大臣のもとに副大臣と大臣政務官を置いた（大臣を含め政治家が務めることから、政務三役と呼ぶ）。また、首相補佐官の増員や内閣官房のスタッフの強化も行われ、官僚に依存する形から脱し、政治主導による政策決定システムを確立するための諸方策がとられた。

　こうして2000年代初頭にかけて推進された政治・行政改革の結果として、政党、とりわけ自民党のしくみに変化が生じ、また法制度上も政治主導の実現に向けた取り組みが明確にされたことによって、首相が政策遂行にあたってより自由にリーダーシップを発揮することができる基本的な条件が整ったのである。

　これを有効に活用したのが、2001年に首相に就任した小泉純一郎であった。小泉は、政治主導を官邸主導という形で実践し、派閥均衡型の大臣人事を排除して、適材適所を強調した。また、橋本行革の結果として設けられた経済財政諮問会議を、予算編成や自らの「改革の本丸」とした郵政民営化にあたって重用した。

　2005年の郵政民営化法案の審議のプロセスでは、自民党内に根強い反対論がある中で、事前審査において全会一致を慣行としていた党総務会を多数決により通過させた。また、反対派の大臣を罷免してでも閣議決定を行うなど、小泉は持論の実現に向けて従来の意思決定のあり方にこだわらない姿勢を示した。さらに、郵政選挙と呼ばれた同年の衆院選にあたっては、選挙制度改革による党執行部の権限強化を活かして、法案の衆議院における採決で造反した議員を党として公認せず、しかも新たな党公認候補を刺客として送り込んだ。

　これに加え、小泉はわかりやすい構図やメッセージを好むメディアの特徴を生かしながら発信を続け、改革反対派を抵抗勢力としてあぶり出した。改革実現に邁進するリーダーシップをもった指導者像を有権者に強くアピールすることに成功し、郵政選挙での圧勝を経て、最終的に郵政民営化の実現につなげたのである。

（4）民主党政権と政治主導

　2009 年から政権についた民主党は、長く政治・行政改革、しかも自民党政権のあり方からの転換を主張してきた。政策決定のしくみをめぐっては、それまでの自民党政権について「官僚丸投げ」と批判し、同年の衆院選で示したマニフェストに基づいて政治主導の徹底を図った。たとえば、与党との二元体制から内閣への政策決定の一元化を実現しようと、鳩山由紀夫政権は同年に党政策調査会を廃止した。だが、内閣や党の主要な役職に就けず、政策に関与できない民主党の政治家たちは不満をため込み、翌 2010 年に菅直人政権のもとで復活させるなど、内閣・党の政策決定のあり方が定まらないありさまであった。改革された制度がどう作動するかに目を配れなかったのである（牧原、2018）（→第 7 章 4（1））。

　また、政治主導・官邸主導が強まりつつあった中でも、政策の形成や実施にあたっては、官僚が培ってきた専門知識・ノウハウ・人脈・調整能力などが重要であることには変わりがなかった。民主党政権のもとでは、大臣・副大臣・大臣政務官の政務三役が各省庁の政策のプロセスを主導することとなった。ところが、政治主導を強調するあまりに、官僚を政策過程から排除し敵対的な姿勢をみせる大臣や政治家もみられた。そもそも各省庁の官僚は、自民党政権が長く続く中で、自民党議員と深い関係を築いていただけに、民主党の政治家たちにとって官僚と良好な関係を築くことが重要だったが、民主党政権の政治主導への強硬姿勢は官僚たちの不服従を招き、政策遂行に支障が生じた。

　2012 年、野田佳彦政権は財務省の後ろ盾を得ることによって、自民党・公明党と税と社会保障の一体改革を成立させたが、マニフェストではうたっていなかった消費増税を決定することとなり，最終的に党の分裂を招いた。結局、民主党は政権交代を最優先したために、マニフェストに記載された政策の実現可能性についての吟味が不十分であった。統治や政策決定のあり方をめぐる混乱は、有権者の民主党に対する政権担当能力イメージを大きく損ない、下野した後、分裂を経て今日まで政権交代から遠ざかっている。

（5）第2次安倍政権以降の政権と官邸主導

　政治主導・官邸主導の流れは、自民党の第2次安倍晋三政権のもとでもさらに強化されている。アベノミクスを第2次政権の政策シンボルとした安倍は、経済財政諮問会議など既設の会議に加えて、産業競争力会議、まち・ひと・しごと創生会議、一億総活躍国民会議といった政策会議を次々に設けて、自ら議長となりリーダーシップを発揮しての政策遂行を図ってきた。

　また、民主党政権時代に混乱した官僚との関係を再構築し、彼らの能動的な職務遂行を促しつつ、2014年には、人事管理を全政府的な観点から戦略的に進めていくための組織として、内閣人事局を内閣官房に設置した。それまで、各省庁内で事実上決められていた幹部職員の人事について一元管理することとなり、局長は首相によって内閣官房副長官から任用される。このため、安倍政権のもとでは官邸、より具体的にいえば安倍首相や菅義偉官房長官が各省庁の官僚の人事に介入することもあったとされている。

　実際に、幹部官僚人事への政治的影響は強まったとされ（出雲、2017）、首相官邸を中心にして政治がより有効に官僚制を統制し、政権の政策の方向性に従わせることで、首相のリーダーシップがさらに発揮されることが期待された面がある。

　その一方で、権力を強める官邸が、人事面のみならず政策の遂行にあたっても官僚への不当な働きかけを行うことはないか。あるいは、官邸の統制の前に官僚が受け身の姿勢を強めて過度に委縮し、首相や政権の考えを前もっておもんぱかって、公正な行政をゆがめることにつながらないかとの懸念も強かった。第2次安倍政権のもとでこの点が特に焦点となったのが、森友学園への国有地の払下げをめぐる問題と加計学園の獣医学部新設をめぐる問題であった。「忖度」という言葉が流行語となるほどで、強まる官邸のリーダーシップの弊害が意識されることとなり、長く政権運営に影を落とした。

　安倍政権の継承を掲げて2020年に首相の座に就いたのが、安倍を官房

長官として支え続けた菅義偉であった。菅政権は、内閣府の機関である日本学術会議が推薦した新会員候補6人の任命を拒否した。学術会議が推薦した候補を政府側が任命しなかったのはこれが初めてで、これも官邸主導の弊害の一事例として語られる向きがあった。

この問題をめぐっては、6人の任命を拒否した理由が菅氏や後継の岸田文雄首相から十分説明されてこなかった。選挙での多数という民意を背景にしたリーダーシップに頼り、行政への疑問や批判に対する説明責任を果たさないという点は、安倍政権以降の官邸主導をめぐる諸問題に通じるところがあり、深刻な課題として認識する必要があるだろう。

（6）リーダーシップの制約条件

2000年代初頭にかけての制度改革を受けて成立したすべての政権が、その恩恵を有効に活用できたわけではない。たとえば、小泉政権の後を継いだ第1次安倍政権、福田康夫政権、麻生太郎政権は、いずれも1年程度の短期政権となったし、2009年からの民主党政権でも比較的短い間に首相の交代が繰り返された。菅義偉政権も短期にとどまり、長期政権となった第2次安倍政権は例外的な位置を占める。つまり、リーダーシップを発揮できるためには、いくつかの条件が必要であるということである。

具体的には、政権の円滑な運営のためには国民の支持が欠かせない。小選挙区制を主体とした衆議院の選挙制度のもとで、首相・党首が選挙の「顔」となり、彼らへの評価の重要性が高まってきた。もし有権者が首相や党首から離反し始めると、選挙での再選を目指す政治家たちも動揺し始め、首相・党首との距離をとらざるを得ない。こうして遠心力が働いて、政権基盤は揺らいでいくのである。

さらに、制度がいくら整っていたとしても、首相がどのようなパーソナリティをもち、制度を使いこなせるかは未知数である。安倍晋三元首相は、第2次政権を発足させるにあたって第1次政権の失敗について反省を重ねたといわれる。失敗を含めた経験も、強い政権を作るうえで無

視できないだろう。

　そして、日本の場合、参議院の権限が比較的大きいため、仮に参議院で与党が過半数を失ってしまうと、衆参で多数派が異なるねじれ国会となり、政権の政策を完遂することに支障が生じてしまう。最近では自民党が与党であった2007年参院選、また民主党が与党であった2010年参院選の結果、いずれもねじれ国会を招き、当時の政権の運営が困難になった。

　さらに、さすがに「官僚内閣制」（飯尾、2007）とも呼ばれるかつてのあり方には戻れないまでも、政策の専門家である官僚の存在感は引き続き政策のプロセスで無視できない。政権が官邸主導の行き過ぎに留意しつつ、官僚とどう協力し役割分担をしていけるかも、政権運営がうまくいくかを左右するだろう。

4　市民による行政の適切な統制

（1）市民による行政統制の難しさ

　ここまでに述べたように、政治主導を推進し、首相や内閣のリーダーシップを強める方向に変化してきた今日の日本政治であるが、権力には、腐敗や暴走のリスクがつきまとう。国民の支持が政権の行方を左右するとはいえ、行政全般に対する民主的な統制は強まったといえるだろうか。

　実際のところは、そうともいえない。そもそも、国民には首相や大臣となった政治家たちの仕事ぶりを細かく見る能力も時間的な余裕も足りない。また、日本では首相が衆議院の解散権を自由に行使しやすいこともあり、国政選挙の頻度は高いものの、それでも選挙の機会は限られてしまう。

　一方、首相や大臣のもとで行政を実際に動かしていく官僚たちは、有権者による選挙の洗礼を受けることはない。そして、業務内容も専門的なもので、行政が取り扱う事項は年々複雑さを増し、高度化している。そうすると、国民が十分な情報をもって官僚たちの仕事ぶりを細かく

チェックすることはますます難しくなってくる。そして、各省庁の長である大臣といえども、十分に把握できていないことは少なくなく、官僚が様々な形で大臣をカバーしていくことになる。

　こうした中で、1990年代には高級官僚の政治や業界との癒着によるスキャンダルが次々と明らかになり、行政のあり方を監視する市民オンブズマン制度も発達するにつれ、国民の官僚に対する目線がさらに厳しくなった。行政について首相や大臣レベルだけでなく、官僚自身が国民に対する説明責任を果たしていくべきだとの主張が、行政改革の流れと相まって強まっていった。

（2）情報公開と公文書管理の徹底

　このような流れを受けて整備されたのが情報公開の制度であり、2001年には情報公開法が施行され、行政機関が保有する情報の原則公開が義務づけられた。ところが、公開されても核心となる部分が黒塗りで隠されていたり、文書が存在しないとの理由で非開示とされたりするケースが相次いだ。

　また、政府の公文書管理のずさんさに対する批判が高まり、2011年に施行されたのが、公文書管理法であった。公文書について「国及び独立行政法人等の諸活動や歴史的事実の記録」「健全な民主主義の根幹を支える国民共有の知的資源」と位置づけて、その適切な管理を目指したものであった。

　だが公文書管理法制定後も、公文書管理をめぐる不適切な取り扱いが指摘された。特に、第2次安倍政権のもとで明らかになった加計学園問題では、文部科学省で発見された文書が公文書に当たるかどうかが問題とされ、森友学園問題では、財務省による関連文書の処分や決裁文書の改ざんが露見して批判された。公文書管理の徹底に向けては、いまだ課題が山積している。

（3）オープンガバメント・EBPM と市民参加

アメリカでは、2009 年に発足したオバマ政権のもと、オープンガバメント、すなわち、発達する ICT（情報通信技術）を利活用して政府における透明性を高め、政府への信頼度を増し、市民参加を促して民主政治の活性化につなげる取組みが推進された（奥村・米山、2014）。

日本では今日、デジタル社会の進展に対応する形でデジタル・ガバメントの推進を掲げており、市民に公共データの活用を促すオープンデータの取組みは着実に進みつつある。そして、2021 年にはデジタル庁が発足した。ところが、市民をサービスの利用者・受益者として位置づける傾向にあり、また主に経済・イノベーションの諸政策との関連でデジタル・ガバメントは位置づけられている。

一方、政治参加や官民協働を促進するオープンガバメントの側面については、日本では理念としても実態としても非常に貧弱であるといわざるを得ない。

また、今日では EBPM（エビデンス＜証拠＞に基づく政策立案や決定）の推進も叫ばれ、政策過程の各段階で客観的な証拠を活用しながら政策のロジックを可視化し、行政への国民の信頼を高めることが目指されている（神奈川大学法学研究所編、2021）。ここでも、エビデンスが民主的正統性をもつこと、すなわち、市民に政策過程への参画を促し、その声を丁寧に拾い上げることが信頼醸成には欠かせないが、いまだ心もとない状況である。

政策決定に用いられた資料を国民が容易に入手でき、その妥当性を検証できること、また、政策形成のプロセスに国民が積極的に参加していけることは、行政国家化が進む中で民主政治を強化していくために、なくてはならないことであろう。

リーダーシップは、リーダーが自ら謙虚に説明責任を果たしたうえで、市民による適切な統制が働くことによってこそ健全に働く。進化する情報環境も活かしながら情報公開・情報提供を促進し、市民が政治や行政とより深くつながっていけるよう、さらなる努力が求められている。

公務員の役割

　筆者が勤める大学の学部では、「公務員になりたい」という思いをもって入学してくる学生が少なくない。法律によって身分が保障され、待遇が比較的「安定している」ということに魅力を感じる人が少なくないようだ。

　国家公務員採用総合職試験（中央省庁の幹部候補となるキャリア官僚の選抜試験）の申込者は、2022 年は 6 年ぶりに増加に転じたほか、女性が申込者に占める割合は 40.9％と過去最高となった。だが、それまで申込者は減少傾向にあった。

　その背景として、公務員を取り巻く環境の厳しさが指摘されることがある。

　人事院によると、2020 年度の在職 10 年未満のキャリアの退職者数は 109 人で、2013 年度と比べ 43.4％も増加したという。

　そもそも国際比較では日本の公的部門の職員数は少ない。働き方改革が叫ばれているが、深夜までの業務もしばしばあるなど、仕事の多忙さも指摘される。2019 年には、厚生労働省の若手職員による改革チームが業務・組織改革のための緊急提言を出したことは記憶に新しい。

　また、2000 年代以降は、年金制度の一元化によって将来受け取れる年金額が減少し、特に国家公務員については、省庁が官僚の退職の際に外部での再就職を斡旋する天下りへの規制が強まった。

　日本の官僚制の人事システムは、閉鎖型任用制、つまり組織の内部で幹部へと昇進させる形を基本としてきた。だが国家公務員採用試験は 2012 年に大きく再編され、民間経験者や専門職向けの採用試験も設けられるなど、徐々に任用の柔軟化が進みつつある。その一方で、行政サービスが多様化し財政難が進行する中で非正規の公務員が増加しており、正規の職員との格差が顕在化している。

　日本において官僚・公務員が果たしている役割は極めて大きく、

その専門性や能力、献身は適切な行政運営にあたって、これからも不可欠である。限られた資源の中で、有能な若い人材をどう登用し、どう国民目線で公共の新たなかたちを創造していけるかが問われている。

おすすめの本・ウェブサイト

 飯尾潤（2007）『日本の統治構造 ―― 官僚内閣制から議院内閣制へ』中公新書

　官僚の代理人の政治家からなる「官僚内閣制」から、首相がリーダーシップを発揮する本格的な議院内閣制への転換という現代日本政治の統治構造の変化について、歴史的経緯や国際比較をふまえて論じた良書である。

 「行政改革会議　最終報告」（1997）
（https://www.gyoukaku.go.jp/siryou/souron/report-final/index.html）
（2023年2月20日）

　橋本龍太郎政権が設置した行政改革会議が発表した最終報告である。以後の政治・官邸主導型政治を理解するうえで重要な、行政改革の理念と目標、さらに内閣機能強化や中央省庁再編等の具体策に言及している。

 日本再建イニシアティブ（2013）『民主党政権　失敗の検証 ―― 日本政治は何を活かすか』中公新書

　民主党政権がなぜ失敗したかについて、複数の研究者やジャーナリストが関係者へのヒアリングやアンケートをふまえて、政治主導や政権・党運営、推進しようとした政策など、多面的な観点から分析したものである。

参考文献

出雲明子（2017）「内閣人事局設置後の官僚人事――キャリアパスからみる人事の変容と専門性」『東海大学紀要　政治経済学部　2017年度版』49号、1～23頁。

奥村裕一・米山知宏（2014）「オープンガバメントからオープンガバナンスへ――欧米の動向を踏まえて」『日本情報経営学会誌』34巻4号、104～115頁。

神奈川大学法学研究所編（2021）『エビデンスに基づいた政策決定（EBPM）――横浜市のIR

　推進から考える』公人の友社。

高安健将（2018）『議院内閣制——変貌する英国モデル』中公新書。

辻清明（1969）『日本官僚制の研究〔新版〕』東京大学出版会。

中北浩爾（2017）『自民党——「一強」の実像』中公新書。

ポグントケ、T・ウェブ、P（岩崎正洋監訳）（2014）『民主政治はなぜ「大統領制化」するの
　か——現代民主主義国家の比較研究』ミネルヴァ書房。

牧原出（2018）『崩れる政治を立て直す——21世紀の日本行政改革論』講談社現代新書。

村松岐夫（1981）『戦後日本の官僚制』東洋経済新報社。

村松岐夫（2010）『政官スクラム型リーダーシップの崩壊』東洋経済新報社。

第9章
国際関係
——戦後日本外交はつまらない？

　戦後の日本を取り巻く国際関係、そして日本外交の特徴はどこにあるのだろうか。戦後の日本は、アメリカの圧倒的な影響の下にあったため、その外交のもつダイナミズムはみえにくい。戦後日本外交は、静的で受動的で、アメリカに追従しているだけではないかといわれることもある。だがそれは誤りである。

　本章では、国際政治学の観点から、3つの柱を立てて戦後日本外交の特徴を捉える。すなわち、「同盟」論を基礎に日米関係を、「国際秩序」の視点からアジア太平洋諸国との外交関係を、そして「権力移行」の観点からアメリカの後退という現在の情勢を、それぞれ読み解いていく。

　国際関係は、対等な国家間の対立と協調、あるいは大国と小国の支配と従属という単線的な視点で分析されることが多い。だが本章では、戦後日本外交を題材に、そのような一般的な視点を越えた、複雑で興味深い政治力学が国際政治には存在するということを示したい。

1 戦後日本外交はつまらない？

　戦後日本の外交は面白くない。少なくとも私は、大学生になったばかりの頃、そう思った。

　国家と国家の外交関係を扱う学問を、国際政治学（国際関係論）と呼ぶ。いまでは内戦やテロ、金融問題や環境問題のような幅広い分野も扱うようになったが、そもそもは世界の戦争と平和の条件を考える学問として生まれた。1914年から1918年まで続いた第1次世界大戦が終わったとき、欧州やアメリカにおいて、二度とこのような大戦争を起こしたくないという願いから、国際政治の体系的な探求が始まった。しかし世界戦争は再び起きた。そして世界は、アメリカとソ連という超大国が、何度も全人類を絶滅させ得る大量の核兵器を保持し、厳しく対立する**冷戦**へと突入する。国家はどのような時に対立し、また逆にどのような時に協調できるのか。世界戦争の危機を目の前にした、私たち自身の生存の条件を考える試みが、国際政治学という学問分野を生み出した。

　戦後の日本は「平和」だった。1945年以来、直接の参戦はない。戦前とは大きく異なる状況だ。内乱を経た明治維新に始まり、敗戦に終わった戦前の歴史は、戦後のアメリカ、中国、ソ連（ロシア）のように、劇的な政策転換、大国間の緊張、介入や戦争に溢れている。愚行と悲劇に彩られた歴史ではあるが、戦争と平和を考えるための素材に満ちている。しかし戦後の日本外交は、一転して、いたって平板で静的に映るのではないだろうか。戦争はもちろん、深刻な安全保障上の危機も、あるいは欧州のような統合の動きもない。戦後日本をめぐる国際関係や外交を学んでみても、何も面白いことはないのではなかろうか。

　専門の研究者も、これに十分な答えを持ち合わせてこなかった。むしろ、平板で静的で受動的で消極的な戦後日本外交、というイメージは、研究者にも共有されていた。アメリカという圧倒的な強国との同盟を基盤とした戦後日本は、安全保障における独自の判断を放棄し、経済的利

益のみを追求してきたのだ。アメリカの外圧に反応するだけの受動的な外交が日本の特徴であり、独自の戦略や判断を持ち合わせていない（**外圧反応型国家**）。日本外交は大国が作る国際秩序に適応することを目指してきたのであって、独自の国際秩序観が欠如している。日本の対外政策は、たとえば中国をはじめとしたアジア諸国との外交でも、アメリカにどこまで従属していたのかによって決まってきた。こんな議論が、戦後日本外交の研究では繰り返し提起されてきた（Calder, 1988；Berger, 2007）。

　それでも、1990年代、昭和の終わりから平成の初期まではまだよかった。戦後の日本外交は受動的だけれども、戦前とは異なり、相対的には平和といえる国際環境で、安定した社会と素晴らしい経済成長を実現した。戦後の日本外交とは、平和と繁栄というゴールに向けた成功物語だ、と語る余地があった。だが平成の30年間で、そのような経済的成功への自負は消え去り、日本周辺の国際環境は急速に悪化していった。経済大国への発展の一環として日本外交を語ることができなくなって久しい。静的で、受動的で、その成果も不透明。こんな戦後日本の外交を学ぶ意味は、どこにあるのだろうか。

　それでも戦後日本の外交、日本を取り巻く国際関係は面白い。本章では、そのことを示してみたいと思う。戦後日本に関心がある、という読者だけが対象ではない。広く外交、政治、さらには人間の行動そのものに関心があるならば、戦後日本の外交・国際関係の歩みは、多くの示唆に満ちている。ただその面白さを見つけるためには、少し国際政治というものを見る角度を変えてみる必要がある。日本の外交は、私たちの日常とどのように「つながって」おり、またいかなる知的好奇心と「つなげる」ことができるのか。最新の研究の成果に基づいて、そのための手がかりを提供することが、本章の目的である。

2　覇権のなかの自律性

（1）日本外交にとってのアメリカ

　戦後日本の歴史は占領に始まる。戦争に敗れ、国土は荒廃し、社会は不安定だった。日本各地に米軍を中心とする連合国軍が駐留し、独立国としての日本は機能を停止する。この状況で、アメリカという外国による支配が、1945年から1952年まで実に約7年間にわたって続いた。

　これが戦後日本外交の原点である。独立を失い、外交権を停止された占領下の日本政府は、しかし実は濃密な外交を展開していた。占領期に活躍した総理大臣が、幣原喜重郎、芦田均、吉田茂という外交官出身者であったことは偶然ではない。日本政府は、国内政治上の問題に取り組むうえでも、常にアメリカの承認を取り付ける必要があった。対米外交が内政と不可分だったのである。なお、その後、2023年現在に至るまで、外交官出身の総理大臣は存在しない（五百旗頭、2007）。

　1952年、サンフランシスコ平和条約によって日本が独立を回復すると同時に、**日米安全保障条約**（日米安保と略称）が発効した。この条約に基づき、アメリカは日本に引き続き米軍を駐留させる権利を獲得する。その引き換えに、日本は、アメリカが日本を防衛することを期待した。この日本の期待がアメリカの条約上の義務となるのは1960年の安保改定を待たねばならないが、占領に始まるアメリカとの密接な関係は、安保条約を通じて独立回復後も日本外交を強く規定することになる。

　戦後日本外交の注目点の1つ目として、**2**では、日米安保をめぐる問題を取り上げてみたい。日米関係については、相反する見解を聞いたことがあるのではないだろうか。ある人は、日本はアメリカに安全保障を頼っているから、アメリカの言いなりになっている、従属している、という。他方で、日本はアメリカに安全保障をただ乗りしている、無責任だ、という批判も聞いたことがあるのではなかろうか。なぜこうした相反する議論が生まれてくるのか。日米関係にはどのような特徴があり、

どこに面白さがあるのだろうか。

（2）日米同盟と国際秩序

　日米安保に基づく日米関係は、現在では日米同盟と呼ばれる。まず、同盟という言葉の意味を手がかりに、日米関係について考えてみたい。

　国際政治学では、通常、**同盟**を軍備拡張（軍拡）の代替策と捉えている。国家の存続を脅かす安全保障上の脅威（敵国）があったとき、国家には、自国の軍事力を増強して対抗する軍拡と、他国から軍事力を借りる同盟という2つの手段がある。そのため同盟は、共通の脅威に対抗するために軍事協力を行うことを目的とした、国家間の暫定的な協定と定義される。共通の敵に対抗するのが同盟だ、というのである。

　しかしながら、日米同盟はこの一般的な同盟の定義では捉えきれない特徴をもっている。まず日本側の視点から考えてみよう。

　日本の外交を安保条約とともに規定したのが、1946年に公布された日本国憲法である。アメリカ政府関係者によって原案が作成され、日本側の若干の修正を経て、戦後日本を律する基本法となった。のちに自衛隊が結成されたものの、この憲法の第9条は、現在に至るまで、日本政府の軍事力の保持と行使に制限を加えている。

　憲法9条の存在は、一面で日米同盟の必要性を説明する。日本独自の軍備が制限されているのだから、不十分な軍事力を同盟によって補うという論理だ。だが同時に、9条は日米両国間の軍事協力を制約する機能を果たしてきた。最新の研究では、1950年代から日米防衛当局間では様々な協力関係が模索されていたことが分かっている（板山、2017）。さらに現在、日米間の軍事協力は大きく進展している。しかし冷戦期、特に80年代初頭までは、日本政府は一貫して表立って本格的な軍事協力をアメリカと進めることには慎重だった。

　同盟を結んだにもかかわらず、なぜ日本は軍事協力に消極的だったのか。3つの理由がある。第1に、日本政府は、冷戦期に日本への直接侵略の可能性が高いとは考えていなかった。米ソの対立は激しかったが、

米軍が日本に駐留すれば十分との判断を下していたのである。

　第2に、日本政府は、日米同盟に安全保障を越えた利益を見出していた。アメリカの同盟は、戦後アメリカが構築した国際秩序の一角を構成している。西側秩序や自由世界、現在は**リベラルな国際秩序**と呼ばれている国際秩序だ。民主主義という国内体制、資本主義と自由貿易という経済システム、そして国際制度を重視するものとして一般に定義される。

　日本政府は、アメリカと同盟を結ぶことで、このアメリカの秩序に参入することができると考えた。これによって、安全な国際環境や海洋の安全に加えて、自由貿易やアメリカ市場へのアクセスという経済的利益を獲得し、またアメリカ主導の国際制度に加入することで国際的地位の回復・向上を図ることができる。日本政府にとって、日米同盟は、安全保障協定であると同時に、アメリカ主導の国際秩序に加入し、その恩恵を確保するための手段であった。そのため日本政府は軍事協力の進展に大きな利益を見出さず、アメリカ政府を苛立たせることになる。

（3）日米同盟と日本の国内政治

　日本政府がアメリカとの軍事協力に慎重だった3つ目の理由は、日本の国内政治にある。日米同盟という表現は、冷戦期に使われることはほとんどなかった。1980年代初頭に、日米首脳会談後の共同声明で同盟という表現が使われたことが日本国内で大きな問題となり、外務大臣が辞任に追い込まれるという事件が起きている。この事件に代表されるように、日本国内ではアメリカとの軍事協力に対する強い抵抗があった。

　（2）で、日本政府はアメリカとの軍事協力の進展に積極的ではなかった、と述べた。このような政策方針の生みの親とされるのが、1940年代末から50年代初めにかけて活躍した吉田茂首相である。その名前をとって、このような外交方針を**吉田路線**や**吉田ドクトリン**と呼ぶ。だがこの日本の外交方針が固まるのは、1950年代初期ではなく、60年代末から70年代半ばにかけての時期である。その背景にあったのが、日本国内の日米軍事協力に対する反発であり、その制度化であった（酒井、1991）。

平和主義、反軍国主義、反軍主義といった様々な概念で表現されるが、戦後の日本には、国民一般のみならず政治指導者にも、軍事組織に対する反感と警戒感が根強く存在した。旧日本軍が政治の実権を掌握し、軍主導の戦争が惨憺たる結果に終わったことを考えれば当然の帰結だろう。これが憲法9条への国内的支持の基盤となった。そして9条に法的根拠を得た平和主義は、軍事同盟であった日米安保に対する反発へと結びついた。

　この平和主義に基づく運動は日本政府の行動を制約してきた。1950年代にはアメリカの水爆実験に伴って日本人が被曝した第五福竜丸事件が日本国内の反米感情を掻き立て、1960年には安保条約の改定をめぐる反発、いわゆる安保闘争が起こっている。また60年代後半には、ベトナム戦争の勃発に伴って、反米・反戦運動が大きな影響力をもった。

　こうした運動による事実上の日本政府の行動に対する制約が、法制度による拘束へと転換したのが、1960年代後半から70年代にかけてのことであった。67年の武器輸出三原則、67年および71年に定式化される非核三原則、そして76年の防衛費GNP比1％枠の設定である。武器輸出三原則とは、共産主義国、紛争当事国等、そして国連決議に基づく武器輸出禁止地域の3つを対象とした武器輸出規制であり、後に武器輸出そのものの原則禁止へと強化された。非核三原則は、「核兵器を持たず、作らず、持ち込ませず」の3つからなるもので、日本の非核化を規定した。そして防衛費GNP比1％枠の設定は、文字通り軍事費の総額の上限を設定したものである。日本の対米防衛協力の限界を画する方針であった。

　日本国内の反発による日本政府の動揺は、アメリカにとっても望ましいものではなかった。アメリカは日本に軍事協力を求めていた。だがそれ以上に重要なのは、日本が外交政策、経済成長、在日米軍基地の容認、そして民主主義と資本主義という国内政治制度を安定的に運営することを通じて、アメリカの戦略を支援することだった。アメリカにとって、日本に対する軍事協力の要請が日米同盟そのものを揺るがすという事態

は本末転倒だった。アメリカは、こうした日本国内のアメリカへの反感を緩和するために、1960年代末から70年代にかけて、日本本土の米軍基地を削減し、戦時中から統治下においていた沖縄を返還し、日本に国外での軍事協力を要請することを断念することになる（玉置、2009）。

（4）覇権の中の自律性の追求

　日本にとって、日米同盟は、暫定的な安全保障協定というよりも、アメリカ主導の国際秩序の一員であるための持続的制度であった。日本がアメリカによって対外行動の範囲を制約されてきたことは確かであろう。これを従属と表現することはできる。しかしながら、アメリカがその意向を日本に全面的に押し付けることができたわけではないことも明らかだろう。戦後日本は、アメリカの覇権を受け入れ、その秩序の中で利益と地位を確保しつつ、政策の自律性を追求することを選んだのである。

　その自律性の範囲を画した1つの要因が、日本の国内政治にあったことは間違いない。冷戦が終わった後も、自衛隊の海外派遣や沖縄の普天間基地問題をめぐって巻き起こった国内論争が、日米両政府の行動に影響を与えてきた。

　だが同時に、1960年代末から70年代の展開が、現在の沖縄への基地の集中という状況の起源となったことも見過ごすことはできない。アメリカ政府は、日本本土の基地を大幅に削減する一方で、沖縄の基地は保持したまま、沖縄の施政権を日本に返還した。かつては、立川などの東京周辺も含めて多くの米軍基地が存在しており、60年代末にも東京王子の米陸軍野戦病院建設や、九州大学構内への米軍機墜落をめぐって激しい抗議活動が展開されていた。だがこの60年代末から70年代にかけての一連の基地削減によって、日本本土における米軍基地が大きな政治問題に発展することはなくなった。基地問題は、沖縄をはじめとした一部地域の問題となり、それが現在の基地問題特有の困難を作り出している。

　アメリカとの同盟が純粋な安全保障協定ではなかったこと、日本がアメリカの覇権の中で自律性を追求したこと、国内政治の分断がかえって

日本の一定の自律性を保全したこと——戦後日米関係からは、以上のような、対等な国家間の対立と協調、あるいは大国による小国の支配といった枠組みでは捉えきれない、興味深い政治力学が存在したことがわかるだろう。**3**では、日米の二国間関係を越えた、アメリカの覇権の下での日本外交の広がりについて考えてみたい。

3　大国としての日本

（1）日本とリベラルな国際秩序

　日本外交の受動性は、日米二国間関係についてのみ指摘されてきたわけではない。同程度以上に注目されてきたのが、日本と、アメリカ以外の諸国との外交関係である。アメリカによって日本外交は制約されてきたのではないか。日本は独自の判断で外交を行う自由をもっていない、自律性を制限されているのではないか。このような議論が繰り返し提起されてきた。この問題を解きほぐすには、日米関係とは少し異なる角度から日本外交を見てみる必要がある。

　ここで手がかりとなるのが、戦後日本の国際秩序に対するビジョン、国際秩序観である。国際秩序という言葉は茫漠としており、扱いが難しい。ここでは、戦後の日本では、いかなる国際環境が日本にとって望ましいと考えられていたのか、ということに絞って考えたい。どのような世界が実現すれば、日本は安全保障面で安泰で、経済面で繁栄を追求でき、さらに他の諸国からも尊重される十分な地位を確保できるのか。

　少し前までの研究では、戦後日本にこのような意味での独自の国際秩序観はないと考えられていた。日本は、アメリカのような大国が生み出す国際秩序に順応し、世界の趨勢を見極めながら、安全保障と経済的利益という物質的国益のみを追求するプラグマティックな外交を行っている。独自の国際秩序に対するビジョンなどない、というものである。

　だが最近の研究では、大きく分けて2つの議論が提起されている。第1に、日本は、アメリカの主導するリベラルな国際秩序の維持と拡大を

利益と考え、その運営に積極的に関与してきたという指摘がある。

　日本が西側第2位の経済大国となったのは1968年のことである。経済大国となったことで、日本は、その一挙手一投足が、少なくとも経済面では国際秩序に不可避に影響を与える立場に立った。その結果、1970年代以降、日本政府は経済秩序の安定化を図るべく、多国間組織に積極的に関与し、あるいはその設立に携わっていくこととなる。石油や原子力をはじめとしたエネルギーに関する国際組織や、先進国首脳会議（G7、サミット）を舞台にした国際協調はこの好例である（白鳥、2015；武田、2015）。さらに1980年代には、東アジアにおけるソ連の海軍力拡張を受けて、自由世界の防衛を謳い、日本周辺における日米防衛協力が推進された。

　冷戦終結後、この傾向は顕著となる。ソ連が崩壊し、アメリカが「単極」といわれた圧倒的な力をもった1990年代初めから2000年代末にかけて、日本は、国連の平和維持活動（PKO）とアメリカへの協力を中心として、徐々に自衛隊の活動範囲を日本周辺から海外へと広げていった。アメリカの覇権がグローバルに拡大したとの認識の下、経済援助、多国間組織を通じた信頼醸成、内戦などによって国内の統治に困難を抱えた「破綻国家」の復興支援などを通じて、リベラルな価値の拡大と秩序の安定を図ることが目的だったと指摘される（添谷、2016）。

　その契機となったのが、1990年の湾岸戦争である。この冷戦後最初の武力紛争に際して、アメリカを中心に西側諸国が武力行使に踏み切る中、日本は経済援助のみにとどまり、国際的な評価を失った——少なくともそのような「トラウマ」が日本外交に教訓として残された。さらにこれを後押ししたのが、90年代以来の、度重なる北朝鮮による核・ミサイル危機であった。北朝鮮に対処するためには、日米間の防衛協力の強化のみならず、日本のアメリカへのグローバルな貢献を示す必要があるとの議論が提起され、国内政治にも大きな影響を与えた（宮城、2016）。

　以上のような研究で強調されるのは、日本政府自身が、リベラルな国際秩序に利益と価値を見出し、その維持に関与する資格と責任があるとの認識を抱いていたということである。それは確かだろう。しかし同時

に、日本のこうした行動は、一面ではアメリカ主導の国際秩序への順応であり、他方で同盟の維持自体を目的とした、アメリカの負担分担要求という外圧に対する反射的対応であった（佐竹、2016）。どの時代の、いかなる問題領域で、どこまで日本は国際秩序の運営に関与したと評価できるのか、議論は分かれるだろう。

（2）アジア外交の世界

　第2に、日本外交は、アメリカのリベラルな国際秩序とは異なる、独自のビジョンを抱いていたと指摘する研究もある。この議論が注目するのは、1970年代半ば以降の東アジアおよび東南アジア諸国に対する外交、いわゆるアジア外交である。

　アジア外交の直接の目的は海外市場の確保にある。経済大国となった日本が、その豊富な資金の供与を通じてアジア諸国の経済発展を促せば、日本企業にとって大きな市場となると考えられた。

　戦後、アジアは植民地から独立した後の国家形成の過程にあり、また冷戦の権力闘争の舞台となったため、政治的にも経済的にも不安定だった。また戦前は日本の最大の市場は中国だったが、日中の貿易関係は冷戦によって寸断されていた。このような状況だったので、戦後初期より、日本政府では、経済成長のためにはアジア諸国への接近が必要と考えられていた。政府内部では、すでに1950年代から、中国との貿易再開や、戦後賠償を通じた東南アジアへの進出が模索されている。

　この年来の構想が実現する機会が訪れたのが1970年代であった。70年代には、それまで長年対立してきたアメリカと中国が和解し、アメリカがベトナム戦争から撤退したことで、アジア太平洋地域における大国間の権力闘争が沈静化する。この中で、経済大国へと躍進した日本は、全方位平和外交の名の下に東南アジアに対する経済外交を制度化し、次いで韓国、さらに改革開放を進める中国を含めたアジア全域に対して、円借款や政府開発援助（ODA）を通じた大規模な経済援助を注ぎ込んでいった。

しかしながら、日本のアジア外交は経済的利益を追い求めるだけのものではなかった。近年の研究は、日本のアジア外交が、アジア太平洋地域の安定という安全保障をも考慮した地域秩序の構想であったこと、またこの秩序観が戦後日本独自の理念とアイデンティティを反映したものであったことを明らかにしている。

　日本の政府当局者は、冷戦期のアジア諸国が直面していた困難は、国内の混乱に起因すると考えた。そして国内の混乱が、インドネシアや中国、ベトナムといった諸国の攻撃的対外行動の原因だと理解した。したがって、このような状況を沈静化する最善の手段は、日本政府によれば、経済成長であった。経済が発展すれば内政も安定し、国内が平穏になれば対外政策も穏健化するだろう。アジア諸国の経済発展は、アジア太平洋地域の平和、ひいては日本の安全を保障すると思われた。

　では経済発展には何が必要か。日本政府は、戦後日本の奇跡的な経済成長こそが、その答えを提供しているとの自負を抱いていた。かつて戦前の日本は、経済的な行き詰まりが内政の不安定化を生み、これを対外攻勢で打破しようとして破綻した。しかし戦後の日本は、経済成長を通じて内政と外交の安定を実現した。その秘訣は、軽武装で軍事的負担を削減することで経済成長に資源を集中投資し、アメリカ主導の自由貿易の恩恵を受けながら、政府の保護と指導の下に国内産業を育成することにあると考えられた。アメリカは市場の自由化や競争を強調する発展モデルを提示し、国内の政治体制、経済システム、価値に介入する。これに対して日本の経験は、アジアの多様な国内体制や価値観に適した成長モデルの存在を示すものと考えられた。日本のアジア外交は、経済的利益と安全保障という物質的な利益の追求のみを目指したものではなかった。戦前の帝国日本ともアメリカとも異なる、戦後日本の理念とアイデンティティを反映した秩序構想だったのである（波多野・佐藤、2004；宮城、2017）。

　この日本の自負は、アメリカとの摩擦をも引き起こした。1970年代には、ベトナム戦争後のインドシナ情勢をめぐって日米の間に齟齬が生じ

る。また、1980年代後半から1990年代はじめ、日本経済がその頂点に達すると、日本はアメリカの経済覇権に挑戦した。世界銀行を舞台に日本の経済思想の国際的正統性を高めようとし、また1997年から98年にかけてのアジア通貨危機に際しては独自の地域機構構想を打ち出した（飯田、2013）。この挑戦はいずれも挫折に終わるが、戦後日本が、アメリカとは異なる独自の理念と秩序構想を保持していたことを示すものといえるだろう。

（3）覇権の中の秩序構想

　以上、2つの側面から、戦後日本の国際秩序観について概観した。1つの議論は、日本がアメリカ主導の秩序を支えようとしたことを指摘する。もう1つの議論は、日本外交に、アメリカとは異なる秩序構想があったと論じている。しかも、この2つの議論は、ともに1970年代から90年代初めという時期の、日本の経済大国化という共通の現象に着目したものだった。さらに、経済大国になっても、日本はアメリカ主導の国際秩序に順応する受動的外交を展開していたという主張も有力だった。どの議論が正しく、どの主張が間違っているのだろうか。

　日本外交を、積極性か受動性か、アメリカへの従属か自立かという観点でみると、その面白さは何もわからなくなってしまう。色眼鏡を外してみれば、答えはごく単純だ。

　経済大国になった日本は、アメリカ主導の秩序に順応し、自発的に支えると同時に、独自の利益と理念を追求したのである。もちろん、この2つの路線には摩擦が生じることがある。担い手となる勢力も異なった。だが、リベラルな秩序の支援を優先する勢力は、国際連合等の改革を通じた日本の地位向上を目指したし、他方でアジア太平洋地域での日本の独自性を追求した人々も、日米同盟からの離脱を志向したわけではない。2で述べたように、日米二国間関係において、日本は、アメリカの覇権を受け入れながら自律性を追求した。国際秩序やアジア地域秩序でも、同様の事態が生じていたと理解することができるだろう。

戦後日本にとってアメリカの覇権は前提条件であり、適応の対象であり、これを支えることが利益だと考えられてきた。だが日本は、アメリカ主導の国際秩序をそのまま受け入れただけではなかった。アジア太平洋地域を舞台にその一部を改変し、あるいは国際秩序自体も、経済を中心に日本の理念と利益を反映するように変更を試みた。以上の議論からは、そのような戦後日本外交の興味深い側面が浮かび上がってくるだろう。

4　権力移行のなかの日本外交

（1）現在の危機

　日本外交は、2023年現在、おそらくは敗戦以来の変動期を迎えている。戦後日本外交の大前提であったアメリカの覇権、そしてアメリカ主導の国際秩序が大きく揺らいでいるからである。

　大国間の力関係が大きく変動することを、国際政治学では**権力移行**と呼ぶ。戦後、アメリカは何度も衰退しているといわれた。1950年代末にはソ連が科学技術力と軍事力でアメリカを上回っているのではないかとの議論が提起された。1970年代半ばから80年代には、日本とドイツの急成長の前に、アメリカは経済的な衰退期に入ったとの声が広がった。そして今、アメリカは、経済力と軍事力の両面で中国の猛追を受け、ロシアの攻勢に直面している。さらにアメリカ自身も、また盟友たる西欧諸国も、国内政治に深い亀裂を抱えている。冷戦が終わってから2010年前後まで、アメリカの覇権は永続的であり、リベラルな国際秩序は不可逆に拡大するとの議論が有力だった。いまや、その時代は終焉を迎えた。

　アジア太平洋地域はこの変動の震源地である。2010年に経済規模で日本を追い抜いた中国は、さらなる発展を遂げ、科学技術の面でも世界をリードする存在になりつつある。何よりも、2017年、アメリカにドナルド・トランプ政権が誕生したことは大きな衝撃をもって迎えられた。リベラルな国際秩序を構成してきた価値と制度、そして同盟に対して正面

から疑義を唱える指導者が、アメリカに誕生したからである。2020年大統領選挙でトランプは敗北し、ジョセフ・バイデンが政権を引き継いだ。しかし連邦議会議事堂をトランプ支持派が襲撃するという未曽有の事態も発生し、アメリカの民主主義は大きく傷ついた。さらにバイデン政権は、トランプ政権期に始まった中国との本格的な競争を体系的に推し進め、米中両国は長期的かつ構造的な対立に突入している。

　権力移行は、日本の外交を、どこまで、どのように変えたのだろうか。ここまでの本章の分析を基礎として、以下、私見を示しておきたい（Tamaki, 2020；Lipscy and Tamaki, 2021）。日本外交の現在について調査と考察を重ね、議論するための手掛かりとしてほしい。

（2）非伝統的安全保障への関与──1990年代〜2000年代

　冷戦が終結した1990年前後から2000年代にかけて、「ポスト冷戦」とよばれた時代まで遡ってみよう。ソ連が崩壊し、日本経済が失速する反面で、アメリカが他を圧倒する力を誇った「単極」の20年である。イデオロギー闘争は過去のものとなり、自由と民主主義が世界の規範となったとする、フランシス・フクヤマの「歴史の終焉」論が一世を風靡した。旧ユーゴスラビアやルワンダ、コンゴで凄惨な内戦と虐殺が生じ、また2001年9月11日には大規模なテロがアメリカを襲い、その対応が国際的な課題となった時代でもある。

　冷戦期の日本外交は、リベラルな国際秩序への参画という点でも、アジア諸国に対する独自の秩序構想の展開という点でも、経済に重点を置いていた。平和主義とその制度化によって、安全保障問題への参画が制約されたことが最大の要因である。また冷戦期の日本は、アジア全体のGDPの半分を一国で占めた経済大国であった。外交の手段としての経済援助の有効性が高く、また日本政府関係者が日本の発展モデルに強い自負を抱いていたことも見逃せない。

　これに対して1990年代から2000年代にかけての日本外交は、安全保障問題に関与しはじめたことに特徴がある。湾岸戦争のトラウマと自衛

隊の海外派遣については前述のとおりである。経済発展のみを追求する「エコノミック・アニマル」であってはならない、冷戦後の新たな世界の安定に貢献しなければならないという発想は、北朝鮮核危機や日米同盟の維持と同程度以上に、この時期の日本外交を規定した。また現実の問題としても、経済の失速によって日本独自の発展モデルと秩序構想を掲げることは徐々に難しくなっていった。日本がリベラルな国際秩序を支えるべきとの「国際貢献」の重要性が語られた時代である。

　日本の国際機関へのアプローチも変化した。日本政府が、経済・金融に関する国際機関のみならず、アジア太平洋地域における ASEAN 地域フォーラム（ARF）のような多国間の安全保障対話や、グローバルな環境レジームの形成に積極的に参画したことは、その安全保障問題への関与の拡大を象徴するものといえるだろう。

　自衛隊の海外派遣をはじめとした以上の変化を重視し、この時期に日本が吉田路線から脱却したと論じる研究もある。しかし、1990 年代から 2000 年代にかけての日本外交の焦点は、伝統的な軍事力による「国家安全保障」ではなく、環境、テロ、災害救援といった「非伝統的安全保障」に置かれていたことに留意したい。2000 年代半ば、小泉純一郎政権期、日本は国連安全保障理事会の常任理事国の座を求め、これに挫折している。だがこの時期の日本に、そもそも国連安保理最大の使命たる軍事面での安全保障問題、とりわけ国家間紛争に関与する準備はなかった。

（3）国家安全保障問題への参画——2010 年代以降

　ところが 2010 年を前後して、日本外交の焦点は再び大きく変化する。その起点は、中国海軍の活動が顕著に活発化した 2008 年から、尖閣諸島をめぐる危機が起こった 2010 年前後の民主党政権期にある。

　2010 年と 2012 年の尖閣危機は、戦後日本にとって、はじめてその国土への直接の対外的脅威が顕在化した事件であった。これと前後して中国は南シナ海に進出し、防空識別圏（ADIZ）に関する独自の主張を展開、さらにアジア開発投資銀行（AIIB）や地域的な包括的経済連携（RCEP）、

一帯一路構想等を打ち出して既存の国際秩序の修正に乗り出した。

　日本では、中国の台頭によってリベラルな国際秩序が動揺しているとの警戒感が高まった。そしてこれ以降、日本外交の焦点は、非伝統的安全保障を中心とした国際貢献ではなく、国家間の軍事問題に移行する。

　かくして平和主義を掲げてきた日本は、戦後初めて、国家安全保障問題に正面から向き合うこととなる。これを支えたのは、1990 年代末以来の行政改革による国内体制の整備であった。かつて日本外交の受動性が強調された背景には、省庁間の縦割りと政策調整機能の不在があった。しかしこの頃までに首相官邸機能は大幅に強化され、外交・防衛政策の調整も進み、2014 年には国家安全保障局が発足するに至った。

　2010 年代の日本外交の中心に位置したのは、2012 年に成立した第 2 次安倍晋三内閣である。同時に、安倍率いる自民党政権の外交政策の多くは、官邸機能の強化を含めて、民主党政権期に検討・実施されていたものであることには注意が必要である（竹中編、2017）。以下、民主党政権期を含めた尖閣危機以降の日本外交の特徴を、同盟強化、ルールの遵守を掲げる外交戦略、日中関係安定化の 3 つに整理して概観したい。

　第 1 に、日米同盟の強化である。2015 年、平和安全法制が成立し、日本政府は「集団的自衛権」を部分的に行使できることとなった。従来、日本政府は、自衛隊は日本防衛のみに武力を行使できるとして個別的自衛権の行使のみを容認してきた。これがアメリカとの軍事協力に消極的で、自衛隊の活動範囲を厳しく制約するという外交方針の、国内法的根拠でもあった。平和安全法制の成立でこの制約は部分的に解除され、日本防衛に重要な影響を与える事態等に限って、他国の部隊等に対する攻撃にも自衛隊が対処することが法的に可能となった。さらに武器輸出三原則の緩和や防衛費の増額も進められており、自衛隊の活動と日米防衛協力に対する制度的制約は解除されつつある。

　第 2 に、より重要なのが、「ルールに基づく国際秩序」(rules-based international order) の重要性の強調である。日本政府は、中国を念頭に「力による現状変更」への反対と既存のルールの遵守を掲げ、オーストラリア、

インド、西欧諸国といったアメリカ以外の国々との安全保障関係の構築に取り組んできた。「インド太平洋」概念を打ち出し、日米豪印4か国協力枠組み（QUAD）を制度化したことはその成果といえよう。

経済援助にも変化がある。日本政府はキャパシティ・ビルディングと呼ばれる政策で、中国の海洋進出に直面する東南アジア諸国の海上警備能力の向上を図ってきた。巡視船の供与や要員の訓練を提供するもので、安全保障政策と経済援助の接点にある政策である。国際制度に対する姿勢も変化し、中国の影響力の拡大を意識して、アジア太平洋地域のルール形成を主導しようとする動きが顕著となった。環太平洋パートナーシップ協定（TPP）の成立はこの典型といえるだろう。

第3に、しかし少なくとも第2次安倍政権期までは、日本政府は中国との関係の安定化も同時に追求していたことは強調されなければならない。前述のように、日本外交には、多様な国内制度と価値を持つアジア地域における合意形成を重視し、他国の国内制度や価値に対する介入に消極的という一面がある。安倍政権期の日本は、新疆や香港、あるいはミャンマー等の人権問題への関与には一貫して慎重であった。アジア外交の伝統を継ぐ手法であり、多様な政治体制との共存を探った外交といえよう。実際、安倍政権は中国との対話を慎重に進め、政権末期には習近平国家主席の訪日が予定されるに至った。日中関係が改善したとはいえずとも、一定の安定軌道に乗せたことは確かだろう。

しかし2023年現在の段階では、この第3の路線がどこまで維持されるのか、不透明である。まず習近平訪日は、自民党内の慎重論と、何よりもCOVID-19のパンデミックによって頓挫し、実現の目途はたっていない。菅義偉・岸田文雄両政権期に米中対立がさらに先鋭化したこともあって、日本は台湾問題への関与を強め、新疆についても批判的なスタンスを明確化しつつある。また経済安全保障が米中間の重要課題となったことは、日中間の経済関係にも深刻な影響を及ぼしている。さらに2022年にはロシアのウクライナ侵略と台湾問題の先鋭化によって国際情勢が緊迫し、日中国交正常化50周年という節目の年は穏やかとは到底

言えなかった。日中両国の外交当局は接触を続けているが、どこまで持続的かつ安定した関係を築けるか、予断を許さない。

（4）日本外交の過去、現在、将来

　日本を取り巻く国際問題は、もはや専門家や外交実務にかかわる人々のみで完結する問題ではない。その影響が日本社会のあらゆる局面に及んでいるからだ。経済と安全保障が不可分に結びつき、外交関係の変調が国境を越えたヒト・モノ・カネの往来を左右する。国際問題の動向が日本国内の政治と社会を揺り動かし、日本社会の変化が国際社会に波及する。否応なく世界と私たちの生活が「つながり」、また「つなげる」ことで新たな波及効果が生まれる、そのような時代に私たちは生きている。

　日本外交は、これからどう変わるのか。何が変わるべきなのか。アメリカの後退と中国の台頭という地殻変動の中で、多くの国が似たような状況に置かれている。大きな軍事力をもたない諸国は、権力移行期に何ができるのか。世界各国の動向との比較から日本が学ぶことは多く、また日本外交の現在の変化を検討することは国際的な意義をもっている。

　日本外交の変化の深度と方向性を見定めるには、これまでの日本と国際社会のかかわり自体を見つめ直す必要がある。一見、受動的で静的で、戦略が欠如していると思われてきた日本外交に、実は複雑で興味深い政治力学が潜んでいるということを、本章では示してきた。その力学は権力移行の中でどのように変化したのか、あるいはしていないのか。日本外交の過去を学び、将来を見通すことの面白さが多少なりとも伝われば、本章の目的は達成されたといえるだろう。

column 9
国内体制と国際関係

　日本には多くの問題がある。懸念すべき動向も多い。しかし少なくとも、私たちの日々の行動が国家機関の継続的かつ徹底的な監視下にあるというわけではない。特定の思想を批判したり、支持したりすることで、家族と引き離されて強制収容所に監禁され、命さえ奪われるという事態は、現段階では想定しなくてもよさそうだ。おおむね、平和と自由、そして最低限の人権は守られている。

　だがすべての国がそのような状況にあるわけではない。日本の周辺では直ちに北朝鮮が思い浮かぶだろう。中国もこの点では大きな問題を抱えている。チベット、また新疆のウイグル族は抑圧され、2019年には香港で大規模な弾圧と統制が実施された。ロシアでも言論弾圧が続いている。とくに2022年にロシアがウクライナに侵攻したのちは、反対運動に対する弾圧と言論統制が顕著となった。

　難問がある。日本は自由と民主主義を支持し、人権の尊重を憲法で謳っている。こうした国々の国内体制は、日本国憲法の掲げる価値とは相容れない。これをどこまで外交政策に反映すべきか、という問いだ。

　権威主義体制で国内統制を強める国家のすべてが、対外行動において攻撃的であるわけではない。ロシアのように明白な侵略を行う例も、中国のように漸進的な領域拡張を試みる例も、北朝鮮のように核開発に邁進する事例もある。だがミャンマーやシンガポール、ベトナム、タイといった諸国は、国内体制は権威主義であり、しばしば極めて抑圧的であるが、対外膨張や軍備拡張を図っているわけではない。

　国際社会には様々な国内体制や価値を掲げる諸国がある。体制と価値が異なるというだけで共存を拒めば、国際社会は分断され、緊張が高まり、戦争の危険は増すだろう。だが同時に、私たちが重要と考える価値が蹂躙されている様を傍観することも難しい。皆さん

が日本外交の当局者なら、どう対応するだろうか。

おすすめの本・ウェブサイト

宮城大蔵（2017）『増補 海洋国家日本の戦後史 ── アジア変貌の軌跡を読み解く』ちくま学芸文庫

　日本の東南アジア外交の原像を、日本外交史研究の第一人者が描き出した研究書。最新の知見に基づいた刺激的内容でありながら、読みやすく、面白い。日本外交の広がりを確認するためにも、まず手に取ってほしい1冊。

シーラ・スミス（伏見岳人、佐藤悠子、玉置敦彦訳）（2018）『日中　親愛なる宿敵 ── 変容する日本政治と対中政策』東京大学出版会

　現代日本の対中政策について、アメリカの代表的な日本研究者が、広範な調査に基づいて記した著作。現在の日中関係の諸問題の発端と、英語圏の日本研究の動向を学ぶうえで最適である。現状分析や政策に関心のある人に。

藤原帰一（2001）『戦争を記憶する ── 広島・ホロコーストと現在』講談社現代新書

　本章でふれられなかった重要な問題は数多い。その1つが歴史問題である。本書は、第2次世界大戦の記憶のあり方と、その現代への影響を描いた代表的な作品である。糸口のみえない問題に思いを巡らせたいときに。

参考文献

飯田敬輔（2013）『経済覇権のゆくえ ── 米中伯仲時代と日本の針路』中公新書。

五百旗頭真（2007）『占領期 ── 首相たちの新日本』講談社学術文庫。

板山真弓（2017）「『日米防衛協力のための指針』策定以前における日米防衛協力の実態」『国際政治』188号、77〜92頁。

酒井哲哉（1991）「『9条＝安保体制』の終焉 ── 戦後日本外交と政党政治」『国際問題』372号、32〜45頁。

佐竹知彦（2016）「日米同盟の『グローバル化』とそのゆくえ」添谷芳秀編『秩序変動と日本外交 ── 拡大と収縮の70年』慶應義塾大学出版会、229〜253頁。

白鳥潤一郎（2015）『「経済大国」日本の外交 ── エネルギー資源外交の形成1967〜1974年』

　千倉書房。

添谷芳秀（2016）『安全保障を問いなおす——「九条-安保体制」を越えて』NHK ブックス。

武田悠（2015）『「経済大国」日本の対米協調——安保・経済・原子力をめぐる試行錯誤、1975〜1981 年』ミネルヴァ書房。

竹中治堅編（2017）『二つの政権交代——政策は変わったのか』勁草書房。

玉置敦彦（2009）「ジャパン・ハンズ——変容する日米関係と米政権日本専門家の視線、1965-68 年」『思想』1017 号、102〜132 頁。

波多野澄雄・佐藤晋（2004）「アジア・モデルとしての『吉田ドクトリン』」『軍事史学』39 巻 4 号、4〜20 頁。

宮城大蔵（2016）『現代日本外交史——冷戦後の模索、首相たちの決断』中公新書。

Berger, T. U.（2007）Conclusion：The pragmatic liberalism of an adaptive state, in Berger, T. U.；Mochizuki, M. & Tsuchiyama, J.(eds.) *Japan in international politics：Beyond the reactive state*, Lynne Rienner Press, pp. 259-299.

Calder, K.(1988) Japanese foreign economic policy formation：Explaining the reactive state, *World Politics*, 40(4), pp. 517-541.

Lipscy, P. Y. and Tamaki, N.(2021) Japan and International Organizations, in R J. Pekkanen and S. M. Pekkanen（eds.), *The Oxford Handbook of Japanese Politics*, Oxford University Press, pp. 514-534.

Pyle, K. B.（2007）*Japan rising：The resurgence of Japanese power and purpose*, Public Affairs.

Samuels, R. J.（2007）*Securing Japan：Tokyo's grand strategy and the future of East Asia*, Cornell University Press（白石隆監訳（2009）『日本防衛の大戦略——富国強兵からゴルディロックス・コンセンサスまで』日本経済新聞出版社）.

Tamaki, N.(2020) Japan's Quest for a Rules-based International Order：The Japan-U. S. alliance and the decline of U. S. liberal hegemony, *Contemporary Politics*, 26(4), pp. 384-401.

第 10 章
マスメディア
——変わるメディアと、人々に与える変化

　日常生活を送る中で、政治に関する情報・知識を得ることは難しい。この日常と政治の間のギャップを埋めるのが、マスメディアなどの報道である。人々はマスメディアの報道によって、現在の政治を知り、関心をもち、自分なりの意見を決めてきた。このようにマスメディアは、報道を通して人々・社会に大きな影響を与えてきたといえる。

　しかし、マスメディアの置かれる状況は大きく変化している。新聞やテレビなどの利用者が減り、逆に若者を中心として、多くの人がインターネットや SNS を情報の獲得手段として利用している。こうしたインターネットの一般化は、既存のマスメディアへの認識を変え、情報にふれた人々の政治的な態度に大きく影響を与えている。

　本章では、マスメディアの現状を確認するとともに、担ってきた役割やその影響を見ていく。そして、インターネットなどのソーシャルメディアが与える影響についても提示していく。

1 現代社会とメディア ────────────

（1）政治と日常をつなげるメディア

　現代において政治は、日常的に関心を寄せるようなものでなく、自分とはつながりのない遠い存在に感じるにもかかわらず、選挙が開かれるたびに、投票することを求められる。日常的に関心を寄せていない政治の情報を、選挙の前に、どこから・どうやって得るのであろうか。一般的に政治の情報を伝え、市民と政治をつなげる役割として、メディア（情報媒体）がある。特に、大勢の人に一斉に情報を届ける新聞やテレビなどをマスメディア（マスコミ）と呼ぶ。他方で、若い人の多くは、マスメディアよりも、インターネット（Google・Yahoo! など）や SNS（Twitter・Instagram など）などのソーシャルメディアを用いているだろう。

　マスメディアとソーシャルメディアの双方とも、簡単に情報へアクセスできるが、その方法が異なる。マスメディアは、各報道機関が時事・特集ニュースの形で情報発信し、市民は受動的に情報を受け取るが、ソーシャルメディアは、数多ある情報源の中から自分自身が進んで選択するため、能動的に使うことができる。2つの性質が異なるメディアによって、社会はどのように変化しているのであろうか。

（2）日本のメディアの現状

　日本では、全国紙（読売、朝日、毎日、日本経済、産経）が普及し、地域に限らず同じ情報を掲載した新聞を購読できる。加えて地方紙と呼ばれる全国ニュースに加え、特に地域のニュースを掲載した新聞が、各地方で多く購読されている。このような中で、議論はあるが、世界の新聞発行部数ランキングでは、日本の全国紙が上位になるなど、同じ情報、ニュースを全国どこでも読むことができる。一方で、アメリカの有力紙であるニューヨークタイムズやワシントンポストなどは、発行部数は多いものの、あくまでも日本でいう地方紙という位置づけで、限られた層

が読む新聞の色彩が強く、地域に限らず同じ情報を得ることが難しい。

　また日本は、テレビの普及率が100％に近く、新聞と同様に公共放送であるNHKの全国ニュースを視聴することで、どの地域でも同じ情報、ニュースを視聴できる。また民放各社の地上波放送では、時事的な報道を行うニュース番組だけでなく、ワイドショーと呼ばれる政策から政治家のスキャンダルまで幅広い情報を提供する番組から、様々な政治情報を入手できる。さらに雑誌やラジオなどにも、比較的アクセスすることが容易である。このように、どの場所にいても人々が同じ情報を得られる状況下で、マスメディアは有権者や政治に対して、大きな影響を与えてきたのである。

　一方で、インターネットやSNSなどの、ソーシャルメディアによって、メディア環境は大きく変化した。総務省の「令和3年度情報通信メディアの利用時間と情報行動に関する調査」によると、メディアの利用時間では、10代から40代までが新聞やテレビよりもインターネットを日常的に利用している。加えて、10代から50代までが政治・経済・社会の動きを伝えるニュースの情報源としても、インターネット上のニュースサイトを最も利用し、60代でも新聞に迫るほど利用している。

　さらに近年利用が拡大しているのが、YouTubeなどの動画共有・配信サービスである。特にYouTubeなどのオンデマンド型の動画共有サービスは、2013年の50％程度の利用率が、2021年には約88％と大きく利用されるようになった。年代別に見ても、10代から40代の利用率が90％以上、60代でも約68％と動画サービスは、すでに当たり前のメディアとなった。

　それに伴って、マスメディアの状況は非常に厳しい。日本新聞協会の調査によると、新聞の発行部数は、2000年に約5370万部で、2021年には約3300万部と、20年間で約2070万部も減少した。加えて発行部数の減少とともに、いくつかの地方紙は休刊・廃刊している。また最盛期よりもテレビの視聴数も減っている。マスメディアの厳しい状況の中で、各報道機関は販売や広告の収入が減少しており、取材などによる「情報

の質の担保」が、重大な問題となっている。

（3）マスメディアの役割

　マスメディアは、民主主義において、立法・行政・司法と並んで、第
4の権力と呼ばれ、公平で価値中立的な報道が求められている。だが、
すべての情報を伝えるのは、物理的に不可能であり、各報道機関は、社
会に共有すべき情報を能動的に選ぶ必要がある。そのため、マスメディ
アは、情報の**ゲートキーパー**（門番）として、社会に報道すべき情報を取
捨選択する役割を担っている。さらに権力監視として、政治・経済・社
会の問題を独自の調査によって掘り起こし、世論を喚起し、政治を動か
すという調査報道（スクープ）を行う役割もある。このように、マスメ
ディアは、単に事実のみを報道するのではなく、政治に一定の影響を与
える政治的アクターだといえる。

　一方で、マスメディアの権力監視が本当に機能しているかには議論が
ある。マスメディア各社は、民間企業として、利益を上げなければなら
ない。そのために、他社よりも良い情報を得て、販売数や視聴率を上げ
ようと試みる。メディア各社は、政治家や官僚などにアクセスし、より
多くの政治情報を得ようと、批判的な報道を避ける可能性がある。直接
取材を行い、いち早く重要な情報を得たいマスメディアの記者と、好意
的な報道を通じて、有権者にアピールしようとする政治家との間で、相
互依存的な関係が生じやすくなっている。このように、1の発行部数や
視聴率の低下による利益の問題は、マスメディアの監視機能にもかかわ
るのである。

（4）日本のマスメディア、政治報道の特徴

　日本のマスメディアは、新聞社やテレビ局の政治部の記者が取材し、
政治報道が成り立っており、いくつか特徴的な点がある。まずは、番記
者と呼ばれる有力な政治家に対し、各社が専属で配置している政治記者
がいる。番記者は、担当する政治家の動向を取材し、優先的に情報提供

してもらうために、普段から政治家とともに行動し、信頼関係を構築している。番記者は、政治家とともに行動することで、常に権力を監視でき、政治家への質問や問題追求などのメリットがある。さらに、オフレコ（非公表を条件にした取材）の記者懇談会などを通じ、重要な情報を得ることができる。他方で、政治家との信頼関係が崩れると、他社の番記者に取材、情報提供の面で劣ってしまうため、できる限り批判的な報道をしないなどの癒着が起きる可能性がある。また政治家との親密な関係性から、政治家の代弁者のように振る舞うこともある。

　つぎに特徴的な点は、政党や官公庁といった公的機関などを継続して取材するために、記者たちが自主的に記者クラブを組織している。代表的な記者クラブは、国会の衆議院記者クラブと参議院記者クラブ、首相官邸の記者クラブである内閣記者会、さらに省庁や政党にもそれぞれ存在している。記者クラブは、記者が組織として情報提供を要求し、一人の記者では得られない情報を得るために設立されたものである。加えて、記者クラブは、番記者と同様に、取材対象と継続的にかかわり、密接な関係を築くことで、優先的に情報を得られ、公式発表・記者会見などで問題を追及できるという重要な役割がある。一方で、各機関の中に記者クラブ控室が用意されることや、記者クラブに加盟していない外国やフリーのジャーナリストは、クラブ主催の記者会見への参加や質問が制限されるといった閉鎖性と排他性、取材対象との密接な関係が、問題視されている。

2　変化するメディアと世論の関係

（1）マスメディアのイメージと信頼感

　近年、日本ではマスメディアへの批判が厳しくなっている。新聞の紙面や、テレビの放送時間などの制約で目にすることがなかったニュース（とその側面）を、事実上制限のないインターネットで人々は、容易に知ることができるようになった。その中で、マスメディアの能動的に情報

を取捨選択するゲートキーパーの役割が、情報を隠蔽や歪めて報じているのではないかとの批判の声が上がるようになった。

　また各報道機関に対し、価値中立を掲げながら報道に情報の偏りがあるとの批判が多く見られる。アメリカでは、1987年に公平原則が廃止され、新聞社やテレビ局は、報道にも政治的傾向を反映させ、共和党・民主党への支持や投票を呼びかける。一方で、日本のテレビ・ラジオは、放送法によって、政治的な公平性を求められ、意見が対立する問題を扱う場合、多様な意見を提示する報道が定められている。新聞には放送法は適用されないが、アメリカのような露骨な支持・投票の呼びかけなどは行わないこととなっている。

　同じ出来事を扱うニュースであっても、実際の報道（内容や取り上げ方など）は、新聞社やテレビ局によって大きく異なる。そのような報道に応じて、一般的に、多くの人々は日本の新聞各社の政治的傾向を、朝日と毎日が左寄り、日経が中立（少し右寄り）、産経と読売が右寄りと認識している。放送法の適用によって、政治的な公平性が求められるテレビ局も、新聞社との資本関係や系列関係などから、同様の政治的傾向を有しているとのイメージをもたれている。たとえば、読売は日本テレビ、朝日はテレビ朝日、日経はテレビ東京の筆頭株主、フジテレビは産経を傘下に収め、毎日とTBSは友好関係を築いている。

　公共放送であるNHKの政治的傾向のイメージは、一般的に中立や左寄りと認識されるが、受信料収入と、国会の承認が必要な年度ごとの運営予算による経営、加えて衆参両院の同意の下で内閣総理大臣が任命した委員で構成される経営委員会がNHK会長（いわゆる社長）を任命しており、政治の関与が入り込む余地がある。近年は政権の意向に近い報道が行われているとの批判もあり、その政治的傾向のイメージは変わりつつあるかもしれない。

　マスメディアへの政治的傾向のイメージは、「偏向報道や間違った報道で世論を誘導している」などの批判につながっている。こうしたマスメディアへの批判や不信は、ソーシャルメディアで多く見られるが、世

論調査結果ではマスメディアに対する信頼度は非常に高い。**図表10-1**は、世界価値観調査（World Values Survey）の第6波（2010～2014年）と第7波（2017～2022年）の新聞・雑誌と、テレビへの信頼感への回答結果である。日本とアメリカ、ドイツを比較しても、日本のマスメディアへの信頼感が高いことが分かる。一方で、アメリカのマスメディアへの信頼感は低い。加えて、アメリカやドイツは、第6波から第7波に信頼感が低くなっていることが確認できる。

図表10-1 世界価値観調査におけるマスメディアへの信頼感

出典：World Values Survey（Wave 6, Wave 7）

　マスメディアを批判しながらも、日本での信頼感が高いことは、いくつかの要因が考えられる。世界価値観調査を分析した谷口（2013）は、新聞の発行部数が多い国ほど新聞への信頼感が高いことを明らかにした。またYamamoto et al.(2016)は、都道府県を対象とした分析から、多様な職業や学歴構成の県や、得票を多くの政党で分け合う県ほど、マスメディア全体や新聞・テレビの信頼感が低いことを明らかにした。これらの分析結果は、新聞の発行部数が減少し、今後、人々の価値観が多様化していく中で、マスメディアへの信頼感が低くなる可能性が示唆される。

（２）メディアは世論を変えるのか

　マスメディアが世論（購読者や視聴者）を誘導するとの批判があるが、メ
ディア報道は、世論に影響を与えるのか。影響力があったとしても、ど
の程度変化させるのか。メディアの世論への影響力の研究は、人々の意
見を一変させるような強い影響を与える強力効果論（即効理論、皮下注射
理論）と、ほぼ影響を与えない、または先有傾向（自分が既に有する意見）
を補強する限定効果論の２つがある。しかし近年では、マスメディアが
人々の意見を変えるといった説得効果ではなく、問題の認識や判断に影
響を及ぼす「新しい強力効果論」が広く知られている。

　「新しい強力効果論」の主要な研究に、ある出来事や争点に関して、メ
ディアが繰り返し報道することで、人々の争点に対する重要性や関心を
高める影響を及ぼす**議題設定効果**（アジェンダセッティング効果）がある。
たとえば、外交問題を繰り返し報道することで、人々の賛否や選挙での
投票先を直接的に変えることはできないが、人々が投票する際に、外交
政策を重要な争点だと認識させる影響があるというものである。

　議題設定効果にはバリエーションが存在し、たとえば、争点のどの側
面を重視するのかという**属性型議題設定**がある。争点といっても、た
えば憲法改正問題には、自衛隊を明記する９条の改正、災害対応などの
緊急事態条項、教育の無償化、合区解消の問題など様々な側面がある。
属性型議題設定は、マスメディアがどの側面や属性（事項）を報じるかに
よって、人々の争点に対する重要性の認識が、その側面によるものにな
るというものである。

　「新しい強力効果論」の主要な研究の２つ目は、報道によって特定の問
題に対する争点への認識を高め、その後の人々の判断に影響を与えると
いう**プライミング効果**（誘発効果）がある。たとえば、年金問題の報道を
視聴した後に、人々の年金への関心が高まり、その後の選挙で、各政党
の年金問題への取組み評価を投票先の判断に加え、投票するといったも
のである。ある種、プライミング効果は、先にふれた情報と、様々な認
識・評価を関連づけるものであり、ニュース報道だけでなく、ドラマや

バラエティ番組など、情報全般に生じうる。たとえば、アメリカでは、刑事ドラマの視聴によって治安の良し悪しを判断基準にする傾向や、政治家が出演するコメディ番組の視聴によって政治家の属性を評価に加える傾向などが明らかになっている。

　主要な研究の３つ目として、**フレーミング**がある。フレーミングとは、報道が事件や問題を理解するための一定の枠組みを与え、どのような枠組みかに応じて、受け取った人々の認識が変化するというものであり、前述の属性型議題設定とほぼ同じものとみなすことができる。フレーミングの代表的な研究者であるIyengar（1991）は、テレビ報道を、テーマ型フレームとエピソード型フレームの２つに分類し、分析を行なった。テーマ型フレームは、一般的な問題の解説や分析を中心とした抽象化された報道であり、エピソード型フレームは、当事者や関係者を中心とする具体的なストーリーを報道するものであった。アイエンガーが行なった貧困や犯罪問題に関する実験研究では、貧困や犯罪問題が起きた際の経済指標や政治の取り組みなどのニュース（テーマ型）を視聴すると、社会や政治に責任や問題があると認識する人が増えた。一方で、貧困で困窮する人々や犯人・被害者を取り上げたストーリー中心のニュース（エピソード型）を視聴すると、人々は事件や問題の当事者である個人に責任や問題があると認識した。アイエンガーは、ニュースをどのような切り口、フレームで報道するかによって、人々の責任の所在の認識に影響を与えると論じた。

　フレーミングは、ニュース報道がどのような切り口を用いるかによって異なり、各種フレームに人々がふれることで生じる影響が研究されている。たとえば、政治報道に関するフレームでは、政策論争や選挙の政策争点に注目する争点型フレーム、政治家などの権力闘争や支持団体の戦略に注目する戦略型フレームなどがある。戦略型フレームの政治報道に触れた人ほど、政治や選挙に対して冷笑的な態度（シニシズム）になり（Cappella and Jamieson, 1997）、政治や選挙への関心に影響が及ぶ可能性も指摘されている。

（3）メディアに関わるバイアス

　マスメディアの報道は、本当に「偏っている（バイアスがある）」のであろうか。たとえば、情報のゲートキーパーの機能によって、特定の政党のニュースが取り上げられやすく、かつ好意的なニュースが多くなるとのバイアスが生じる可能性が指摘されている。例として、アメリカのマスメディアでは、民主党寄りであれば共和党のスキャンダル、共和党寄りであれば、民主党のスキャンダルを取り上げる傾向が高いことが指摘されている。他にも、ネガティビティ・バイアスといった良いニュースよりも悪いニュースなどの否定的な情報を取り上げる傾向が高いことが知られている。日本のメディアでも、政治家の失言やスキャンダルが起きた際には、多く取材が行われ、ニュース報道でも多く取り上げることが例として挙げることができる。他にも、逢坂（2010）は、政権交代が起きた2009年衆院選の報道では、民主党が設定した争点に近いものが多く報じられ、民主党へ厳しい追及も行われなかったと論じている。このようなメディアのバイアスは、人々の先有傾向を補強するだけでなく、より人々に直接的な影響を与える可能性が指摘されている。

　情報の受け手である人々のメディアへの認識に関するバイアスがある。その中の**敵対的メディア認知**は、先有傾向や政治的な態度が強い人ほど、自分と反対側の立場に、メディアが偏っていると考えてしまうバイアスである。敵対的メディア認知は、たとえ多くの人から中立的とみなされる報道であっても、自分の先有傾向や立場に沿わない情報だと考え、バイアスのあるメディア・報道だと認識するというものである。敵対的メディア認知に関連して、メディアの報道によって自分は影響を受けないが、自分以外の他者（第三者）は影響を受ける、誘導されるだろうと認識する第三者効果がある。第三者効果は、メディアの影響力を過大評価し、自分は、その報道に抗うように行動することが指摘される。

　ここまで挙げてきたメディアの影響やバイアスに関する理論は、決して新聞やテレビなどのマスメディアだけで生じるものではなく、情報全般に関わる際に生じ、ソーシャルメディア上でも、このような現象は多

く見られる。ある種、ソーシャルメディアが広く使われ、当たり前になった時代においては、むしろソーシャルメディアの影響力や、それに伴う人々の認識を探ることが重要になってきている。

3 ソーシャルメディアと政治のつながり ──

（1）ソーシャルメディアによる社会・人々の変化

　現代社会では、インターネットなどのソーシャルメディアを用い、日常生活において時間・場所にかかわらず、情報収集するのが当たり前となった。また情報収集の容易さだけでなく、芸能人や政治家本人ではなく、一般の人々が情報発信することが可能となり、様々なコミュニケーションが行われている。それをある意味で加速させたのは、2020年初頭から始まったコロナ禍であろう。大学や企業でオンライン化が進み、インターネットなしではコミュニケーションがとれない状況になったことで、よりソーシャルメディアの役割や地位は増したといえる。では、マスメディアとは異なる特徴を有するソーシャルメディアは、社会・政治にどのような影響を与えているのであろうか。

　インターネットの登場で、ブログやSNSなど個人が情報発信するものから、ニュースサイト、既存マスメディアのウェブ版、海外のニュースメディアなど、これまでとは段違いに、多くの情報にふれることが可能になった。さらに誰もが情報発信者になれることは、マスメディアが有するゲートキーピング機能を超えて、情報発信できることを意味し、当事者からのマスメディアに対する疑問や批判の声を可視化し、マスメディアへの批判の声を高めることにつながっている。

　今では、政治家や省庁などが、SNSで自らの業績や政策などをアピールし、ニュースに対して、自らの意見を述べたり、弁明したりするなど、より利用方法が多様化した。マスメディアのニュースなども、政治家のSNSなどでの発言を用いるなど、すでにマスメディアとソーシャルメディアの関係も大きく変化したといえるだろう。

（2）インターネットを使った選挙運動の変化

　日本での政治によるソーシャルメディア活用の契機は、2013年の公職選挙法の改正、いわゆる**ネット選挙**解禁である。ネット選挙では、インターネット上での候補者や政党による政策の発信や論争、有権者とのコミュニケーションが選挙期間中にも可能となり、候補者や政党がウェブサイト等（ホームページ、ブログ、ソーシャルメディア、動画サービスなど）と電子メールを利用した選挙運動を行うようになった。

　諸外国の取り組みとして、アメリカは、1990年初頭の電子メールに始まり、2000年代にはウェブサイトを用いた選挙運動とインターネット経由での政治献金の募集など、インターネットを用いた選挙運動が普及している。加えて、大きな転機となったのは、2008年大統領選挙におけるオバマ元大統領の選挙運動であろう。オバマ陣営は、選挙期間中に1000万件以上の有権者のメールアドレスを収集し、選挙情報の発信や、個人献金を募るなど、インターネットを活用した選挙運動を行い、大統領に当選した。また韓国では、2000年以降からネット選挙運動が行われ、候補者がSNSアカウントだけでなく、独自のアプリを開発し、演説日程や公約などをアプリ上で閲覧できるようにするなど活用が進んでいる。

　現在の日本の状況は、衆院選の候補者の7〜8割程度が各種SNSアカウントを開設しており、主に演説日程などの告知が中心となっている（上ノ原、2014）。一方で、有効にSNSを活用する事例がいくつか見られる。たとえば、自民党は、PR・マーケティング手法を取り入れ、「Truth Team（T2）」と呼ばれるソーシャルメディアを用いたイメージ戦略対策チームを設置していた（西田、2015）。また政治的リソースが乏しい中小政党や新人候補者などは、ソーシャルメディアで有権者へ容易にアピールでき、活用が進んでいる。

　特に、2019年参院選には、ソーシャルメディアでのテキスト情報の投稿だけでなく、YouTubeなどで演説風景などを動画配信する政党が話題となった。こうした手軽に動画配信できる仕組みが整ったことで、2021年衆院選と2022年参院選には、この傾向が加速した。多くの候補

者が、演説風景を動画配信するようになり、Twitter の Spaces などの音声配信を用いて、ソーシャルメディア上で自らの考えを広めるようになった。さらに、TikTok や YouTube ショート動画、Instagram のストーリーなどの短時間の動画の活用が進み、政党側だけではなく、支持者などが動画を配信・拡散するといった新たな選挙運動の展開が見られた。こうした活用は、若者や、これまで政治や選挙に関心がなかった有権者の目にふれ、一定の効果を挙げた可能性がある。今後もソーシャルメディアをはじめとした社会の変化に、政治側も対応し、有権者に対するイメージ戦略や利用の仕方を大きく変化していくことだろう。

（3）ソーシャルメディアが与える影響と今後の変化

　ソーシャルメディアが一般化したことは、メリットだけでなく、デメリットも同時に生じることとなった。前述のマスメディアの影響力の議論やバイアスに関する理論は、ソーシャルメディアの情報に接触した際にも同様に生じる。ソーシャルメディアの影響力に関しては、人々の意見に直接的な影響を与えるというものや、あくまでも先有傾向を補強するものなど、その研究結果は様々である。また、敵対的メディア認知や第三者効果は、SNS でのよく見られるマスメディア批判などと、リンクする部分が非常に多い。

　加えて、マスメディアの影響やバイアスだけでなく、その特徴から特に注目されるメディアの影響がある。人々が能動的に情報収集するソーシャルメディアは、多様な情報の中から、何らかの基準によって情報を取捨選択しなければならない。趣味や娯楽目的であれば、自分の知識や「つながり」が強いため、情報の正しさを判断しやすい。一方で、政治の情報は、政治関心や知識が高い人であっても、数多ある情報の中から信頼性の高い情報を選び取るのは非常に難しい。普段から政治との「つながり」が薄く、関心や知識が低い人は、何が正しいかも判断できず、選び取るのも難しい。結果として、より政治情報にふれなくなり、政治関心や知識の格差をより拡大させる可能性がある。実際に、ソーシャルメ

ディア利用者や娯楽的な情報・メディアを好む層が、政治ニュースを回避するとの研究結果もある（Toff and Kalogeropoulos, 2020）。

（4）ソーシャルメディアで加速する情報の選択と意見の極端化

　ソーシャルメディアは、幅広い読者に対し、同一のニュースを提供するマスメディアと異なり、特定の層を対象としたニッチな情報を提供することができる。多様な情報の中から自分の読みたい・観たい情報だけにふれることができるため、**選択的接触**が生じる。選択的接触とは、先有傾向に近い情報ばかりを選び出し、接触することである。また自分とは異なる意見の情報を避ける選択的回避も同様に生じることが知られている。たとえば、アメリカではケーブルテレビの視聴と政治的傾向が関連しており、共和党員は共和党寄りの FOX を選び、民主党寄りの CNN を避ける傾向にある（逆の傾向も然り）。

　選択的接触は、これまでマスメディアを対象に多くの研究がなされてきたが、ソーシャルメディアの利用で生じる可能性が高い。インターネットでは、自らが望む情報を能動的に検索し、閲覧するため、自発的に自分の意見と異なる情報にふれようと思わないだろう。たとえば、自分の好きな芸能人の情報を知りたいと思った時に、わざわざ検索してまで否定的な情報を見るよりも、好意的な情報を閲覧するはずである。

　加えて、インターネットのシステム自体に、選択的接触を加速させる仕組みが存在する。Google や Yahoo! などのウェブ検索サービスでは、検索キーワードに対し、関連性が高いサイトを検索上位に表示させるだけでなく、個人の検索履歴に基づき、個人の関心や閲覧行動に応じて、関連するサイトが優先的に表示される。そのため、自分の意見と異なる情報にふれにくくなっている（他にも、Amazon のおすすめ商品や YouTube のトップページの上位動画なども同様の仕組みである）。多くの SNS でも、サービス設計として、自らがフォローしたユーザーの投稿のみが表示され、偶発的にも、普段の関心外の情報にふれることが少なくなっている。このようなパーソナライゼーションといわれる技術によって、無意識のう

ちに、選択的接触が生じ、接する情報の幅が狭まってしまう。まるで自分の関心の泡に包まれ、他の情報との交わりがなくなるため、**フィルターバブル**（Pariser, 2011）と呼ばれる状況である。

　フィルターバブル状態は、結果的に自分の意見がもとの意見よりも、極端なものになる**分極化**（エコーチェンバー効果）が生じる可能性がある。分極化は、先有傾向にしたがって、情報の選択的接触と選択的回避を繰り返すことで、自分の望む情報しか目にしないフィルターバブルの状態となり、自分の先有傾向をより強め、極端な意見になるというものである。分極化の例としては、インターネット上での右派的な情報に接触し続けることで、極端な右派的な意見になり、各メディア報道や反対意見に対し、敵対的な行動をとるネット右翼（ネトウヨ）がある。加えて、アメリカでは、メディアの影響を含め、政治的な分極化が進みつつあることが指摘されている。

　現代のメディアを巡る変化のスピードは非常に速く、それに呼応するように、政治の状況も刻々と変化している。ソーシャルメディアでは、行動データに基づいたターゲティング広告が運用され、個人の選好に合った情報を提示できることから、選挙運動でも活用されている。加えて、文字情報から、写真・画像（Instagram など）や動画（YouTube や Tik-Tok など）などによるイメージ戦略が行われ、政治情報に接する機会が増えている。ある種、政治情報が、ソフト化していると指摘できる。普段、何気なく使っているインターネットやSNSだが、最適化された情報が周りに溢れ、多様な情報にふれなくなっているかもしれない。ソーシャルメディア上で、目にする情報が一方の意見しかない、もしくはマスメディアに対して、敵対的な意見をもっている場合、あなたはすでにフィルターバブルの中におり、知らず知らずに先有傾向を強め、分極化が進みつつあるかもしれない。このように、情報やメディアによって普段の生活は、政治とつながり、その影響を無意識的に受けているかもしれない。

column10
分極化と無関心化が進む、政治情報とメディア

　ソーシャルメディア上で、外国（特に韓国や中国）に対し、過激な表現を使って嫌悪感を示し、さらには差別的な表現（ヘイト）による書き込みが多々見られる。こうした「ネトウヨ」は、ネット右翼の略語であり、インターネットの匿名掲示板などで使われ始め、SNS上でも活動するユーザーのことである。

　樋口ら（2019）は、ネトウヨが非正規雇用などの社会的に疎外された層ではなく、普段は家庭を持ち、仕事を行う中高年層や経営者・自営業者などであると明らかにしている。さらに情報源として、テレビなどの既存のマスメディアではなく、インターネットやSNS、特に個人ブログなどであると明らかにしている。

　一方で、SNS上では、右派と左派の両極が、非常に過激なものになりつつある。選択的接触が進み、自らの先有傾向に近い情報に触れ続けることで、意見がより極端なものへと変化する。このような現象が進行することで、政治的な分極化が進んでいる。

　政治的な分極化が激化する一方で、人々の行動に基づき、形成されたフィルターバブルは、政治無関心層に対し、政治情報に全く触れない状況を作り、より無関心にさせているかもしれない。実際に、既に多くの人が目にするPCやスマホの画面には、政治情報は流れていないとの指摘がある。

　現代は、まとめ・切り抜き動画が流行るように、有限な時間の中で人々の注意・関心をメディアが奪い合う「注意経済（Attention economy）」が形成されている。注意経済は政治情報でも生じ、右派や左派の人々の注意・関心を得ようとメディアも徐々にコンテンツを先鋭化させるのだろう。一方で、政治情報と、獲得競争を行うのが、娯楽などの別カテゴリーの情報と言える。人々の注意・関心の獲得競争が激化する中で、政治への関心を持ち、極端な意見にならないようにするのは、意外と難しいことなのかもしれない。

おすすめの本・ウェブサイト

📖 **サンスティーン、キャス（伊達尚美監訳）（2018）『＃リパブリック——インターネットは民主主義になにをもたらすのか』勁草書房**

インターネットが、民主主義にどのような影響を与えているかを示した本。インターネットによる選択的接触やフィルターバブル、さらに分極化を扱っており、新しいメディアと政治を考えたい人におすすめ。

📖 **谷口将紀（2015）『マスメディアと政治』東京大学出版会**

メディアと政治の関係に関する最新の知見や理論、研究が詳細に紹介されている。専門的で、少々難易度は高いが、メディアに関する研究を知りたい場合は、この本を参考にすることをおすすめする。

📖 **稲増一憲（2022）『マスメディアとは何か——「影響力」の正体』中公新書**

マスメディアの影響力に関する議論を網羅して学ぶことができる。本章で紹介した議論や理論が詳細に紹介され、なぜ生じるのかといったメカニズムも分かりやすく説明されている。

参考文献

上ノ原秀晃（2014）「2013 年参議院選挙におけるソーシャルメディア」『選挙研究』30 巻 2 号、116〜128 頁。

逢坂巌（2010）「2009 年総選挙のテレポリティクス——民主党の『パブリシティ』と宣伝」『選挙研究』26 巻 2 号、44〜59 頁。

谷口将紀（2013）「政権交代以降のマスメディア——新聞の信頼感に関する考察」飯尾潤編『政権交代と政党政治』中央公論新社、237〜261 頁。

西田亮介（2015）『メディアと自民党』角川新書。

樋口直人・永吉希久子・松谷満・倉橋耕平・ファビアンシェーファー・山口智美（2019）『ネット右翼とは何か』青弓社。

Cappella, J. N., & Jamieson, K. H. (1997) *Spiral of cynicism：The press and the public good*, Oxford University Press.

Iyengar, S. (1991) *Is anyone responsible?：How television frames political issues*, University of Chicago Press.

Pariser, E. (2011) *The filter bubble：What the Internet is hiding from you*, Penguin UK（井口耕二訳（2012）『閉じこもるインターネット——グーグル・パーソナライズ・民主主義』

早川書房、同（2016）『フィルターバブル——インターネットが隠していること』ハヤカワ文庫）.

Toff, B., & Kalogeropoulos, A.(2020) All the news that's fit to ignore：How the information environment does and does not shape news avoidance, *Public Opinion Quarterly*, 84 (S1), pp. 366-390.

Yamamoto, M.; Lee, T. T. & Ran, W.(2016) Media trust in a community context：A multi-level analysis of individual-and prefecture-level sources of media trust in Japan, *Communication Research*, 43(1), pp. 131-154.

第11章
市民と政治
──市民一人ひとりが民主政治を支える

　民主政治の担い手は本来、私たち市民である。議会議員や行政職員など公職に就く人々に政治を任せ人々が市民の役割を何も果たさないとすれば、民主政治は成立しない。たしかに現代社会で政治責任を直接負うのは職業政治家・官僚である。一般市民と職業政治家との間には機能的分業が成立している。しかし市民に政治に参加する権利と決定に影響を及ぼす実効的機会がなければ、政府や議会が、私たちの社会活動や私生活を、一方的に支配する政治が可能になる。たとえ権力が腐敗し社会に不正義が存在しても、傍観するしかなくなる。だからこそ市民の主体的な参加・参画が民主政治を支えると論じられてきた。私たち市民には政治とつながる態度と行動が求められている。

　本章では、民主政治を支える市民の役割に着目する。最初に、戦後日本社会に民主政治を定着させるという課題認識から自律的に思考し自発的に行動する「市民」の存在が求められてきたことを確認する。次に、市民参加を正当化する理論を確認する。市民参加を拡充し市民自治を構想する参加民主主義の理論や、自由化と消費社会の高度化を背景に公共が衰退する状況に抗して新たに叢生した市民社会の理論を見る。最後に、市民の政治参加・社会参画を民主政治の基盤と考える近年の理論として熟議民主主義の構想に着目し、ひとつの展望としたい。

1 民主政治を支える「市民」

(1) 民主政治には「市民」の存在が不可欠

　民主政治は市民の主体性を成立条件にしている。国や自治体を構成する個人が専ら統治の客体でしかないなら、その統治は民主的とはいえない。統治の客体が同時に主体でもある民主的統治（democratic government）を実現するには、みずから法律や予算を決め統治できる「自律的な判断力・行為能力を有する市民」が存在しなければならない。民主政治の理想は、国や自治体の政治に参加する「市民」を求めている。

　もちろん現代社会では通常、民主政治は代議制の形をとる。市民は国会や内閣、地方議会や首長の権限を直接に行使する立場にない。それゆえ市民の政治参加は通例、間接的である。権限を行使する議会議員を選出し、政権や首長の判断を監視することで、統治に関与する。この意味で統治の主体と客体は分離している。国会や内閣が市民の意思と異なる決定を下せば、その権限が強制力となって市民の前に現われる。代議制民主政治の制度が存在しても、それが自己目的化・物神化し、支配の道具に変質する可能性はある。それゆえ市民は常にそれらの制度を民主的に機能させるため、監視し、その運用に関わっていく必要がある。

　戦後民主主義の理論的指導者として代表的存在とされる政治学者・丸山眞男は、民主政治は現在進行形のプロジェクトであると説明した（「永久革命」としての民主主義）。丸山によれば民主政治には「理念」「制度」「運動」の3側面がある。基本的諸権利を保障する憲法が制定され、代議制民主政治を構成する諸制度が存在すれば、それで民主政治が完成するわけではない。制度が存在しても、それがいかに運用されているか理念に照らして反省し改善する運動を不断に継続しなければ、民主政治は実現できないと論じた（「戦後民主主義の『原点』」）。丸山によれば民主政治は「不断の民主化によって辛うじて民主主義でありうる」（丸山、1961、157頁）、理念と運動を構成要素とした政治形態である。

それゆえ丸山をはじめ市民社会派と呼ばれる大塚久雄、内田義彦、川島武宜らは、日本に民主政治を定着させるため、日本社会を近代化し、「不断の民主化」を担う「市民」を創出する必要があると主張した（戦後啓蒙運動）。戦前日本の軍国主義は「たんに強権的な政治や法的な制度によってのみでなく、戦前日本の社会的文化的構造によって支えられていた」。それゆえこの共同体的社会構造を解体して権威主義的メンタリティを克服することで、自主的な個人＝市民を確立することが、民主政治を実現する上で必要だと論じられた（高畠、2001、6頁）。

　民主政治を支える市民の主体性は、丸山によれば、日常生活で政治を論じる中で、あるいは自発的結社を組織し活動する中で生まれる。「民主主義を現実的に機能させるためには、なによりも何年に一度かの投票が民衆の政治的発言のほとんど唯一の場であるというような現状を根本的に改めて、もっと、民衆の日常生活のなかで、政治的社会的な問題が討議されるような場が与えられねばなりません。それにはまた、政党といった純政治団体だけが下からの意思や利益の伝達体となるのではなく、およそ民間の自主的な組織が活溌に活動することによって、そうした民意のルートが多様に形成されることがなにより大事なことです」（丸山、2014、151〜152頁）。

　だとすれば、市民の政治生活は投票参加に限定されない。民主政治は得票最大化をめざす政治指導者たちの競争と有権者の選択のみで完結するわけではない。選挙結果は民意を反映している、そして政治指導者が国民を代表している、という擬制を実態に即した説明として無批判に受け入れることはできない。国会の役割が、人々の意見や利害を政治決定に反映し、政府の行政活動を監視することだとすれば、いまの国会や内閣はその職責を十分に果たせているのか、私たちは批判的な視点を保持する必要がある。

　もし選挙制度に基づく「競争と選択」だけで民意を反映し政権の専断を防ぐことができないとすれば、民主政治にとって投票行動以外の政治参加が重要な意義をもつことになる。そして私たち個人が「市民」とし

て、より直接的に意思決定や行政監視に関与する場や仕組みが必要だと考えられることになる。

（2）社会運動が民主政治に果たす役割

　実際、人々は投票参加以外の方法で政治に関与してきた。政権や国会の判断に同意・納得できないとき、街頭デモや社会運動を起こし、あるいは言論を武器に世論を動かし、政治的影響力を行使しようとしてきた。この意味で、統治の主体性を有する「市民」は存在している。

　こうした社会運動の最近の例に、2012年の原発再稼働反対を訴える街頭デモや、2015年の集団的自衛権行使を容認する**安全保障関連法案**に抗議する街頭デモなどがある。

　もちろん、政権の政策判断に反対する抵抗運動を大衆的反発と見て批判する論調も根強い。政府の側から見れば運動に参加する人々は施策の必要性を理解していないように映るかもしれない。しかし、政権の政策判断を擁護する側が街頭デモを起こすこともある。たとえば、2022年に岸田文雄政権が閣議決定し執り行われた安倍晋三元首相の国葬儀に対して、賛成派と反対派が同時に街頭デモを行った。つまり、街頭デモは多様な民意を表現する手段となっている。もちろん、それが市民全体の意見を代表するわけではない。しかし、一般に社会運動・抵抗運動の存在は、日常生活の中で政治の課題を論じ、意見表明する市民が存在している証拠である。それゆえこれらの運動の存在に民主政治を支える市民意識の成熟を見出すこともできる。

　市民の議会外行動は「不断の民主化」という観点からその意義が擁護されてきた。代議制民主政治の諸制度が本来の機能を果たしているか外部から監視し、必要であれば異議申し立てしなければ、その機能不全を改善できない場合があるからだ。それゆえ日常生活の中で政治や社会の課題を敏感に察知し、あるいは直面する問題を提起し意思表明する存在として市民の役割が強調されてきた。

　ただし、いま市民の言動をめぐって、その規範が問われる事例がある。

ネット上の誹謗中傷に歯止めがかからず、街頭で差別や憎悪を煽るヘイトスピーチを繰り返す団体が草の根的に運動を行うとき、「表現の自由」といっても一定の制約が必要だという問題認識が近年高まっている。表現内容を理由に投稿や運動を規制する動きもある。

　しかし、民主政治の基盤は「言論・表現の自由」「集会・結社の自由」である。これからも民主政治を維持・促進するには、市民の政治参加・社会運動の規範を改めて問い直す必要がある。

（3）戦後日本における社会運動・市民運動

　戦後日本政治史で最も強い記憶を刻んだ社会運動といえば**反安保闘争**だろう。1958年に岸信介政権が国会に警察官職務執行法改正案を提出すると、同法案に反対する運動が起きた。社会秩序の維持を目的に警察官の権限を強化する内容は、戦前の治安維持法を連想させた。社会党・共産党といった革新系政党や**総評**といった労働組合に限らず、様々な団体・人々が組織を形成し反対運動を展開した。そして同法案は結果的に審議未了・廃案となった。この運動に続き1959〜60年に展開したのが反安保闘争である。岸内閣が調印した新安保条約に抗議して、多数の人々が国会周辺で連日「安保反対」の声をあげた。社会党、総評、原水協など百数十団体が結集した安保条約改定阻止国民会議が結成され統一行動が組織された。また、学生組織である全学連や、学者・文化人が集まった安保問題研究会、市民団体である「声なき声の会」などが各地でデモや集会を行い、反安保闘争は国民的規模にまで膨らんだ。結果的にアメリカ大統領訪日を中止させ、岸内閣を退陣に追い込んだ（しかし新安保条約は自然成立した）。

　これらの運動は、議会外の抗議行動が政治に強い影響を与えた例だと考えられる。ストライキなど大衆動員による組織的な団体行動の側面が強かった一方で、個人が能動的・主体的に参加した市民運動として特徴付けられることが多い。たとえば、前衛党の指導下に革命をめざす政治闘争とは異なって、同法案に問題を認識した人々が、特に戦前の軍国主義を反省する立場から反対の意思を表明する目的で、個人として自発的に

参集した側面があったとされる。

　一般に市民運動というとき、それは特定の目的を共有した個人が自主的に集まって、社会課題や公共問題に取り組む運動・活動を意味している。市民運動に参加する人々は、大衆に埋没した受動的・他律的な個ではなく、みずから社会課題に取り組む能動性・自律性を有した主体とされる。この意味で市民運動という概念は民主政治の理念である。

　戦後日本で象徴的な市民運動といえば、世界各地で展開し始めた**ベトナム反戦運動**を受けて、高畠通敏や鶴見俊輔らが呼びかけ小田実が代表に就き始まったべ平連（ベトナムに平和を！市民連合）がある。べ平連が市民運動とされるのは、各地で集会やデモを開催しても、組織化しないで「ふつうの市民」が参加する緩やかな運動をめざしていたからである。

　しかし、1960年代に高揚した大規模な抗議行動は、次第に沈静化し減少していった。一部の運動は暴力化・過激化し、人々の共感を得られなくなっていった。しかし他方で、社会課題に取り組む市民運動・住民運動は日常化していった。60年代後半から70年代にかけて、高度経済成長と都市化・工業化に伴う生活環境の悪化に抗議する住民運動が展開された。工場排水による河川海洋汚染や煤煙による大気汚染が深刻化し、公害反対運動も起きた。また、生活排水や農薬・化学薬品散布による環境汚染が顕在化し、環境保護運動が起きた。新幹線・高速道路・空港の建設・新設が住民生活の利益と対立し、反対運動が起きた。安全な食品を求めて主婦らが中心となって生活クラブ生協を結成するなど、消費者運動も広がった。

　こうした住民運動・市民運動が展開する背景には、豊かな社会に変容していくなかで、人々が生活者個人の視点から産業資本主義の価値観に疑問を抱くようになった、という意識変化が考えられる。これらの運動は、生活の質・生活様式に対する問題提起を内に含み、物質的利益の追求とは異なる問題関心をその動機としている。しかも多様な社会問題・政策課題をめぐって、政策形成過程・政治全般に影響を与える目的で、人々が自発的に参集し行動している。このような状況を見て、日本社会

にも市民運動が政治参加・社会生活の一部として定着してきたと評価することもできるだろう。

（4）市民参加と革新自治体

こうした市民運動の普及を、民主政治の成熟として捉えることも可能である。政治学者・松下圭一は、市民運動・住民運動が定着し始めた1970年代に、市民という規範が日本社会でも機能しはじめ、その条件が歴史的現実として成立してきたと指摘した。松下によれば「戦後の工業と民主主義の成熟によって、問題点をふくみながらも、規範概念としての市民的人間型が、日常の個人の行動様式・思考様式として機能しはじめてきた」（松下、1975、xi頁）。このとき「市民とは、自由・平等という共和感覚をもった自発的人間型、したがって市民自治を可能とするような政治への主体的参加という徳性をそなえた人間型」を意味する（松下、1975、x頁）。つまり松下は「私的・公的自治活動をなしうる自発的人間型」である「市民的人間型」が、日本社会に社会規範のひとつとして成立し始めたと論じた（松下、1966）。

この松下の評価には、たしかに期待が先行する面があった。しかし市民の政治参加を規範として確立する課題は、現実政治を変える実践的関心を伴っていた。松下は、都市型社会へ移行した日本社会に定着しはじめた「市民」の存在が市民自治を可能にすると考え、地域民主主義・自治体改革を主張した。そして国民主権を「政治機構の正統性を弁証する概念装置」（松下、1975、43頁）から、実態を伴うものへ変えようとした。

こうした市民の政治参加を積極的に推進したのが、市民運動の活性化を受けて登場した**革新自治体**であった。革新自治体は市民参加に基づく自治体運営をめざして、行政と市民の対話を重視した。

たしかに、革新首長が民意を直接反映する手法によって住民の要求に応え支持の獲得に努めたのは、議会に支持勢力が少なかったからかもしれない。しかし革新首長が次々登場したのは、住民の要求と議会の政治の間に不協和が存在したためとも考えられる。

当時、住民らは日常生活で直面する課題解決を政治に強く求めていた。高度経済成長による都市化・産業化は、政治・行政に対して、都市部の社会資本整備や公害対策といった政策課題を突き付けた。特に都市住民にとって、住宅・学校・病院・保育所・上下水道・ごみ処理施設など生活基盤の整備が喫緊の課題であった。こうした社会課題の解決に向け、生活に直接かかわる政策を担う地方自治体で、経済成長よりも福祉の充実を訴えた革新系首長が続々と当選した。先陣を切ったのは1963年、社会党議員から転身した飛鳥田一雄・横浜市長（在任1963〜78）だった。1967年には大学教授（経済学）から転身した美濃部亮吉・東京都知事（在任1967〜79）が誕生し、黒田了一・大阪府知事（在任1971〜79）、長洲一二・神奈川県知事（在任1975〜95）と続いた。1972年、復帰後初の沖縄県知事選挙では革新系の屋良朝苗（在任1972〜76）が再選された。

もちろん、こうした「革新自治体の時代」以前にも革新系首長は存在した。蜷川虎三・京都府知事（在任1950〜78）と丸谷金保・北海道池田町長（在任1957〜76）は代表的である（岡田、2016）。しかし、経済成長を目標に掲げ、産業政策に集中し公害対策に後ろ向きな政府・自民党に対抗して、社会党や共産党が支持・推薦する革新首長が登場したのは、地方政治における政権交代を意味し、重要な変化であった（森、2016、97頁）。革新自治体では、例えば公害を規制する条例が制定され、生活基盤の整備や福祉の拡充が行われた。

しかし、これらの政策が一定の成果を得ると、革新自治体の時代も次第に終わっていく。石油危機後に経済成長が鈍化し、その政策が財政難をもたらした。1979年統一地方選では中道・保守から「赤字財政」「バラマキ福祉」と攻撃され、革新首長は退陣していった。

2　市民参加と民主政治の理論

（1）参加民主主義
革新自治体の市民参加推進や社会課題に取り組む市民運動の増加、あ

るいはベ平連など政権の政策に反対する抵抗運動など、一般の人々が日常生活の中で政治に関与する現実の動向を受け、政治学でも、市民参加の意義に関心が向けられた。そして市民の政治参加を正当化する参加民主主義の理論が、主に1960〜70年代から展開されるようになった。

　参加民主主義の理論は、市民が意思決定に直接参加する機会の拡充を主張する点に特徴がある。代議制民主政治の政治回路である選挙・政党・利益団体とは別に、市民の直接参加を推進することで、代議制民主政治から疎外された人々を政治へ包摂し、自己統治の度合いを高めることをめざした。具体的には、国政レベルよりは、地方自治や職場など身近な意思決定に参加する方策を擁護・提案した。

　また、参加民主主義の理論では、市民参加には市民として必要な能力を養う教育機能があると論じられた。たとえば、自治会・学校・文化サークルといった地域社会を運営する職務に参加する経験を通じて、私的個人が自律的市民に陶冶されていくとした。なぜなら、他者と議論し意思決定する必要に迫られれば、私的利益を主張する利己主義を抑制し、他者の立場を視野に入れ公共性・一般性を考慮する態度や心理的資質が必要になるからである。こうして参加民主主義の理論は、実地訓練を通じて市民が育成され民主政治が促進される、という好循環を構想した。街頭デモに参加したり抗議の声を上げるといった行動を経験した人は、自律的に行動することに自信を得て（小熊、2012、57頁）、民主政治を支える「市民」に成長するとも考えられる。

（2）ラディカル・デモクラシー

　しかし社会運動が退潮し革新自治体が減少して以降、日本社会は参加民主主義が普及・拡充する方向には進まなかった。多忙な現代人に政治参加の負担を増やすことには限界があった。また、政治参加の拡大は、対立を顕在化させ問題解決を困難にする側面があるともいわれた。

　実際、高度経済成長を実現してから私生活を楽しむ消費文化が高度化し、人々はその果実を享受した。総理府が行った「国民生活に関する世

論調査」では、1970年に自身の生活程度を問われ「中」と答える人が90％を越え、現状肯定的な意識が人々の間に高まった。

　こうした中、市民の主体性・自律性を理想とする戦後啓蒙主義とは異なる日本社会論も現われた。たとえば経済学者・村上泰亮『新中間大衆の時代』(1984) や劇作家・山崎正和『柔らかい個人主義の誕生』(1984) などがある（安丸、2012）。村上は、経済成長の結果生まれた平均的な生活程度にある人々を「新中間大衆」と呼び、この日本社会の大半を占める新中間大衆は、将来志向の勤勉、節約、計画性、効率性など「手段的価値」に批判的で、現在志向で私生活・余暇中心の「即時的価値」に肯定的だとした。その上で、中流意識をもつ新中間大衆の心性は現状維持志向・生活保守だと分析した。また、山崎は、大衆消費社会が成熟したことで、人々は消費行動を通じ個性を自覚し生き方を選択する「顔が見える大衆」になったと論じ、時間消費を愉しみ他者と交歓し精神的充足を求める「表現する自我」が現れたと分析した。

　とはいえ人々が大衆消費社会に自我のありかを見出し、政治の主体として自己認識する態度を有していないなら、民主政治は形骸化する。政治に反応するだけの受動的態度や、政治参加を効用追求の手段と捉える消費者的心理などは、民主政治を支える「市民」の資質と対極的でさえある。それゆえ高度化する大衆消費社会に広範に見受けられる「市民」の不在は、民主政治の意義を問い直す問題提起になった。そして、参加と自治の精神に基づく民主政治を求める思想が、ラディカル・デモクラシーという名称で浮上した。

　ラディカル・デモクラシーの思想は、既存の自由民主主義体制（代議制民主政治・資本主義市場経済）に対して内在的にその問題を告発し、人々の生活を基盤に不断に民主化をめざす活動や運動を正当化する。その特質は「民主政治の民主化」を主張する点にある。この「民主政治の民主化」とは、「市民を主体とした政治」の活性化を意味している。民主政治の語源を参照すれば政治の主体は本来「民衆（demos）」である。一般市民が主体性を発揮して草の根的に社会を運営する政治が本来の民主政治

ではないのか。ラディカル・デモクラシーの思想は、自己統治という民主政治の根本原理に立ち返って、既存の政治制度の枠組みに囚われることなく、私たち一人ひとりが「市民であること（citizenship）」を根本に置く政治を構想する。千葉眞によれば「ラディカル・デモクラシーとは、一般民衆の生活と思想に根ざし、その一般民衆の暮らしの根そのものから不断に育てられていくもの、鶴見俊輔氏の言葉を借りれば、『根もとからの民主主義』」（千葉、1996、7頁）を意味する。

　この「草の根の民主政治」を求める思想は、当事者の視点から社会の不正義・差別・抑圧に抗議し、環境破壊や経済格差など生活上の課題に取り組む政治を追求する。これは女性の抑圧、人種・民族差別、自然環境保全など、それまで見過ごされてきた価値を、社会生活の具体的文脈の中で問題提起し、既存の制度や規範・慣習の改変をめざす「新しい市民運動」と連続している。そして、既存の自由民主主義体制を支える近代合理性の限界を論難し、自由社会に根強く存在する抑圧から人々を解放することをめざす「差異の政治」「アイデンティティ・ポリティクス」「闘技民主主義」といった理論と呼応した。あるいは、統治の正統性を市民の合意に求め、議会・政府と市民社会が討議を通じて媒介される立法過程を構想する熟議民主主義の理論と共鳴した。

　たしかに高度大衆消費社会に生きる個人が、政治参加し自治を担う市民精神をもてるのか疑問は残る。しかし物質的豊かさを達成した大衆消費社会は、市民を生み出す社会基盤でもある。なぜなら人々の生活条件を改善し市民参加する余裕を生むからだ。つまり「大衆消費社会の虚構と苦悩に内在して生きる」個人という自己認識を可能にし、その病理の克服に向け批判的に現状と対峙する市民を生むかもしれない。そしてもし「政治的感受性と批判精神をもった市民が一定数存在し、彼らの地道な活動、市民運動、自発的共同社会の営みを基盤としたミクロなデモクラシー」（千葉、1996、10頁）を張りめぐらすことができれば、それが民主政治の深化につながるはずである。ラディカル・デモクラシーの思想は、このように市民が支える民主政治を構想するのである。

（3）「市民社会」の再定義

　大衆消費社会の高度化と私的自由の拡大は、市民の主体性・自律性という理想を一層空虚にしたかもしれない。しかし民主政治は主体性・自律性を有した市民が存在しなければ成立しない。1990年代には、市民の理念は公共性論や市民社会論へ継承された。

　1980年代以降、政府の非効率・既得権を批判する「改革」が、説得力のある主張として受け止められるようになった。しかし推進されてきた公営企業の民営化や市場の規制緩和といった自由化路線が多様な社会問題を生んだ。それゆえ90年代頃から展開し始めた公共性論は、〈政府＝公的〉対〈民間＝私的〉という二項対立図式を批判し、市民の立場から公共を意義付け直そうとした。国家と民間を区別する公私二元論では社会の実態を認識するには限界があると主張し、経済活動・科学技術・宗教・家庭生活など民間領域にも含まれる公共的次元を論じた。

　この公共の問い直しは、市民社会に新たな意味を付与する理論と歩調を合わせるものでもある。たとえばそれは、市民の自発的な活動・運動を、もっぱら民間の私的な事柄と捉えずに、それが有する公共的次元を認識して、政治的・社会的意義を評価する理論と連続する。

　市民社会の公共的次元を浮上させた歴史的契機として、1990年代の中東欧諸国の民主化運動がある。共産主義革命の現実味が失われる中で、革新陣営は新たな左派理論の意義と理念を求めてきた。そうした模索の中で、中東欧諸国の体制変革において市民運動が果たした役割に注目が集まった。市民の自発的運動が独裁政権に圧力をかけ民主化を推進する力を現実にもったという歴史的事実から、市民社会の政治的・公共的な意義が見出されたのである。

　ここから、強権国家に対抗する非権力的な「民間の」「非公式の」市民の連帯を強調する左派理論が展開することになった。このとき市民社会は、国家権力に対抗できる民主政治の主体性をもつ領域として意義付けられた。市民社会は民主政治の基盤として、また、民主化を推進する動力源として、そして頑なに動かない政府に対抗する足場として認識され、

概念として擁護されることになった。

　現在、市民運動は抗議や抵抗をするだけではなく、政策提言したり、みずから課題解決に向けて行動する活動に発展してきた。この文脈で、公共の担い手として市民概念が論じられることになった。行政や民間企業とは別に、みずから社会課題を発見し解決に取り組む人々が実際に存在する。こうした市民参加・社会参画に着目すれば、市民の自律的・公共的な活動領域である「市民社会」の存在を認識できる。

　いま市民社会というときには、自発的に公共の問題・事柄に取り組む個人や結社を意味している場合が多い。市民社会の実態を実証的・記述的に示すなら、民間の団体や運動体など多様な主体と活動が広範囲に含められる。たとえば非営利組織（NPO）・非政府組織（NGO）・ボランティア活動・住民運動・**社会的企業**などは代表的である。こうした市民社会の主体とされる組織・結社・団体は、「市民社会組織」と呼ばれる。

　こうした文脈から現代の「市民社会」概念は、〈政府〉〈市場〉〈親密圏〉から区別された領域として定義される。つまり、公権力を行使する行政領域や、政党などが主体となって政治権力獲得競争を展開する政治的領域である「政府セクター」とは別に、また、営利企業が利潤追求する経済活動の領域である「市場セクター」とは異なる、そしてまた、家族や親密な関係にある人同士が形成する私的で非制度的な人間関係の領域である「親密圏セクター」とは区別される価値や論理で形成される社会的関係の領域を「市民社会」と認識する傾向にある（坂本、2017）。

　こうして再定義された市民社会は、自由で平等な理性的個人が自発的に結合関係をなす領域と理解される点で、近代市民社会の論理と共通している。国家と個人の間に存在する多様な中間集団が民主政治を支えるとしたトクヴィルの議論などと共通する部分もある。それゆえ市民社会の理論は、近代政治思想の遺産を引証しながら、市民と市民社会の存在が民主政治の基盤であることを再確認するものともなった。

3 市民参加と民主政治の深化を求めて ─────

（1）市民参加と熟議民主主義

　民主政治は市民の政治参加を前提にしている。議会制民主政治も、市民が有権者として投票参加しなければ成立しない。しかし選挙だけでは民主政治を実現できないことが論じられてきた。市民参加を調査・分析する項目には「献金・カンパ」「市民・住民運動」「自治会町内会活動」「請願・陳情」「デモ参加」「請願書への署名」「インターネットで意見表明」「マスコミで意見表明」といった投票以外の参加方法が挙げられている（山田、2008）。こうした市民参加を含む、市民社会の充実が民主政治の基盤であると考えられる。

　こうした選挙に限定されない市民参加を民主政治の基盤と位置付ける近年の構想に熟議民主主義がある。熟議民主主義とは、合意形成を志向した討議を通じて、何が妥当な法・政策か検討するプロセスを、民主政治の根幹と位置付ける構想・概念である。このとき「熟議」とは、公開討議を通じて相互に自己と他者の意見を熟慮する過程を意味する。政治学者・篠原一によれば、熟議民主主義は「主権者としての自律した活動的な市民、この市民たちの間の討議、その結果の政策決定への結実」を求める構想である（篠原、2004）。市民の言論と活動に公共的役割を与え、市民参加・参画が議会および政府に影響を与える立法過程・政策形成過程をめざしている。

　こうした熟議民主主義の代表的論者であるハーバーマスは、「熟議政治」の構想を次の原則で表現している。すなわち、「それ自体が法的に組織化された討議による法制定過程において、政体を構成するすべての市民の同意を得ることのできる法だけが、正統的な妥当性を主張することができる」という原則である（ハーバーマス、2002、138頁）。

　この原則が表現しているのは、法が、われわれ自身が産出した行為規範として理解できる状態、つまり権力行使を伴う法が市民の政治的意思

を表現したものとして理解できる状態である。たしかに日常生活では、法は、国が個人や社会を統制する手段・強制装置でもある。国民には一方的に命令してくる規制に見える。法は一度制度化されると動かし難い所与となり自由の制約となる。しかし立法過程に国民全員が公正に関与している状態を仮定したら、法は、市民が自己自身を善く統治する手段とみなせる。他者と共生する上で必要な規則として市民が自ら決めた法であるなら、自由の制約が、むしろ自由の条件となる。つまり、熟議政治は、法の起草者と受け手が一致する自己統治を構想する理念である。

　ただし、ハーバーマスは直接民主制を国政で実現しようとしているわけではない。代議制民主政治を制度的前提とし、「2回路型」の民主政治を構想する。つまり、政治的意思決定の場である議会に加え、市民社会を民主的意思形成の回路に位置づける。民主政治は、法を制定する議会と、その議決を執行する行政機構で構成される政治システムに加えて、市民の多様な言論と活動から成り立つ市民社会を基盤として、はじめて成立するというわけである。

　この熟議政治の構想に基づけば、議会制民主政治は、国会審議や政党の活動を通じて形成される公式的な討議と、市民社会に自発的に成立する非公式的・非制度的な討議とが、影響関係を織り成す中で成立する、ということになる。つまり、市民社会を基盤に自由に言論活動を行い政治的影響力を行使する市民参加が、議会選挙や政党活動とは別の政治回路として形成されねばならないことになる。

（2）ミニ・パブリックス

　この熟議民主主義の構想を実行に移す例は多数存在する。多くの国や地域で政治決定や政策判断の過程に市民参加を組み込む制度が設置され実践されているのである。

　従来から、特に地方自治では、市民参加の方法として住民投票の制度が活用されてきた。しかしこれは投票する前に各立場の主張の根拠を検討し、相互理解や共通了解を形成するという熟議を必ずしも条件にして

いない。それゆえ誤った情報による思い込みや不正確な理解による偏見などが政治に流れ込み、感情的対立や分断をもたらす危険性がある。また、政策内容を理解せず自分自身誤った判断を下しているかもしれない。

　それゆえ熟議民主主義の参加方法として市民討議が提案される。無作為抽出などで参加する市民を募り、市民が特定の政策課題について討議し共同で何らかの結論（市民の意見）を形成する制度である。その主眼は、既存の議会公聴会や住民説明会とは異なって、専門家の解説や行政担当者や政治家の意見を聴き質疑応答した上で、市民自身が自由な討論・意見交換を通じて政策判断することにある。

　こうした市民討議の制度には様々な種類がある。代表的なものに、コンセンサス会議、計画細胞会議、市民陪審、討論型世論調査などがある。これらの制度は、能動的市民や声の大きい活動家が「民意」を僭称してしまうのではなく、「ふつうの市民」が正確な情報と複数の立場を考慮し討議した上で下す判断を創り出すという意味で注目される。そして「公衆の意見形成の場」という特徴からミニ・パブリックスと総称され、このミニ・パブリックスを「市民代表」と位置づけ、議会や行政の判断に接続できないか考えられてもいる。

　ミニ・パブリックスの試みは日本でも市町村レベルで多数実施されている（吉田、2021）。民主党政権時の 2012 年 8 月には、2030 年時点の電源構成を論題に、政府主導で討論型世論調査が実施された（「エネルギー・環境の選択肢に関する討論型世論調査」）。

　もちろん、市民討議の諸制度が定着したわけではない。むしろまだ試行錯誤の段階である。それゆえその意義や有効性に疑問がもたれることもある。しかしこうした試行錯誤と実践の積み重ねによってしか、民主政治は改善・成熟しない。これからも民主政治を維持していくべきであるなら、私たちが市民として政治につながる姿勢と行動が求められ続けるだろう。

column11
「市民参加」と「脱組織化」

　議会や政党が私たちの利益や考えを代表できていなければ、有権者は市民として自ら発言し行動するしかない。この前提に立てば、市民参加の機会を拡充し、市民の活動領域を拡大することは、民主政治の推進に不可欠だと考えられる。

　特に、個人が生活上抱える問題は、私たちが共通して直面する社会課題である場合が少なくない。1998年に特定非営利活動促進法（いわゆるNPO法）が制定されると、行政機関とは別に民間の非営利部門が自発的に社会課題に取り組む動きが促進され、市民が公益性のある事業・活動を行う組織・団体が多数生まれた（市民社会組織の増加）。そして、従来の縦割り行政や業界団体の利権構造の中で政策化されずにきた社会課題に取り組むNPOや社会的企業が議員や政党と連携して政策形成にかかわる例も生まれた（秋山、2022）。

　しかし他方で、政党、労働組合、地縁団体など従来の組織・団体に所属せず、なおかつ市民社会組織にも参加しない人々が日本に限らず増加していると指摘される（坂本、2017）。「団体の噴出」がある一方で、「脱組織化」の趨勢は存在している。

　日本では市民参加に消極的な人が多いともいわれる。政治学者・篠原一は著書『市民参加』（1977年）の中で、日本の政治風土にその原因のひとつを求めている。「『待てば海路の日和』が訪れ、『明日は明日の風が吹く』とされる日本の精神風土、いわば『なる』の精神風土の中で、『泣く子と地頭にかなわぬ』というような権威主義とは反対に、権力に向かって『する』ことを意味する市民参加は、社会全体の中でみれば抵抗の強い行動様式」であって「孤立化」する傾向にあると指摘している。同書で篠原が参照する昭和44年の調査では、直接参加を志向する人々が（36.3％）、選挙と国会を通じ良い政治を実現する志向の人々（29.2％）より多い。この矛盾の解消が日本社会に市民参加を定着させる上で根本課題なのかもしれない。

おすすめの本・ウェブサイト

 植村邦彦（2010）『市民社会とは何か』平凡社

　「市民社会」概念の系譜を解説した充実した著書。市民社会概念の意味内容の歴史的変遷や様々な立論を知ることができる。社会思想史の主題として市民社会がいかに重要か、そしていかに難題か考えさせられる。

 宇野重規（2010）『〈私〉時代のデモクラシー』岩波新書

　現代民主政治を市民ではなく〈私〉という視点を起点に考え直す必要性を社会理論や政治哲学の知見を用いて論じている。現代人の平等意識や個人主義をめぐる考察が示唆的。日本政治の問題点も随所で指摘している。

 篠原一編（2012）『討議デモクラシーの挑戦——ミニ・パブリックスが拓く新しい政治』岩波書店

　熟議民主主義の制度化実践であるミニ・パブリックスなど市民参加型制度の内容を紹介・検討した著書。日本や諸外国で実践されている市民討議制度の工夫や成果を知ることができる。篠原一氏の理論的考察も勉強になる。

引用参考文献

秋山訓子「記者解説　政策形成の新潮流」『朝日新聞』2022年9月19日。

出原政雄・望月詩史編（2021）『戦後民主主義の歴史的研究』法律文化社。

宇野重規編（2016）『リーディングス戦後日本の思想水脈3　民主主義と市民社会』岩波書店。

岡田一郎（2016）『革新自治体——熱狂と挫折に何を学ぶか』中公新書。

小熊英二（2012）『社会を変えるには』講談社現代新書。

坂本治也（2017）「市民社会論の現在」同編『市民社会論——理論と実証の最前線』法律文化社。

篠原一（1977）『市民参加』岩波書店。

篠原一（2004）『市民の政治学——討議デモクラシーとは何か』岩波新書。

篠原一編（2012）『討議デモクラシーの挑戦』岩波書店。

清水靖久（2019）『丸山眞男と戦後民主主義』北海道大学出版会。

高畠通敏（2001）「『市民社会』問題」『思想』924号、4〜23頁。

田村哲樹（2017）『熟議民主主義の困難——その乗り越え方の政治理論的考察』ナカニシヤ出版。

千葉眞（1995）『ラディカル・デモクラシーの地平——自由・差異・共通善』新評論。

千葉眞（1996）「デモクラシーと政治の概念」『思想』867号、5〜24頁。

ハーバマス、ユルゲン（河上倫逸・耳野健二訳）（2002）『事実性と妥当性（上）——法と民主的法治国家の討議理論にかんする研究』未來社。

ペイトマン、キャロル（寄本勝美訳）（1977）『参加と民主主義理論』早稲田大学出版部。

松下圭一（1966）「『市民』的人間型の現代的可能性」『思想』504号、16〜30頁。

松下圭一（1975）『市民自治の憲法理論』岩波新書。

丸山眞男（1961）『日本の思想』岩波新書。

丸山眞男（松本礼二編注）（2014）『政治の世界——他10篇』岩波文庫。

森政稔（1998）「日本市民社会論——その批判と構想」山脇直司・大沢真理・大森彌・松原隆
　一郎編『現代日本のパブリック・フィロソフィ（ライブラリ相関社会科学5）』新世社。

森政稔（2016）『迷走する民主主義』ちくま新書。

安丸良夫（2012）『現代日本思想論』岩波現代文庫（初版、2004）。

柳瀬昇（2015）『熟慮と討議の民主主義理論——直接民主制は代議制を乗り越えられるか』ミ
　ネルヴァ書房。

山岡龍一・岡崎晴輝編（2021）『市民自治の知識と実践（改訂版）』放送大学教育振興会。

山田真裕（2008）「日本人の政治参加と市民社会：1976年から2005年」『法と政治』58巻3・
　4号、1042-1014頁。

山本昭宏（2021）『戦後民主主義：現代日本を創った思想と文化』中央公論新社。

吉田徹（2021）『くじ引き民主主義：政治にイノヴェーションを起こす』光文社。

Keane, John（1998）*Civil Society：Old Image, New Visions*, Polity Press.

終 章

政治とつながることの意義
——他者とともに誠実な市民として歩む ために

1 政治のありようへの熱意 ——————

　編者は、現在政党政治に主として関心をおく政治過程論の研究者として活動している。そもそも政治に本格的に興味をもち始めたのは、1990年代の日本のいわゆる「政治改革」をめぐる過程を新聞やテレビなどで見てのことだった。

　当時は小学校高学年で、社会科の勉強が非常に好きだったこともあり、政治を含む社会の動きにはかなり興味をもっている方だったと思う。もちろん、改革の中身や背景について十分に理解していたわけではない。しかし、それまで長く政権を維持してきた自民党の政治家たちが、改革賛成派と反対派に分かれて時に声を荒らげながら議論している様子を、わくわくしながら眺めていたことを覚えている。その記憶もあり、今でもこの時代のことについて講義で語るとどうしても熱が入ってしまうし、本書でもこの部分ではやや筆が走りすぎているかもしれない。

　自民党の分裂、そして非自民勢力への政権交代という地殻変動をもたらしたこの改革への評価は、今日でも分かれている。しかし、この国の政治や民主主義をどのようなものにしていきたいかということへの熱意や執念が確かにそこにはあった。だからこそ、政党や政治家だけにとどまることなく、多くの人を巻き込んでいったように思う。

　こうして、編者は子どもなりに「政治はダイナミックで面白いものだ」と感じることができたのである。このことが、後に政治学を学ぶために

大学の学部、大学院に進み、研究者の道を志すきっかけとなった。それから25年ほど経ち、日本政治の教科書を編むこととなるとはつゆ知らず。

　本書では、その政治改革の影響を受けつつも、改革時と比べても大きく変化した今日の日本政治のありようを、多様な視点からできるだけ鮮明に描き出すように努めた。

　これまで自民党政権が中断を挟んで長期にわたって継続する一方で、ダイナミックに政治が展開してきたことは確かである。しかし、多くの課題があることも本書から浮かび上がってきた。

　たとえば、選挙制度をめぐる改革の継続と問題、下がる選挙の投票率、政党・政治家と有権者との間の適切なつながりの模索、審議が空洞化しているとの指摘の中で改革を探る国会、高まるリーダーシップとその統制、メディアの多様化による社会変化、日本をとりまく外交環境の持続と変化といった点である。こうした政治の現実を見つつ、そもそも民主政治とはいかなるものなのか、そして私たちが一市民として政治に参画しつながっていくことの意義は何かを考えた。

2　日本政治とつながるうえでの壁

　このように、私たちが現在の日本政治とつながるために立ちはだかる壁は決して低くはない。もはや高い経済成長が見込めない中で社会が縮小傾向に入っている。かつての自民党政権のように、政府や与党が有権者にサービスを提供し、利益によって有権者と政党・政治家を媒介するにも限界が生じ、有権者にはより多くの負担が求められている。

　さらに、政治家たちのふがいなさもあり、有権者の政治への満足度も低い。国際化が進み、人々の価値観が多様化する中で、多数決による決定と少数派の尊重をどう両立させるかも重要な課題である。

　代表制のもと、私たちは日常の重要な政治的な決定を政治家たちに委ねている。大規模で複雑化した現代の日本のような社会においては、効

率性やスピード感ある決定を行うことを考えると、このしくみをとることは当然といえば当然であろう。

　しかし、私たちが直接的に政治的決定の責務を担わなくなり、さらに民主政治のしくみが高度に制度化され、1つの手続きと化すことによって、どうしても当事者としての意識が私たちの中で薄くなってしまう。

　社会がかなりの程度成熟している状況で、あえて社会や政治のあり方を変えていこうという意欲、あるいは政治を通して何ができるのかという問題意識を持ちづらくなっていることもあるだろう。そんな中で私たちは、負担ばかりさせられるとの不満を強め、報道される権力闘争や政局のショーをただ観客として眺め、一喜一憂するだけの存在になってしまっていないだろうか。

　また政治エリートの側からみれば、私たちは選挙のときに気にかければよいだけの、多数の中の1人となってしまう危険がある。古くから、人間はエリートにより操作されやすいものだと警告されてきたが、情報通信網やAI（人工知能）の発達により私たちが新しい形で操作され、権力者の都合のよい形で監視されることも懸念される。

　私たちは、日本が「国民主権」の国であるということをこれまでに何度も聞かされてきたはずだ。国民が政治の最終的な決定権を握っている。これ自体は引き続き揺るぎないものとしてある。しかし、その意識が薄らぎ感覚がマヒしてしまう原因が、私たち自身の中にも、そして私たちのまわりにも存在しているのである。

　こうした現状もあり、政治とつながることが重要だということは、最近いろいろなところで叫ばれるようになっている。ところが、実際につながりが発展しているかといえば、残念ながらそうとはいえない。たしかに、言葉でいうほど簡単なことではないかもしれない。

　ただ、編者が実施した高校生に対する政治意識調査データを分析すると、政治意識や投票への意欲が高い人は、そうでない人と比べると普段からよく周りの人たちと政治に関する話題を話しているらしい。一方で、

家族がテレビのニュース番組を見ていたり、投票に行ったりしていることを知っている人と比べると、家族と政治の話をしたことがある人は少ないことがわかった（大川、2017）。

　異なる誰かと政治についての話題を分かち合う。つまり、政治について体感することの重要性がここから浮かび上がってくる。話をすることは比較的手っ取り早い方法だろうが、他にも直接政治にかかわるのでなくても、まずはクラスやクラブ・サークルなど身近な組織や団体の運営に参画し、同僚や友人とともによりよい組織のあり方を探ることを通してでも、政治的なセンスを培うことができるだろう。

　本書が主要な読者として想定する学生の皆さんは、まさに政治についての価値観や態度を形成する重要なプロセスを歩んでいる。このプロセスの中で、政治とのつながりを体感しておくことは、以後の人生を考えるうえでも決して無駄にはならないはずである。

3　つながりの中に生きる人間と政治

　ところで、私たちが政治とつながっていく時の動機は様々だ。いま目の前にある現実（生活）をいかによくするか、自らがもつ信念をどう実現するかといったこともあれば、知り合いや家族から頼まれてということもあるかもしれない。あるいは、有権者なのだしたまには参加しようという気持ちからという人もいれば、民主政治をどう守り活性化するかという有権者としての義務感に駆られてということもあるだろう。

　それぞれの動機が良いとか悪いという議論をここではするつもりはない。しかし、つながるにあたって、まず自らに問うてみてほしい。「私はどんな人のつながりの中で生き、育ってきたのか」と。どんなに孤独を感じている人でも、どんなに困難のうちにある人であっても、他者とのつながりが全くない人はいないのである。将来、何らかの新しいつながりも待っているかもしれない。そのつながりにこそ、現状を打開するための可能性が秘められている。

そう、人間は人とのつながりの中に生きている。しかも、1つのつながりだけでなく大小様々な種類の共同体に属しているのが普通である。個人の自由や権利を尊重されつつも、つながりの中で生きる社会的・政治的な動物、それが人間であるはずだ。

　ところが、今日の日本では、最も基本的な共同体であるはずの家族ですら、そのつながりは心もとない状況である。1人ひとりの個人的能力を重視してそれを測定・評価して比較し差別化する動きが強まり、自己責任論が広まっている。また、超少子高齢化が進行する中で、お年寄りの生活難や孤独死、ひとり親家庭やその子どもの貧困なども深刻な問題として顕在化してきている。

　自らが置かれた厳しい環境下で、自分を守ることを優先して狭い世界に閉じこもり、他者への配慮、特に弱い立場にある他者へのまなざしが欠けてしまうという傾向が顕著にみられるのである。

　その一方で、東日本大震災以降、「絆」の大切さについてしばしば語られてきた。気候変動に伴ってその後も相次ぐ大きな災害に際しては、ボランティア活動にスポットライトが当たる。

　たしかに個の細分化が進み、共同体は弱くなっているかもしれない。だが、それでも共同体に価値があり、人間は本質的につながりの中で生きることによって生き生きとするということに、今でも気づくことができるのだということを表している。

　世の中に無数にある人間のつながりの中で、自らがよりよく生きるために、また、他者とよりよく共存していくために、限られた条件のもとで調整を図り、一定の結論を導き出さなければならない。これこそが政治が果たしてきた重要な役割である。私たちが自治体や国家のあり方や政策を考えることは、それゆえ大切なのだ。私たちの日常とは一見遠いようにみえる政治とつながることが、実は日常を変えることにつながるのである。

　もちろん、私たちは常に政治のことばかり考えているわけにはいかな

い。毎日忙しいし、政治について考えるだけの十分な情報や知識を持ち合わせているかどうかも疑わしい。そして、いざ政治に踏み込むとなると、どんなに自らと近い家族や友人・知人であったとしても、他者との意見の相違が生じることも覚悟しなければならない。

しかし、政治とつながって異なる他者と意見を交わし、合意を目指すプロセスで様々な経験をすることで、私たちは多くを学びとることができる。必ずしも自らの意見を変える必要はない。他者を最大限尊重し、その声に耳を傾けることで自らの考えの特性や問題点を客観的に認識するチャンスを得られるだろう。この体験を積み重ねることを通して、真に自立した1人の人間として成長していくことができるはずだ。どうか、つながることをおそれないでほしい。

政治とのつながり方には、たとえば政治課題について学び考える、誰かと議論する、選挙に参加するなど、比較的簡単にできることもある。その一方で、啓発活動に参加する、政治関係の組織や団体に参与する、メディアの一員として報道するなど、より深くかかわっていく方法もある。これらの活動で何をし、目指し、何が身につくのか。皆さんにイメージを具体的なものとしてもらうために、この後の**附録3、4**で様々な方の経験に基づいた声を紹介している。ぜひ役立てていただきたい。

本書でも指摘してきたように、私たち有権者にも、政治家や官僚など政治のエリートにも、改めるべき点は多々ある。しかし、それが人間だともいえる。

長い歴史をもちながらも、そもそも必ずしも完全なしくみとはいえない民主政治のあり方については、冷静かつ継続的により良くしていくことが大切である（佐々木、2007）。そして、現実を乗り越えるためにも、他者とともにいることを通して事実や既存の制度についての思い込みを捨て、想像力の壁を乗り越えていくことが求められている（宇野、2018）。

私たち人間の限界を深く認識しつつ、人間がもつ可能性、つながることを通して創り出すことができる未来を信じ続けることだ。

本書の企画は、ある学会の研究大会で編者が行ったつたない報告に目をとめた元弘文堂編集部の磯脇洋平氏が声をかけてくださったことから始まった。全く異なる土地・環境で生まれ育った２人だが、同じ学年で、しかも中高は同じカトリック・サレジオ修道会が経営母体であるミッション・スクール（大阪と横浜）の卒業生だという点でも共通していた。

　19世紀にサレジオ修道会を創立したカトリック司祭の聖ヨハネ・ボスコ（ドン・ボスコ）は、青少年を「人間としてしっかりとした価値観をもった誠実な市民」として育成することを使命とした。本書でその使命を少しでも共有でき、１人でも政治によりよく、より深くつなげることができたとしたら、実に幸せなことである。

　なお、多くの読者にご支持いただいたことにより、このたび本書第２版を上梓するに至った。初版の刊行から３年の間に、私たちは新型コロナウイルス感染症の流行という政治的にも非常に大きな影響をもたらした事態を経験したほか、改訂作業を進めた2022年には、ロシアによるウクライナ侵攻に端を発した戦争の衝撃が日本と世界を揺るがした。政治の限界に打ちひしがれそうになる一方で、人間と人間のつながりがもつ力とありがたみを身にしみて感じる時でもあった。

　こうした国内外の動向や最新の研究成果を反映して世に送り出す本書第２版の内容を通して、政治がもつ可能性と平和の尊さを読者の皆さんに認識していただけるとすれば、望外の喜びである。

　共著者の先生方の寛大な協力がなければ本書は日の目を見ることは決してなかった。執筆・校正の過程での編者からの要望に対し、きめ細かに応えてくださり、また編者への貴重なアドバイスもいただいて、大変お世話になった。そして、初版と第２版の編集・刊行にあたっては、弘文堂編集部の中村壮亮氏が労を取ってくださった。御礼を申し上げたい。

家族や友人、恩師……。紙幅の都合もありお名前を挙げるのは省略するが、つながりの中で今日の編者をつくりあげてくださったすべての方々を思いおこし心から感謝しつつ、本書を捧げたい。

　　2023 年 3 月

編著者　　大川千寿

参考文献

宇野重規（2018）『未来をはじめる——「人と一緒にいること」の政治学』東京大学出版会。
大川千寿（2017）「18 歳選挙権導入と若者の政治意識——2016 年神奈川大学・神奈川新聞共同
　　調査分析」『神奈川法学』50 巻 1 号、86〜114 頁。
佐々木毅（2007）『民主主義という不思議な仕組み』ちくまプリマー新書。

附録 1
日本政治基本用語集

あ 行

IPU → 列国議会同盟

安全保障関連法案　第2次安倍政権が2015年の通常国会に提出した、集団的自衛権行使を可能にする安全保障法制。厳しさを増す日本の安全保障環境に対応するには日米同盟を基軸にした防衛協力の強化が必要だとされた。専守防衛の原理と憲法9条に違反するか否かが論争点となった。15年の衆議院憲法審査会に参考人として出席した憲法学者3人が同法制を憲法違反と発言した。〔山田陽〕
→ 第7章129ページ、第11章210ページ

安定多数・絶対安定多数　日本の国会では、法案の実質的な審議が本会議ではなく委員会を中心に行われる。したがって、国会運営の主導権を握るために、与党は委員会でも過半数を確保しておく必要がある。与党が衆議院のすべての常任委員会で委員長を出し、野党側と同数の委員を確保するのに必要な議席数を「安定多数」、すべての常任委員会で委員長ポストを独占し、全委員会で過半数の委員を確保するのに必要な議席数を「絶対安定多数」という。〔孫斉庸〕
→ 第7章135ページ

委員会中心主義　議事運営における実質的な法案審査を、委員会が中心になって行う体制を採用することを指す。戦前の帝国議会における議事運営の主導権は本会議にあった。一方、アメリカ・モデルを取り入れて成立した国会法のもとでは、提出された法案が本会議を経ずに直ちに所管の委員会に付託され、実質的な法案審査が行われる委員会が法案の行方を左右することになった。〔孫斉庸〕
→ 第7章134ページ

一党優位政党制　イタリアの政治学者サルトーリが分類した政党制（政党システム）の一種。複数の政党が民主的な選挙で自由に競争しているにもかかわらず、特定の政党が長く優位を保っている政党制。1955年から1993年にかけての日本の自民党長期政権は典型例の1つとされる。〔大川千寿〕
→ 第6章119ページ

イデオロギー　人間が社会や政治の状況をどのように理解するかや、その政治意識や態度などに影響を与える世界観、信念の体系のこと。往々にして、政党や政治家が自らの主張を正当化し、また権力獲得のために、イデオロギーの複雑な内容を単純化し、イメージやシンボルによって有権者にわかりやすく提示しようとする傾向にある。〔大川千寿〕

→ 第6章 111 ページ

インターネット選挙運動 → ネット選挙

か 行

外圧反応型国家論　日本の外交政策を、他国、特にアメリカからの圧力を重視して分析する英語圏の議論。ケント・カルダーの論文で広く知られる。経済問題を中心に研究が進められ、日本外交は外圧反応型（reactive）であると論じられた。この問題提起に対して、日本外交の自主性・能動性（proactive）を発見しようとする反論も行われ、議論となった。〔玉置敦彦〕

→ 第9章 169 ページ

革新自治体　革新政党（社会党・共産党）の支援・支持を受けた首長を擁する自治体。革新自治体を特定する共通理念・政策が存在するわけではないが1960〜70年代の革新自治体は一般的に社会資本整備・福祉政策・公害対策などに取り組み、都市住民の社会課題に応える行政を重視したとされる。しかし、1979年統一地方選を契機に革新自治体の時代は終わったとされる。〔山田陽〕

→ 第2章 32 ページ、第11章 213 ページ

議員提出法案　「国の唯一の立法機関」である国会で、議案の発議を行うのは議員である。一方、憲法は、内閣総理大臣も内閣を代表して議案を国会に提出できると定めており、内閣提出法案と区別して、議員の発議による法案を議員提出法案と呼ぶ。議員が議案を発議するには、衆議院で20人以上、参議院で10人以上の賛成を要し、特に予算を伴う法律案を発議するには、衆議院で50人以上、参議院で20人以上の賛成を要する。〔孫斉庸〕

→ 第7章 131 ページ

議院内閣制　イギリスや日本でみられる、内閣が議会（特に下院）の信任に基づいて存立し、議会に対して責任を負っている制度。責任内閣制とも呼ばれる。議会で内閣不信任案が可決されると、内閣総辞職もしくは議会の解散がなされる。通常、下院第一党の党首が首相となり、内閣は議会多数派に支えられることから、行政と立法の融合が進みやすい制度とされる。〔大川千寿〕

→ 第5章 93 ページ、第8章 149 ページ

疑似政権交代　一般的に政権交代とは、政権をもつ与党とそうでない野党との間で地位が交代することをいう。ところが、日本では自民党の一党優位政党制のもと野党は万年野党となり、本来の政権交代が起こらない代わりに、自民党内の派閥の主流派が入れ替わり政権を担うことで、疑似的な政権交代が起こってきたとする見方。〔大川千寿〕

→ 第6章 120 ページ

期待効用モデル　人は利益が最も大きくなるように行動するという合理的な人間を想定した合理的選択モデルの中の投票参加モデル。「R＝P×B＋D－C」とい

う式によって、投票に行くか棄権するかを表現しており、それぞれが選挙に関する利益（P×B＋D）とコスト（C）の比較として捉えている。〔澁谷壮紀〕

→第4章72ページ

議題設定効果　新しい強力効果論の1つ。メディアの報道は人々の意見を変えるのではなく、人々の争点に対する認知や関心を高める効果を有する。争点関心を高め、属性型議題設定やプライミング効果などが想定する、メディア報道が人々の判断基準などにも影響を与える効果に通じている。〔澁谷壮紀〕

→第10章196ページ

業績評価投票・経済投票　有権者は、現在の社会や経済状況に満足していれば政権与党に投票し、逆に不満であれば野党に投票すると考える理論。評価する経済状況に関しては、身の回りの家計状況とみなす個人指向型と、景気などの社会全体としてみなす社会指向型がある。〔澁谷壮紀〕

→第4章81ページ

供託金　選挙で立候補するために納入するお金のこと。供託金の額は選挙によって異なる。地方選挙の場合、都道府県知事は300万円、指定都市市長は240万円、都道府県議会議員は60万円などとなっており、法定得票数に達しない場合には没収される。無責任な立候補を防止するための制度とされているが、額が高すぎるとの批判も根強い。〔大川千寿〕

→第3章57ページ

クオータ制　議員数における女性比率を向上させることで女性の政治参加を拡大させようとする積極的差別是正措置の手法の1つ。各国が導入しているクオータ制は、①全体議席の一定数を女性に割り当てることを憲法または法律で定める「議席割当制」、②議員候補者の一定割合を女性に割り当てることを憲法または法律で定める「法的な候補者クオータ制」、③政党の党規則等により議員候補者の一定割合を女性とすることを定める「政党による自発的なクオータ制」の3つの類型に分類することができる。〔孫斉庸〕

→第5章105ページ

クライエンテリズム　互酬的関係とか恩顧主義とも呼ばれる。人からもらった好意に対してお返しをするという関係で、親分・子分の関係性などが典型例である。日本政治においても、政治家と有権者（政治家が利益を与える見返りに有権者は票を与える）や政党派閥の領袖と構成員（領袖はポストや資金を与え構成員は総裁選で領袖を支持する）の間でみられてきた。〔大川千寿〕

→第6章115ページ

経済学モデル　経済学を背景とした投票行動モデル。政府が行なった政策の結果や社会状況への評価に応じて、選挙の際の投票先を決めると考える立場。有権者が政策の成果を判断できると想定するなど、合理的な側面を重要視している。

〔澁谷壮紀〕

→ 第4章81ページ

経済投票　→　業績評価投票

ゲートキーパー　マスメディアは公平な報道が求められている。だが、実際には、数多ある出来事から社会に共有・報道すべき情報を能動的に取捨選択している。どの情報を報道すべきかを管理する門番のような機能をもつ。こうした機能によって、各メディアは一部の主張や意見を世論に提示しているといえる。〔澁谷壮紀〕

→ 第10章192ページ

権力移行　大国間の権力関係の大幅な変動を示す言葉。覇権国と呼ばれる、圧倒的な力をもち、安全保障・経済・金融をはじめとした国際制度を主導する国家の存在を想定することが多い。覇権国に挑戦する有力な大国が台頭することで国際関係が不安定化するとされるが、新旧大国間の武力衝突の可能性については議論が分かれる。〔玉置敦彦〕

→ 第9章180ページ

合区　選挙で、隣接する市町村や都道府県を合わせて1つの選挙区とすること。2016年の参議院選挙では鳥取と島根、徳島と高知が合区となった。また、地方レベルでは、議会の選挙区で人口が議員1人あたりの人口の半分に満たなければ合区にするとされており（強制合区）、たとえば2019年の神奈川県議選では、南足柄市と足柄上選挙区がその対象となった。〔大川千寿〕

→ 第3章58、62ページ、第5章98ページ

個人後援会　政治家は、選挙での当選を目指して、日ごろから個人としての地盤の拡大のための活動を行っている。その基盤の1つとなるのが個人後援会で、政治家は後援会員の声を聴き、冠婚葬祭に出席し、あるいは旅行やパーティなどのイベントを行って有権者との絆を確かなものにしようとする。ただし、利益誘導型政治の根源だとの批判も強い。〔大川千寿〕

→ 第3章55ページ、第5章92ページ

国会審議活性化法　正式名称は「国会審議の活性化及び政治主導の政策決定システムの確立に関する法律」。官僚に頼らず議員主導で国会審議を行うとともに、政治主導の政策決定システムを構築することを目的として1999年に成立した法律。各党党首が議論する国家基本政策委員会の設置、政府委員制度の廃止、政治任用の副大臣・大臣政務官の設置などを定めている。〔孫斉庸〕

→ 第7章141ページ

さ 行

財界　日本の大企業を中心とした経営者や実業家によって構成される世界や社会のこと。経済界ともいい、特に日本経済団体連合会（経団連）、日本商工会議所

（日商）、経済同友会は経済3団体と呼ばれる。この中で経団連会長は財界総理とも呼ばれるなど、財界の動向は政界に大きな影響力を及ぼしてきた。〔大川千寿〕

——➡第2章29ページ

事前審査制　日本の国会で、内閣提出法案が国会提出前に与党内で審査されること。与党審査ともいう。国会での法案審議での内閣の権限は限られるので、与党の支持を確実に得るために定着した慣習である。合意を重視し、立法プロセスの円滑化に役立つ一方、国会審議の形骸化や与党政治家と官僚の癒着、利益誘導型政治の促進などの弊害も指摘されてきた。〔大川千寿〕

——➡第7章138ページ、第8章150ページ

死票　選挙で、当選者の決定に結びつかなかった票。小選挙区制のように得票率と議席率があまり比例的ではない多数決型選挙制度の下では、2位以下の候補者に投じられた票は、議席として代表されない。有権者は、自分の票が死票になることを回避するため、当選可能性を考慮した戦略投票を行うことがある。〔孫斉庸〕

——➡第5章102ページ

シビリアンコントロール　文民統制。軍隊の最高指揮監督権を政治家が握る近代民主主義国家の制度。主権者である国民が、代表である政治家（文民）を通じて、実力組織である軍隊を統制する。自衛隊法7条で、自衛隊の最高指揮監督権

は内閣総理大臣に属すると規定している。戦前日本では、軍部が統帥権の独立を盾に政治の統制を免れたことで、軍国主義につながった。〔山田陽〕

——➡第1章18ページ

社会学モデル　社会学を背景とした投票行動のモデル。有権者個人の社会経済的な地位や属性、所属する社会集団から受ける影響が重要だと考える立場。日常生活での身の回りの人とのコミュニケーションを通じて、自分の政治への意識が影響されていると考える。〔澁谷壮紀〕

——➡第4章78ページ

社会心理学モデル　有権者の意識といった心理的な動きを対象とする社会心理学を背景とした投票行動のモデル。政党の一員だと認識する政党帰属意識、外見や能力といった候補者イメージ、政策への態度といった争点態度・争点投票などがある。〔澁谷壮紀〕

——➡第4章79ページ

社会的企業　社会的課題の解決を目的とし、収益事業を行う事業体。ボランティア活動や慈善活動とは異なって、有償で製品・サービスを提供する。公的な補助金や助成金に依存した事業運営ではない。NPOに限らず営利企業の形態をとるものも含まれる。ただし、社会的課題の解決を優先するため、利潤最大化を目指す一般的営利企業とは異なる。〔山田陽〕

——➡第11章219ページ

衆参ダブル選挙　衆院選と参院選とが同時に行われること。参院選は3年に1度行われるが、衆院選は4年の任期に対し、その途中で解散されることがしばしばあり、選挙のタイミングが重なることは珍しい。これまでに1980年と1986年の2度行われ、いずれも自民党が大勝した。2019年参院選に際しても衆参ダブル選が模索されたが、見送られた。〔大川千寿〕

→第2章33ページ

所得倍増計画　1960年に池田勇人政権が掲げた長期経済計画で、正式には国民所得倍増計画という。1961年度から70年度にかけて、社会資本の充実や産業構造の高度化などを通して、実質国民総生産（GNP）を倍増させ、国民生活の向上を図ろうとするものだった。結果として10年を待たずに目標は達成され、高度経済成長の原動力となった。〔大川千寿〕

→第2章30ページ

新自由主義　ネオリベラリズムともいう。政府による民間への介入を最低限に抑え、市場原理や個人の自由、自己責任を重視する考え方。行政改革で小さな政府を推進し、福祉サービスの縮減、公営企業の民営化、規制緩和などを進めるもので、1970年代以降各国で取り入れられ、日本でも中曽根康弘政権や小泉純一郎政権が特に影響を受けたとされる。〔大川千寿〕

→第8章154ページ

政策応答性　有権者の多くが政治に対して求めていることを、政治側がしっかりと政策として反映させていること。民主主義における選挙は、有権者の意思や要求を代弁する政治家を選ぶことであり、政策応答性が高い状態に保つことが非常に重要である。〔澁谷壮紀〕

→第4章82ページ

政治資金規正法　政治活動の公明と公正を確保することを目的として、政治団体の届出、政治団体にかかる政治資金の収支の公開、政治献金の制限などについて定める法律。政治改革関連法が成立した1994年から、民主党政権が誕生した2009年までの間は、規制強化をめぐる政党間競争が活発だったが、最近の10年間は政治争点として注目されることが少なかった。〔孫斉庸〕

→第5章100ページ

政治的社会化　人間が、家族や友人、学校やマスメディア、さらには政党や政府などを通して、自らが属する社会における政治的価値観や政治文化について学習し、伝承していくことをいう。政治的社会化は、生涯にわたって行われるものであるが、特に青少年期に体験するものが重要とされている。〔大川千寿〕

→第6章110ページ

政党交付金　政党助成法に基づき、一定の条件を満たした政党に対して、国民の税金その他の国の財源によって、その活動の助成を行うものである。政党の政

治活動の健全な発達を促進し、もって民主政治の健全な発展に寄与することを目的としており、毎年の政党交付金の総額は、人口の総数に 250 円を乗じて得た額を基準とするとされている。〔大川千寿〕

→ 第 6 章 116 ページ

政党支持　アメリカのような有権者と政党のつながりが強いことを想定する政党帰属意識ではなく、日本のように現状での好ましさといった政党との弱いつながりのこと。現在では、支持する政党がない無党派層が日本をはじめ、先進国で増えつつある。〔澁谷壮紀〕

→ 第 4 章 79 ページ

政党内閣　衆議院で多数の議席を占める政党・党派が組織する内閣。議会の信任の上に内閣が成立する議院内閣制をとる場合、選挙で選ばれた政党政治家が中心になって内閣を組織するため、政党内閣は民主的と考えられる。日本で最初の本格的政党内閣は立憲政友会の原敬が 1918 年に組閣した。憲政会と政友会による政党内閣の慣習は、「憲政の常道」といわれる。〔山田陽〕

→ 第 1 章 19 ページ

セクショナリズム　官僚制の弊害の 1 つとしてよく取り上げられるもので、縄張り主義とも呼ばれる。つまり、官僚は本来、政府全体への広い視野をもって職務にあたるべきなのに、省庁内部の各部署、あるいは省庁同士がそれぞれの権限や利害にとらわれて、互いに協力せずに

排除し合う傾向にあることを指す。〔大川千寿〕

→ 第 8 章 155 ページ

世襲　ある政治家が死亡したり引退したりしたときに、その子どもや家族、縁戚関係にある者に支持基盤を引き継がせ、政治家として活動させること。人材の多様性を阻害し、人脈や資金、経験などさまざまな面で世襲でない政治家との格差が大きいとの批判もあるが、現在の日本の政治においても、岸田文雄首相や安倍晋三元首相をはじめ世襲により議員となった者は一定の割合を占めている。〔大川千寿〕

→ 第 5 章 92 ページ、第 6 章 113 ページ

絶対安定多数　→　**安定多数・絶対安定多数**

選択的接触　自分の政治的傾向（先有傾向）に従って、情報収集が行われることで、自分の先有傾向に近い情報ばかりに触れてしまう現象。ソーシャルメディア利用が当たり前になったことで、受動的に様々なニュースにふれることがなくなり、選択的接触が促進している可能性がある。〔澁谷壮紀〕

→ 第 10 章 202 ページ

戦略投票　有権者が、自らが最も好意を抱く候補者ではなく、選挙における情勢をふまえて、あえて次善の候補者に投票すること。とりわけ、1 人しか当選できない小選挙区制のもとでは、この戦略

投票が起こりやすいとされ、デュベルジェの法則の1つの要因（心理的要因）とされている。〔大川千寿〕

→第3章53ページ

争点投票　選挙の際に、自分の政策への賛否と、各政党の政策への賛否を用いて、自分と最も立場が近い政党に投票する方法。自分の利益を代表する候補者や政党を選ぶには、良い方法であるが、実際に争点投票をするには、多くの情報が必要である。〔澁谷壮紀〕

→第4章80ページ

争点明示機能　議会における審議過程を通じて、政治的な争点の内容や各政党間の政策的な立場の違いを明らかにして有権者に示す機能。議会は、有権者からの要求を法律に変換していく立法機能を重視する変換型議会と、政党や議員間の論戦を展開する場としての役割を重視するアリーナ型議会に分類できる。アリーナ型議会では、大幅な法案修正が行われることは少ないが、代わりに争点明示機能が重視されている。〔孫斉庸〕

→第7章130ページ

総評　労働組合総評議会。労働組合の中央組織。1950年、総同盟・日教組・国労などを中心に結成。産別会議・全労連とは別に組織された。1952年の第3回大会で左派路線に進み、階級闘争を基本理念として、日本社会党を支持した。1989年に全日本民間労働組合連合会と合流し解散。これが日本労働組合総連合会（連

合）となった。〔山田陽〕

→第11章211ページ

族議員　特定の政策分野について、関係省庁との協力関係や業界への利益誘導などを背景に強い影響力をもつ議員のこと。たとえば、建設族・厚生族・郵政族・農林族などと呼ばれる。特に自民党長期政権下での党政務調査会における政策決定のプロセスは政治家の政策能力を増す一方で、政官財の鉄の三角形の形成を促進し、癒着や利権構造を生み出した。〔大川千寿〕

→第2章35ページ、第7章138ページ

た　行

大正デモクラシー　日露戦争後から大正末まで政治・社会・文化の領域に広まった民主主義的・自由主義的風潮を意味する。第1次世界大戦後の民主主義を求める世界的傾向が背景にあった。普通選挙要求運動、労働運動、女性解放運動などが活発化した。政党内閣が成立した時期に重なる。1925年に男子普通選挙制が実現したが、同時に成立した治安維持法による弾圧もあって衰退していった。〔山田陽〕

→第1章20ページ

第2臨調　1981年から83年にかけて設置された第2次臨時行政調査会のこと。元経団連会長の土光敏夫が会長を務め、「増税なき財政再建」を目指した。歳出削減、許認可や特殊法人の整理、国・地方

の役割分担、行政情報の公開、そして3公社（国鉄・電電公社・専売公社）の民営化といった、行政のあり方全般にわたる提言を行い、その後の行政改革に影響を与えた。〔大川千寿〕

——→第8章154ページ

中選挙区制　　1993年総選挙まで（1946年を除く）、日本の衆議院議員総選挙に採用されていた選挙制度。1つの選挙区でおおむね3〜5名の議員を選出することになっており、有権者は1人の候補者のみに投票し、得票数の多い順に当選者が決まる。複数の議席をめぐって、同一政党に所属する候補者間の同士打ちが見られ、自民党内の派閥政治を活性化した要因の1つとされる。〔孫斉庸〕

——→第5章95ページ

敵対的メディア認知　　政治的傾向や態度が強い人ほど、マスメディアなどが自分とは反対の立場にある、偏っていると認識してしまう現象。また、自分はメディア報道に影響を受けないが、多くの人は影響を受けていると過大評価する、第三者効果にも関連し、よりメディアに反発的な認識を高めることも指摘される。〔澁谷壮紀〕

——→第10章198ページ

鉄の三角形　　鉄のトライアングル（三角同盟）とも呼ばれる。政策形成のプロセスなどにおいて、政治家・官僚・財界の3者が共通の利益を背景にして分かちがたく結び付いていることを表す語。自民党長期政権下では、この三角関係のもとでそれぞれに有利な形で政策が誘導され、政治腐敗が促進されたとの批判がある。〔大川千寿〕

——→第8章151ページ

党議拘束　　議会での採決に際して、政党が所属議員の行動を拘束し、党の方針通りに投票させること。一般的に、議会多数派からの支持が維持されなければ内閣が存続できない議院内閣制のもとでは、政党として一体性を保つことはより重要であり、党議拘束が強くなる傾向がある。政党は、党議拘束に従わなかった議員に対して、党則に基づいた処分を行うことで、一体性の確保に努める。〔孫斉庸〕

——→第7章138ページ

同盟　　国家間で結ばれる、共通の脅威に対抗するための暫定的な攻守協定と一般的には定義される。軍拡と同様の効果をもつとされる。近代欧州国際政治をモデルとしたこの定義は、対等な国力をもつ列強間の同盟関係を想定している。この定義が冷戦後の超大国アメリカと中小国の同盟にどこまで適用できるのか否か、議論がある。〔玉置敦彦〕

——→第9章171ページ

な　行

二元代表制　　行政府のトップである首長と立法府を構成する議員を、それぞれ有権者の直接選挙で選ぶ執政制度。有権者に説明責任を負う代理人が二元的であ

ることによって、首長と議会の間には緊張関係が生まれる。日本の場合、地方自治体レベルでは二元代表制、国政では議院内閣制が採用されており、中央と地方で執政制度が異なることが特徴的である。〔孫斉庸〕

→第3章48ページ、第5章90ページ

日米安全保障条約　1951年に署名され、52年に発効した、日本とアメリカの間に結ばれた安全保障に関する条約。1960年に改定された。その際、10年間条約が維持されることが規定されるとともに、その後は、日米いずれかの通告があった場合は、通告から1年で条約は破棄されることが明記されている。〔玉置敦彦〕

→第9章170ページ

ねじれ国会　衆参両院で多数派が異なる状態。衆参両院における議員の選出方法や選挙のタイミングが異なるため、常に両院の多数派が一致するとは限らない。衆参両院で異なる議決がされやすくなる。一方、憲法は、予算の議決、条約締結の承認、首相指名について衆議院の優越を認めている。また、参議院で衆議院と異なった議決をした法案について、衆議院で出席議員の3分の2以上の多数で再び可決したときは、法律となる。〔孫斉庸〕

→第7章128ページ

ネット選挙　インターネットを用いた選挙運動のこと。SNSやメールなどが選挙運動で使用でき、候補者や政党による政策や演説情報の発信や有権者とのコ

ミュニケーションなどが可能となった。一方で、先進的な取組みを行う諸外国と比べ、まだ日本は活用も進んでいないのが現状である。〔澁谷壮紀〕

→第3章49ページ、第10章200ページ

は　行

反安保闘争　日米安全保障条約を改定する新日米安全保障条約（日米相互協力及び安全保障条約）の成立阻止を要求する国民的反対運動。革新系組織や全学連などが、安保改定阻止国民会議を結成し展開された。新条約によって日本がアメリカの世界戦略に位置づけられ、再び戦争に巻き込まれると主張した。しかし、衆議院が条約批准を強行採決し、参議院では自然承認となり成立すると沈静化した。〔山田陽〕

→第11章211ページ

フィルターバブル　ソーシャルメディアでは、各ユーザーの行動履歴（検索したキーワードや閲覧したページなど）が分析され、サービスの向上が図られ、各ユーザーの関心に最適化された情報が優先的に表示される。システムとして、選択的接触が作られ、まるで自分の関心の泡の中で、他の情報を遮断するフィルターバブルにいる状況が作られている。〔澁谷壮紀〕

→第10章203ページ

福祉国家　国家の機能を安全保障や社会の秩序維持に限定せず、国民の最低限

度の生活（ナショナル・ミニマム）を保障するため、社会保障制度を充実させ、経済政策を通して完全雇用や所得の再分配などを進める現代の国家のあり方。様々な形態があるが、財政負担が「大きな政府」をもたらし、行政効率を損なうことがしばしば問題となる。〔大川千寿〕

→第8章153ページ

復活当選　衆議院小選挙区で立候補する政党公認候補者のうち、比例代表の名簿にも掲載された者は、小選挙区で敗退したとしても、比例で救われる場合がある。これを復活当選という。ただし、小選挙区において下位で敗退したとしても、比例名簿で上位に位置づけられることで復活する場合もあり、批判されることもある。〔大川千寿〕

→第3章56ページ

浮動票　特定の政党に対して長期的に安定した支持態度をもたず、短期的な要因によって頻繁に投票先を変更する有権者が投じる票。投票先が流動的であるため、短期的に注目される政策争点、候補者の個人的な属性、政党・政治家による動員によって影響されやすい。〔孫斉庸〕

→第5章93ページ

フレーミング　メディアのニュース報道では、理解を促進するために、何らかの枠組み（フレーム）を用いている。フレームによって、人々の問題への認識や評価が決まってしまうという影響。抽象的なフレームや具体性のあるフレームな

ど、様々なフレームがあり、特に政治では、争点中心の報道や、人間関係や戦略中心の報道といったフレームがある。〔澁谷壮紀〕

→第10章197ページ

分極化　先有傾向に基づく選択的接触や選択的回避によって、人々はフィルターバブル状態に陥る。自分の先有傾向に近い情報ばかりにふれることで、より極端な意見に変化してしまう現象を分極化やエコーチェンバー効果と呼ぶ。〔澁谷壮紀〕

→第10章203ページ

ベトナム反戦運動　アメリカのベトナム侵攻に反対する運動。世界的な反戦運動の展開を受けて、日本では北爆が始まった1965年に始まった。革新政党、労働組合、学生団体などが展開。べ平連の市民運動のほか、新左翼による佐藤栄作首相ベトナム訪問阻止を狙う羽田事件、新宿騒乱、米軍原子力空母エンタープライズ佐世保寄港阻止闘争など、実力闘争も起きた。〔山田陽〕

→第11章212ページ

本人・代理人関係　本人が自らの利益のための何らかの業務を、他者である代理人に委任して実行してもらう際に成立する関係。情報の非対称性により、本人よりも多くの情報を保有している代理人が、本人の利益にならない行動をとるおそれがある。本人には、代理人の専門性を活かしながらも、適切にその活動を監

視することが求められる。〔孫斉庸〕

→第5章88ページ

→第5章88ページ

や　行

郵政民営化　国が運営してきた郵便・郵便貯金・簡易保険の郵政3事業を民営化したこと。2001年に首相に就任した小泉純一郎が、「改革の本丸」として掲げた。郵政族を中心に自民党内からも激しい抵抗を招き、郵政民営化法案はいったん否決されたが、2005年衆院選（郵政選挙）で自民党が大勝したことで、最終的には2007年に民営化が実現した。〔大川千寿〕

→第2章38ページ

吉田ドクトリン　→　**吉田路線**

吉田路線（吉田ドクトリン）　日米同盟を基軸として安全保障をアメリカに依存し、軽武装を維持して防衛費を抑え、国力を経済活動に集約して経済と通商の発展を目指す日本外交の方針。吉田茂によって打ち出されたといわれるが、この外交路線の存在が認知され、制度化され、また正統化されたのは1970年代から80年代のことである。〔玉置敦彦〕

→第9章172ページ

ら　行

リクルート事件　情報サービス会社のリクルート社が、子会社（リクルート・コスモス社）の未公開株を竹下登ら政界の大物や官・財界の要人らに譲渡し、大きな売却益を上げさせた1980年代の疑獄事件。リクルート社から政治家への多額の献金も明らかになり、1989年に竹下内閣は総辞職した。政治不信が深まり、1990年代の政治改革のきっかけとなった。〔大川千寿〕

→第2章35ページ

リベラルな国際秩序　アメリカが追求してきた国際秩序。民主主義という国内政治体制、資本主義と自由貿易という経済システム、そして多国間の国際制度からなると定義されることが多い。冷戦期の西側陣営に起源をもつとされ、現在はこの秩序が危機に瀕しているとの解釈が広くみられる。秩序の定義、範囲、変化をめぐっては、多くの議論がある。〔玉置敦彦〕

→第9章172ページ

冷戦　1940年代後半〜50年代から90年前後まで続いた、アメリカとソ連の権力闘争。相互に同盟を組織し、大量の核兵器を保持して対峙したが、直接戦火を交えることはなかった。アメリカ陣営を「西側」と、ソ連陣営を「東側」と呼ぶ。冷戦がいつ始まり、いつ終わったかについては、冷戦の原因・責任論と結びつき、解釈が割れている。〔玉置敦彦〕

→第9章168ページ

列国議会同盟（IPU）　1889年に設立された、世界各国の議会による国際組織。各国・地域の議員間の交流を通じて、世界の平和と協力および議会制民主主義の

確立のために活動している。毎年2回、春と秋に定例会議が開催されており、日本からは、衆参両院の議員で構成される日本国会代表団を派遣している。〔孫斉庸〕

→第5章104ページ

ロッキード事件　アメリカのロッキード社の航空機売り込み工作に関連し、多額の賄賂が当時の政権の中枢や財界にわたったとされる疑獄事件。ロッキード社の代理店の丸紅を通じ約5億円の資金を受け、航空機導入を働きかけたとして、1976年に元首相の田中角栄が逮捕・起訴され、1審・2審ともに受託収賄罪で実刑判決が下された（1993年、田中の死去により公訴棄却）。〔大川千寿〕

→第2章33ページ

附録 2
計量分析の基礎知識

1　データの特徴・関連性を読み解く方法 ──

　近年、データ分析はその地位が明確なものとなり、多くの研究が計量分析を用いている。政治学においても、因果関係の把握や、各種データが充実し、様々な分析手法を用いた研究が増えている。計量分析は、目の前の「データ」からどのような傾向・関連性があるかを明らかにするものであり、超能力のように無から何かの傾向を生み出すものではなく、「タネ」が用意されたマジックのようなものである。ただ機械学習のような「タネ」自体が、専門家以外では分かりにくいものもある。

　一方で、私たちが知りたいことに関する「すべて」のデータが得られることは滅多にない。たとえば、メディアの世論調査は一部の回答者への調査の結果であり、決して有権者全員に調査しているわけではない。このような全員ではなく、限られた対象に調査することを**標本調査**と呼ぶ。標本調査とは、本来その傾向を知りたいグループ（**母集団**）を想定し、その一部である**標本**に対して実施する調査のことをいう。標本調査では、母集団から**無作為抽出**（ランダムサンプリング）で標本を選び取り、母集団と標本の間の偏りをなくす。この手順によって、母集団の縮図となる標本の傾向から、母集団の傾向を推測することが可能となる。

　母集団と標本の関係から、インターネット上でのユーザーへのアンケートが世論調査と呼ばれていることを考えてみよう。回答者（ユーザー）は、そもそもインターネットユーザーであり、インターネットを

使わない人々の意見や、調査を実施するサイトを利用してない人の意見を反映できていない。つまり、様々に偏った人しか回答していないデータから得られる結果は、母集団と比べて、偏ったものになる。そのため、できる限り母集団との偏りをなくし、母種団の縮図を作り出すためにも、無作為抽出を必ず行わなければならない。

（1）データの特徴を知る記述統計

　では、母集団と隔たりのない標本の傾向をどのように知るか。まずデータには、一般的に**質的変数**と**量的変数**という２つの形式があり、それぞれ確認すべき傾向・指標が異なる。

　質的変数とは、血液型（A・B・O・AB）のように言葉で表現されるものを、便宜的に数値化したものである（カテゴリー変数、離散変数ともいう）。また質的変数には、ダミー変数という０か１で表現されるデータを用いることもある。たとえば、女性を示すダミー変数は、男性の場合には０、女性の場合には１のように表現する。さらに質的変数を細分化すると、数値自体に意味をもたない名義尺度と、数値の順番に意味がある順序尺度がある。いずれも質的変数は、数値自体に意味をもっておらず、表などを用いた集計結果によって、その傾向を確認することが望ましい。たとえば、政治への満足度が、自民党支持者では80％、無党派層では40％のように、支持する政党というグループ間の回答傾向の違いというデータの性質を確認するような形だ。

　これに対して、量的変数は、投票率などの数値自体に意味がある（連続変数とも呼ばれる）。さらに細分化すると、等間隔で増減する間隔尺度と、数値が連続的に増減し、０という数値が何もない状態ではない比例尺度がある。たとえば比例尺度である気温は０度が存在し、マイナスの気温も存在するが、間隔尺度である身長は、０ｍはそもそも存在しない。またアンケート調査での回答など、本来は質的変数のデータを、分析の際には、量的変数として扱うことが多々あり、その都度、どのように扱うかを考えることが必要である。

数値に意味がある量的変数は、平均値、最大値、最小値などの代表値を求めることで、データの分布に基づき、その状況・特徴を確認する**記述統計**を行う。記述統計は、データの分布の中心を表現する代表値である**平均値**（算術平均）がよく用いられる。一方で、平均値は（大小ともに）極端な値が計算に含まれると偏りが生じるため、データを端から数えてちょうど真ん中となる**中央値**（median）を用いる場合がある。

　データの中心だけではなく、データが平均値周辺に集まっているのかどうかを、データの散らばり具合を示す指標で確認することも重要である。そこで平均値と個々のデータとの差を示す**偏差**を2乗した上で、偏差の2乗の平均値を、データ全体のばらつきを示す**分散**という。分散は、データ内のばらつきが大きいとき、大きな値をとる。分散は、データの単位に依存してしまうため、他の変数の分散と比較することはできない。そこで、変数間の比較を行う際には、分散の平方根（ルート）をとる**標準偏差**をデータのばらつきの指標として用いる。

　別のデータの傾向を示す指標として、母集団と標本の関係から平均値の精度を測るものがある。世論調査で得たデータは、本来の調査対象（母集団）の限られた一部（標本）を調査したにすぎず、偏った一部の標本を調査した場合には、母集団を反映していないデータの可能性がある。そこで得られた標本が、どれほど母集団と近いのかを**標準誤差**で測る。標準誤差は、標本のデータの平均値（標本平均）が、母集団の平均値にどれほど近いのかを表し、値が高くなると標本と母集団のズレが大きく、逆に低いとズレが小さいことを示す（いわゆる標本平均の標準偏差を計算しているのと同義である）。またデータ数を増やすと、母集団のデータ数に近づき、標準誤差は小さくなる。

（2）データ同士の関連を明らかにする：共分散と相関係数

　様々な指標でデータの傾向を把握した上で、複数のデータの間の関係性を理解することが、計量分析の次のステップである。たとえば、あるクラスで、数学の点数が高い人ほど、国語の点数が高い傾向があったと

する。数学と国語の点数という２つの量的変数の関連性の強さを測るには、どのようにすればいいのか。

　２つの量的変数の関連性を表すには、２つの量的変数のデータの偏差を掛け合わせ、平均値を計算する**共分散**がある。共分散は、プラスで、かつ大きな値をとると、「一方が大きいと、もう一方も大きい」ことを示す。またマイナスで、かつ小さな値をとると「一方が大きいと、もう一方は小さい」という関連性を数値で示す。共分散は、偏差と分散と同様に、その値が単位に依存してしまうので、単位の異なるデータを比較できず、正しく関連性を測ることが難しい。

　単位が異なるデータの関連性を比較するには、共分散を２つのデータの標準偏差を掛け合わせたものと、割ることで求められる**相関係数**を用いる。相関係数は、「－１から１」までの範囲で、２つのデータ・変数の関連性の強さを表現し、１に近いほど「変数Ｘが大きいほど、変数Ｙも大きい」という正の相関を示し、－１に近いほど、「変数Ｘが大きいほど、変数Ｙは小さい」という負の相関を示す。また相関係数が０のときには、変数ＸとＹの間に関連性が見られない無相関を示す。

　相関関係は、ＸとＹの２つの変数（データ）の散布図（各変数の値に対応する点を示すグラフ）で、右肩上がりの直線的にデータが分布した時に正の相関をとり、逆に右肩下がりの直線的にデータが分布すると負の相関となる。おおよそ相関係数が0.7以上（－0.7以下）のとき、強い相関と呼ぶが、絶対的な基準ではないことには注意が必要である。また相関は直線的な関連性を示すものので、非直線的な関連には、用いることはできない。このような２つのデータ・変数の関連性を数値で表す相関は、基礎的な分析でありつつ、非常に重要な分析手法である。

　一方で相関は、あくまでも「Ｘの値が大きいときに、Ｙの値も大きい」といった傾向が似ていることを示し、「Ｘの値が大きくなったので、Ｙの値が大きい」という変化に、２つのデータの前後関係がある因果関係を示すものではない。たとえば、あるクラスの数学と国語の点数に正の相関があったといって、「数学ができるようになったので、国語ができるよ

うになる」という数学の点数アップが国語の高得点を引き起こすとは考えられない。むしろ、全体的なテスト勉強によって、数学と国語の両テストに良い影響を与えると考えた方が因果関係としては、妥当である。このように、2つのデータに関連性があったとしても、別の原因によって引き起こされた場合もあり、単に傾向が似ている（相関関係）だけでは、原因と結果の関係を示す因果関係とみなすことはできない。

（3）因果関係により近づくための回帰分析

　では、因果関係に迫るにはどのような手法を用いた方がいいのか。相関よりも因果関係の把握に迫れる分析方法として、**回帰分析**がある。回帰分析は、データを用いて原因から結果を予測・説明するために用いられる分析方法である。もしくは、原因となるデータが、結果となるデータに対し、どれほど影響を及ぼすかを測定する分析手法である。回帰分析では、原因となるデータを、**説明変数**（独立変数・予測変数など）、結果となるデータを、**被説明変数**（従属変数・目的変数など）と呼ぶ。また回帰分析は、2つのデータの関連を分析する相関と異なり、1つの被説明変数に対し、複数の説明変数の影響を一気に分析できる。このように、説明変数が1つの場合は**単回帰分析**、複数の場合は**重回帰分析**と呼ぶ。

　回帰分析は、相関と同様に説明変数と被説明変数から、散布図を作成し、個々のデータ（観測値）からのズレ（残差・誤差）をできる限り小さくした直線（回帰直線）を求めるものである。この手法を**最小二乗法**（OLS）と呼ぶ。最小二乗法で求めた回帰直線は、$y = a + bx$ という一次関数の形で表現できる。一次関数の式の a 項（$x = 0$ の時の y の値）を「切片（定数項）」、直線の傾きである b 項を「**係数**」と呼ぶ。係数は、「説明変数 x が1単位増加したときに、被説明変数 y は b 分だけ増加する」ことを示すものであり、回帰直線の式の説明変数 x に任意の数値を入れると、被説明変数 y の値が予測できる。

　また複数の説明変数を用いる重回帰分析は、$y = a + b_1x_1 + b_2x_2 + b_3x_3$ という直線の式となる。単回帰の際と同様に、切片（a）や係数（b_1, b_2,

b_3）は、最小二乗法で推定される。一方で、複数の説明変数の係数があるため、単回帰とは解釈の仕方が異なり、「他の説明変数の値を一定にしたときに、説明変数 x_n が 1 単位分増加したときに、被説明変数 y は b_n 分だけ増加する」となる。このように複数要因の影響を測れる重回帰分析は、1 つの要因だけでなく、複数要因が絡み合って生じる社会科学が扱う多くの現象に対し、自分が知りたい要因以外の第 3 の要因の影響を考慮（除外）するといった点で、その分析手法の有用性が高い（複数の説明変数を分析に含めることで、誤差が小さくなり、より精度の高い予測・分析が可能となる）。

（4）得られた分析結果の妥当性を測る：統計的仮説検定

　ここで注意すべき点は、回帰分析の係数は分析に用いた標本データに基づいて推定されるため、異なる標本データを用いると全く異なる推定結果（係数）が得られることだ。すでに説明しているが、計量分析の目的の 1 つは、母集団の傾向を知ることだ。そのため、標本データのみで生じる分析結果（係数）ではなく、母集団でも同様の分析結果が得られるかを判断しなければならない。そのために、統計的仮説検定が必要となる。

　統計的仮説検定を説明する前に、その前提を考えてみよう。標本データの分析から得られた係数が、「母集団でも同様の係数が得られる、ある説明変数が被説明変数に影響がある」と、確かめるのは骨が折れる。なぜなら、たとえ、自分が分析した標本データから分析結果（係数）を得たとしても、他の標本データを用いた分析で、「1 つでも影響がない（係数が 0）」結果を得てしまうと、「自分が分析した標本データで得られた分析結果は、母集団でも同様に生じる」と主張できない。

　本来であれば、すべての標本を余すことなく分析しなければならない（悪魔の証明）のだが、統計的仮説検定では、本来知りたいことと逆の「影響がない」ことを仮定し（仮説とし）、1 つでも「影響がある」ことを探すという形で、検定（検証）を行う（いわゆる背理法）。このような想定に基づいた統計的仮説検定では、本来知りたいことを「対立仮説」と呼び、

検証で否定されるべき仮定を「帰無仮説」と呼ぶ。回帰分析における帰無仮説は、「母集団を用いた分析の係数は0（＝0）」で、対立仮説は「母集団を用いた分析の係数は0ではない（≠0）」となる。このような形で、標本データでの分析結果の係数に「0」ではないものが、偶然ではない形で、1つでも存在するかを検証するのである。

　具体的には、推定した係数とばらつきを示す標準誤差を用いて、有意性の検定が行われる。有意性の検定とは、**p値**と呼ばれる0から1の範囲の指標を用いて、p値が「0.5%以下」であれば、その説明変数の係数は、母集団においても同様に得られると判断する。母集団でも生じ得る係数かどうかを測るp値は、決して係数の大きさ（影響力の高さ）を測るものではない。またp値は、標準誤差を用いて計算されるため、標本内のデータ数が多くなるほど、低い値をとることも注意が必要である（標本内のデータ数が多くなると、必然的に母集団に近づくので、結果的に係数の値も母集団での値に近くなる）。

　最後に、分析に含めた説明変数（原因）が、被説明変数（結果）の数値をどれほど説明（予測）できたかを示す**決定係数**という指標がある。決定係数は、0から1の範囲で値が高いほど、被説明変数への説明力・予測率が高いことを示す。一方で、決定係数は、説明変数が増えるほど、高い値となるため、しっかりと自分の仮説に基づいた説明変数を含めなければならない。そのため、因果関係を明らかにするために回帰分析を用いる際には、決定係数を重要視しない傾向が強い。

2　有権者の政党へのイメージを業績評価投票で読み解く

　ここまで計量分析によるデータの特徴・傾向を捉える手法を説明してきた。では、実際の研究では、どのように分析を用いるのか。そして、分析を行う際に、考えるべきことを説明する。

　今回、例として、「政党の好感度」と「業績評価投票」の関係を分析で

検討してみる。**第4章**（投票行動）で、有権者が現在の政治や経済の良し悪しを判断し、投票先を決めるという業績評価投票を説明した（第4章3（4））。業績評価投票は、政府や与党への評価が、投票先を決める際に大きな影響を及ぼすと想定する。投票行動の理論ではあるが、ここでは政府の業績評価が、各政党への好感度・イメージに影響を及ぼすのかを検証してみる。分析の仮説は、以下の通りである。

> **仮説1**：政府（首相）の業績を評価すると、政権与党（自民党）への好感度が高くなる
>
> **仮説2**：政府（首相）の業績を評価すると、野党（民主党）への好感度が低くなる

　分析を行うデータは、「東京大学谷口研究室・朝日新聞共同調査」の第47回衆議院総選挙（2014年12月14日投票）の有権者調査である。この東大・朝日調査は、政治や衆院選に関する質問を、母集団を日本の有権者とし、無作為抽出された3000人に対して実施された（実際の回答数は1813名、回収率は60.4%）。母集団が日本の有権者である標本調査であり、統計的仮説検定を行うことで日本の有権者の傾向を把握できる。

　被説明変数は、「自民党（民主党）への好感度」であり、政治学の研究でよく用いられる「政党への感情温度計」である。感情温度計とは、対象へ好感も反感ももたないときを50度、好感であれば、強さに応じて51度から100度、反感であれば49度から0度の整数で回答する質問である。東大・朝日調査では各政党を対象に、それぞれ質問している。

　説明変数は「首相への業績評価」であり、「あなたは、首相の全般的な仕事ぶりについて、よくやっていると思いますか、それとも思いませんか」という質問で、評価しない場合は1、評価する場合は5をつける、5段階評価の変数である。

（1）詳細な分析の前にデータの傾向を確認する

　まず「自民党への好感度」の特徴を記述統計で確認する。それぞれ平均値 52.007、中央値 50、標準誤差 0.560、標準偏差 22.531 である。たとえば、比較としての「民主党への好感度」は、平均値 39.511、中央値 49、標準誤差 0.538、標準偏差 21.102 であり、自民党への好感度の方が、多少ばらつきが大きい。また「首相の業績評価」も記述統計を行うと、平均値 3.380、中央値 4、標準誤差 0.027、標準偏差 1.159 であり、全体として高く評価していることが分かる。

　続いて、自民党への好感度と首相の業績評価のデータの関係性を相関係数から確認する。相関係数は 0.646 であり、2 つのデータの間に正の相関がある。一方で、民主党への好感度と首相の業績評価の相関係数は、−0.174 と負の相関となっている。業績評価投票から考えると、政府を評価する場合は、与党の自民党への好感が高いが、政府に不満がある場合、野党への好感が高まると予測される。だが、今回の相関係数では野党への好感と業績評価との関係が弱いなど、様々な解釈が考えられる。だが一方で、2 つのデータの間にある因果関係や、複数の変数の影響を考慮した上での関係を詳細に把握できていない。そこで、より詳細な変数間の関係を把握することを目的に、回帰分析を行う。

（2）回帰分析を用いて仮説を検証し、因果関係に迫る

　まずは単回帰を行う。原因となる説明変数は「首相への業績評価」、結果となる被説明変数は「自民党への好感度」と「民主党への好感度」で回帰分析を行う。**図表附-1** は、単回帰分析の結果であり、計量分析を使った研究では、このような形式で記載される。

　図表附-1 を見ると、「首相への業績評価」の係数は、「自民党への好感度」の分析で 12.542、「民主党への好感度」で −3.164 となっている。回帰直線の数式で表すと、「自民党への好感度 = 9.604 + 12.542 × 首相への業績評価」と、「民主党への好感度 = 50.067 − 3.164 × 首相への業績評価」になる。つまり 5 段階評価の「首相への業績評価」が 1 段階上がると、

図表附-1　単回帰分析の結果

被説明変数	自民党への好感度	民主党への好感度
	係数	係数
切片	9.604***	50.067***
	(1.319)	(1.621)
首相への業績評価	12.542***	−3.164***
	(0.369)	(0.458)
データ数	1616	1536
決定係数	0.417	0.030

※括弧内の数値は標準誤差、
***：p値<0.001、**：p値<0.01、*：p値<0.05、+：p値<0.1

「自民党への好感度」は約12アップし、逆に「民主党への好感度」では
約3ダウンする。

　続いて、統計的仮説検定を行い、分析結果である係数が、母集団でも
同様に生じるものなのかを検討する。一般的に、回帰分析の結果には、p
値（またはt値）が直接、明記されるのではなく、「*」マークが各説明変
数の係数の横に記載され、注意書きで「*」の数に応じて、p値がどの程
度なのかを表す（表の注部分に記載）。**図表附-1**を見ると、いずれの分析
でも「首相への業績評価」は「***」と、p値が0.001以下であり、推定
された係数と同様の影響が母集団でも生じると判断できる。

　加えて、「自民党への好感度」の分析では決定係数が0.417、「民主党へ
の好感度」では0.030となっている。決定係数から、「首相への業績評価」
によって、「自民党への好感度」の約42％、「民主党への好感度」の約
3％を説明・予測できることが分かる。説明変数が1つの単回帰分析で
も、「自民党への好感度」を約40％も説明するが、「民主党への好感度」
では10％も説明できないことが分かる。

（3）より精緻に仮説を検証する重回帰分析

　続いて、重回帰分析によって、複数の説明変数を含めて分析を行い、
より精緻な関係を明らかにしてみる。

　図表附-2の重回帰分析の結果を見ると、「首相への業績評価」の係数

図表附-2　重回帰分析の結果

被説明変数	自民党への好感度	民主党への好感度
	係数	係数
切片	6.895***	41.610***
	(1.803)	(2.357)
首相への業績評価	7.246***	−2.434***
	(0.435)	(0.567)
景気の認識	1.825***	−0.111
	(0.454)	(0.593)
前回選挙で与党投票	5.227***	−9.859***
	(0.900)	(1.170)
政府への信頼感	4.263***	5.214***
	(0.605)	(0.794)
自民党支持	11.901***	−7.345***
	(1.029)	(1.346)
無党派層	2.170*	−5.357***
	(1.038)	(1.330)
男性	0.733	−1.881+
	(0.775)	(1.012)
年代	−0.355	1.126**
	(0.266)	(0.346)
失業中	2.001+	1.288
	(1.161)	(1.548)
データ数	1590	1514
決定係数	0.543	0.141

※括弧内の数値は標準誤差、
***：p 値＜0.001、**：p 値＜0.01、*：p 値＜0.05、+：p 値＜0.1

は、単回帰の結果と比較すると、p 値の変化はないが、「自民党への好感度」の分析では 12.542 から 7.246 に、「民主党への好感度」では −3.164 から −2.434 へと変化している。この係数の変化は、他の説明変数の影響を排除したことで、「首相への業績評価」の影響がより正確なものになったことを示している。この分析結果から仮説を考えてみると、**仮説１**の通り、首相の業績への評価が高いと、自民党への好感度が高くなることがわかる。加えて、**仮説２**の通り、首相の業績を評価しないと、民主党への好感度が高くなることが明らかとなった。仮説を検証する形で、重回帰分析を行うと、より原因と結果の詳細な関係を把握できる。

「首相への業績評価」以外の説明変数を見ると、無党派層かどうかが、非常に重要な要因であることが分かる。支持政党がない場合を 1、何かしらの政党を支持する場合には 0 をとる「無党派層ダミー」の係数は、「自民党への好感度」の分析で 2.170、「民主党への好感度」で −5.357 である。この結果から無党派層は、自民党への好感度は高いが、民主党への好感度は低いという傾向を読み取れる。

　最後に、重回帰に変えたことの決定係数の変化を見ると、「自民党への好感度」の分析で 0.417 から 0.543、「民主党への好感度」で 0.030 から 0.141 となっている。分析に含めた説明変数では、「自民党への好感度」の約 55% が説明でき、「民主党への好感度」の約 15% を説明している。複数の説明変数を含めると、単回帰分析よりも決定係数が高くなるが、それよりも前述の通り、仮説検証できる分析かどうかが重要である。

　今回は、自民党・民主党への好感度に対し、首相への業績評価が、どれほど影響を与えるのかという仮説を計量分析で明らかにした。一対一のデータで関連性を確認するだけでなく、複数の要因を考慮した分析をすることで、より原因と結果の関係を詳細に把握できる。さらに原因と結果の因果関係を考えるには、様々な要因を分析に含めることで、より精緻な関係・変数間の影響を測ることができるだろう。

附録 3
学生がつながる
現実政治とのかかわり方

①現実政治とのかかわり方
②概要
③応募方法・参加方法
④体験談
⑤名前（所属学部、学年、執筆時期）

　本書を読む方の多くは、大学で政治学を学ぶ学生かと思います。ただ、政治について一通り学修してそれで終わりではありません。学んだことを活かしながら、一人の市民として現実の政治に具体的につながり、かかわっていかなければなりません。その方法についてあなたは想像し、または体験したことがありますか？

　ここでは附録として、著者のゼミの学生たちの協力を得て、彼らや彼女らが実際に政治につながり、かかわった体験談を掲載します。時に悩み試行錯誤しながらも、それぞれの活動を通じて多くの気づきを得て、自信をつけた様子がみてとれます。

　もちろん、日常の場面で政治について考え、身近な人と議論することも政治と立派につながることだと思いますし大切にしてほしいのですが、学生の立場でその先に一歩踏み出し、政治により深く参画するためのヒントとして読んでいただけると幸いです。

①選挙啓発団体への参加

②「横浜市イコットプロジェクト」という選挙啓発団体に参加し、主に若年層に向けた選挙啓発活動を行っています。

　当団体は、「若者の投票率が低下する中で、私たちにもできることはないか」という学生の質問がきっかけで、2010 年に横浜市選挙管理委員会事務局との協力の下で設立されたものです。

　若者に伝わりやすい啓発を心がけており、高校生に対する出前授業や、市

内での街頭啓発はもちろん、若者の利用率が高い SNS を活用した啓発も実施しています。

③私が当団体に参加したきっかけは、ゼミの指導教授の紹介で加入した「かながわ選挙カレッジ」での経験を活かし、より多くの人のために尽くしたいとの思いをもったことでした。

　この団体に参加したい方は、横浜市選挙管理委員会事務局（sk-ikotto@city.yokohama.jp）に参加したい旨の連絡をすることで参加することができます。

　選挙に関する知識が不安な方でも、参加してから勉強することも可能ですので、お気軽にご連絡ください。

④2022 年度の参議院議員通常選挙では、若者の利用者が多い SNS を活用した啓発を実施し、延べ 3 万人の方に選挙啓発の投稿をご覧いただきました。

　また、街頭啓発では駅前にて投票日をお知らせしながら啓発物品をお配りしましたが、受け取った方から「絶対に投票に行くから！」という心強いお言葉をいただけた際には、このような活動をしていてよかったと心から感じることができました。

　このような小さな活動ではありますが、これを読まれた方には、未来に民主主義を「つなげる」活動の 1 つと知っていただけたなら幸いです。

⑤中薗知也（法学部、4 年生、2023 年時点）

①学生団体で若者と政治のキョリを近づける

②学生団体 ivote（アイ・ヴォート）は、「若者と政治のキョリを近づける」ことを理念に、若者の政治的関心や主権者意識の向上を目指して活動している団体です。設立は 2008 年で、学生自治と政治的中立を柱に、高校生と大学生あわせて 25 名（2019 年 9 月現在）で活動しています。現在の主な活動内容は、学校での出前授業や模擬選挙、政治家と学生の飲み会やイベント開催、メディアの運営、講演会や候補者討論会への登壇など、幅広く手掛けています。

③学生団体により応募方法は異なりますが、ivote に興味をもったならまずは会議見学へ。週に 1 回、都内で行っています。会議見学の申込みはホームページの問い合わせフォームや、SNS の DM（ダイレクトメッセージ）から受け付けています。会議では団体説明はもちろん、雰囲気が実感でき、疑問点の相談もできます。入会後は、自分で企画を立案したり、依頼された事業のメンバーに手を挙げたりなど、自分から動けば時には大人を動かしてやりたいことが実現できます。

④ivote は若者の主権者意識向上のため、選挙時には特に活発に活動しています。若者の気持ちを一番理解しているのは、若者自身です。候補者に取材に行ったり、各党の公約を比較してまとめたりします。さらには、立候補予定

者をゲストにイベントを開催したり、ネット上で若者向けの特集記事を公開したりすることもあります。公示前をピークに投票日まで忙しく、ある程度の政治の知識も要求されますが、皆で協力して乗り切ります。嬉しい反響があるとやりがいを感じますし、かかわった候補者の当落に一喜一憂しメンバーと結果を分析するのも楽しいです。

⑤釘本茜（法学部、体験当時 4 年生、2020 年時点）

①選挙啓発活動への参加

②神奈川県明るい選挙推進協議会が実施する「かながわ選挙カレッジ」に参加し、選挙啓発活動を行いました。かながわ選挙カレッジは若年層の投票率低下の対策のため県内の大学生が集まり、少しでも多くの人に選挙に興味をもってもらえるように、様々な企画を行う団体です。具体的には高校を訪問して出前授業の実施や、地方選挙における街頭啓発で啓発物品の配布、フォーラムへ参加しての意見交換なども行います。

③ゼミナールの教授の紹介でこの活動を知り、元々選挙に興味をもっていたことから応募しました。私の参加方法としては申込書に記入し、推薦書をいただいて協議会事務局に送付しました。しかし推薦がなくとも都道府県のホームページでは随時募集を行っており、参加資格を満たしていれば誰でも応募できるようになっています。友人を誘って参加することも可能で、専門的な政治や選挙の知識がなくても問題ありません。

④企画の一環で学童保育施設にて模擬投票を行いました。この企画は対象が小学校低学年であったため、選挙という難しい題材をいかに飽きさせずに聞いてもらうかが難点でした。紙芝居やクイズを用い、公約も小学生の生活に密接した内容にするなど興味を引く工夫をしました。子どもたちは楽しみながら耳を傾けてくれ、最終的には自分で候補者を吟味し投票することができていました。この活動はすぐに結果が目に見える訳ではありませんが、選挙について良い印象を与えることで今後多くの人にプラスの行動をとってもらえるようになると考えています。

⑤土井日向（法学部、体験当時 4 年生、2020 年時点）

①衆議院議員の活動ボランティア

②大学 3 年生から、衆議院議員の活動ボランティアを続けています。地元選出の鈴木けいすけ財務副大臣のボランティアに参加しています。地元なので定期的に参加しています。内容は主にビラ配りです。たまにポスター貼りもやります。ほかには、地元から離れた千葉県で、野田佳彦元首相のボランティアにも参加しました。これからも地元以外でのボランティア活動には

不定期に参加する予定です。〈第2版追記〉鈴木衆議院議員のイベントで、鈴木議員が所属する派閥の麻生太郎元首相とお会いすることもできました。

③ボランティアは主に議員の公式ホームページやSNSで募集しています。電話で直接申し込みます。秘書の方から駅前の街頭活動（以下、駅頭）の日程を示されるので、あとは直接現地で秘書の方と合流し、ビラ配りの開始です。鈴木けいすけ議員事務所の場合は秘書の方から定期的に駅頭の案内が来るので、自分が好きな時に行けばいいです。野田佳彦事務所の場合は駅頭の日程が公式HPに載っているので自分が参加したいときに秘書の方に連絡をとればいいです。とても簡単に気軽に好きな時に参加できます。

④体験して感じたことは、意外と議員の先生との距離が近いことでした。どちらの事務所でも、ボランティアの名前をすぐに覚えてもらえて、ボランティアが終わったときにお互い握手しながら挨拶をしています。時折気軽に会話することもできて、直接質問などもできます。財務副大臣や首相経験者という要職者となると堅くガードされている印象がありますが、全くそんなことはなく、学校の先生や先輩と同じような感覚で親しく接することができます。ボランティアに参加することでそれまでお堅いイメージのある政治家や政治という世界が、実は気軽に参加でき、私たちと密接で親しみを感じられる世界であるということがわかります。秘書の方もボランティアに対してとても親切で、初めて会ったときから気軽に接することができました。食事の際もボランティアのために秘書の方がいつも出費してくださり、大変ありがたかったです。また同じ学生のボランティアも多く、友達もできました。このように政治の世界とそれに接する人々はとてもフレンドリーで楽しいものであるということを、身をもって感じました。

⑤五十嵐雄平（法学部、体験当時4年生、2020年時点）

①選挙運営事務への参加（選挙立会人）

②2019年7月の第25回参議院選挙の際に行われた期日前投票に選挙立会人として参加しました。主な活動内容は、当日の朝に投票箱が空であることを確認することや、投票所が閉まる際に投票箱が完全に閉まっていることの確認、鍵の保管の証明などの事務作業や、投票用紙の枚数、種類、投票方法に関して誤りや不正がないように、投票に来た人が投票用紙を受け取ってから投票し終えて退出するまでの立ち会いをしました。

③選挙管理委員会が大学を通して立会人のボランティアを募集していることを知ったので、大学の応募フォームから参加を表明しました。基本的に大学を通して事務的な手続きが行われていたようなので、個人的には書類にサインをするなど以外には特段の事務作業は行わなかったので難しくなく、参加の意思を表明することが大事だと思いました。

④選挙の運営側の視点に立って選挙というものを見ると、自分が投票に行く
だけでは見えなかったことが多く見え、実践に基づく運営側の意見を聞く
ことができる貴重な機会でした。普段、投票率が低いことや若者の政治離れ
が深刻であるということを話では聞くけれど、実際に投票に来る人たちを
一日通して見ると、その深刻さを直に感じることができたので「百聞は一見
に如かず」を体感できました。実際に政治というものに自分が直接かかわる
機会は少ないため、このような機会を逃さないように積極的な参加が大切
だと改めて感じました。

⑤畠山佳祐（法学部、体験当時4年生、2020年時点）

①新聞社の選挙報道スタッフ

②臨時のスタッフとして、新聞社の選挙報道にかかわりました。開票日当日に、
開票所の中へ入り、開票中の投票用紙を望遠鏡で観察し、確認した票数を
シートに記入します。票数は新聞社に設置された開票速報本部へ報告します。
新聞社内の開票速報本部では、各投票所から報告される上記シートの票数や、
選挙管理委員会が発表した速報の数値を、システムへ入力します。

③大学で所属していたゼミナールで、講演にいらっしゃった記者の方からお
声をかけていただいたのがきっかけです。アルバイトの募集サイト等でも
情報はあまり流れていないので、こうした口コミが募集の主流手段だと思
われます。その記者の方へ業務に参加したい旨をお伝えし、数日後に担当者
の方から連絡を受けました。その後、新聞社の説明会で契約書等に署名し、
正式に手続きをしました。

④開票では刻一刻と状況が変化します。私は本部の指示を受けてタクシーで
開票所に向かいましたが、間もなく到着という時に、別の選挙区にある開票
所へ向かうよう指示が出されました。予想よりも大差で決着しそうだとい
うのがその理由でした。本部ではシステムに数値を入力しますが、票数を誤
らないよう細心の注意を払っていました。当選確実の報道を出す根拠とな
る数字を扱っているからです。緊張と興奮の両方を味わった夜でした。

⑤橋本亮（仮名）（法学部、体験当時3年生、2020年時点）

将来につなげる
現実政治とかかわる職業ガイド

①職業名
②業務内容
③志望方法
④その職業におけるエピソード
⑤著者プロフィール（執筆時期）

　私たちは社会で生きている時点で、好むと好まざるとにかかわらず、政治と何らかの形で関係することになります。その一方で、社会の秩序を守り、よりよい政治のあり方を実現しようと、職業人として現実政治に主体的かつ積極的に献身する人々もいます。

　ここでは附録として、著者の知り合いやゼミの出身者の協力を得て、実際に政治にかかわる職業に就いている人の体験談を掲載します。もちろん、国会議員、国家公務員、政党職員、団体職員（たとえば医師会、弁護士会、商工会議所、農協、漁協など）、NPO スタッフなど、今回ご紹介する以外にも様々な活躍の可能性があります。

　この附録が、政治学を学ぶ皆さんに与えられた使命を考えるきっかけとなり、明るい将来につなげるものとなることを願っています。

①ニュースキャスター/記者

②tvk（テレビ神奈川）のニュース番組「News Link」（平日夜9時半〜9時55分）でキャスターを務めています。報道部所属として活動し、リサーチ、アポ取り、取材、原稿作成、編集までの一連の作業を担い、自らスタジオで報告します。

　　国政選挙時には大型特番の MC として、開票速報、当確議員インタビュー、争点特集など、最新情報を伝えます。また、地元局は首長選挙も重要テーマで、県内 33 市町村の選挙後には当選者のスタジオ生出演で話を聞いています。

③まずはテレビ局のアナウンサー職に採用されるか、報道志望で総合職に採用され記者に配属されるかが一般的な進路です。その後、経験を積んだ上で

キャスターに起用されます。

　アナウンサー志望の場合、就職活動を見据えてアナウンススクールに通う人が多く、中には学生キャスターとして経験を積む人もいます。採用試験では原稿読みやフリートークなどである程度の実力が求められます。アルバイトやインターンなどで学び、即戦力としてアピールすることもあります。
④旬の人に会って話を聞けることが最大の魅力で、地元局のアドバンテージが生きる場面もあります。

　菅義偉氏、河野太郎氏、小泉進次郎氏らの地元政治家をはじめ、アカデミー賞映画監督の濱口竜介氏、世界的な建築家の隈研吾氏などに単独インタビューしました。神奈川ゆかりの人物からいかに地元ネタを引き出すかが勝負になります。

　また、ベイスターズ選手のシリーズ特集も企画するなど、幅広く精通するバランス感覚を求められることは大きなやりがいになっています。
⑤柳田純司（tvk（テレビ神奈川）。就職して17年目。2023年時点）

①市議会議員

②市民の代表として、その声を市政に反映させるのが第1の仕事です。議会開会中は、本会議や委員会に出席して議案の審議や議決に参加し、市の方針について質しながら、市政全般が公正かつ適正に運営されているかをチェックします。また、街頭演説やチラシ、ウェブサイトやSNSなどを通して議会内外での活動を市民に随時報告します。国政や県政と連携しつつ、地域に足を運んで市民の生活課題を拾い上げるほか、研修や先進事例の視察を通して、市にふさわしい政策を磨きあげていきます。
③市議会議員になるためには、①日本国民で満25歳以上であること、②連続して3か月以上、市内に住所があることが求められます。学歴や職歴、出身地等は特に問われません。実際に様々な経歴をもった人が議員として活躍しています。
④民主党が政権交代を果たした2009年の衆院選のとき、私は街頭でマニフェストを配布していました。

　普段は見向きもしない若い女性が次々に受け取ってくれたのは、目玉政策の「子ども手当」が支持されたからです。育児への関心は切実だ、と私は選挙の前線で目の当たりにしました。同時に、これだけはブレないでほしいと願いましたが、看板倒れに終わり下野することになりました。

　地方議員の方が党幹部よりも大衆の近くにいます。だが、残念ながら現場の声が中央に届く機会は多くはないのです。
⑤柳田秀憲（藤沢市議会議員、立憲民主党神奈川県連合役員。当選して18年目。2020年時点）

①新聞記者

②「令和おじさん」で有名になった菅義偉官房長官を担当する「長官番」をやっています。官房長官は政権のスポークスマン。米大統領の発言や北朝鮮のミサイルなど、刻々と動く国際情勢に加えて国内の重大事件や災害などをテーマに、1日2回の記者会見で質問し、日本の権力の中枢が何を考え、どこを目指しているのかを探ります。ただし、「公式発表」のオンレコの取材だけでは、実像は見えてこないもの。同僚と手分けをしながら、政権や与党の幹部宅を訪れたり、懇談したりするなど、非公式な接触によるオフレコ取材を重ね、権力者たちの「本音」を見極めていきます。

③新聞各社が実施する試験を経て、記者として採用されます。全国各地で4～5年間、事件や事故を扱う警察や、県庁や市役所などの地方行政を担当し、政治部や社会部、経済部などの部署に配属されるケースが大半です。政治部記者として最初に経験するのが、首相を朝から晩まで追いかける「総理番」。首相の面会者を確認し、日々の「首相動静」の原稿を作成。選挙期間中は首相の遊説に合わせて全国各地を回り、首相の言動を取材します。政治部では官邸のほかに、与党と野党、国会、外務・防衛を担当する各チームがあり、1～2年ごとに異動しながら経験を積んでいきます。

④党の代表になったものの仲間たちがついてきてくれない。当選回数を重ねても大臣になれない。「○○チルドレン」として勢いで当選してしまったので次の選挙が不安で仕方ない……。テレビカメラの前では堂々と語る政治家ですが、付き合ってみると様々な悩みを抱え、苦労していることが分かります。政権や政党の幹部になればなるほど多忙になり、2人だけのサシで取材できる機会は限られますが、移動中の新幹線や空港の貴賓室での接触など、本音でのやりとりを目指してあらゆるチャンスを狙います。記事を書くだけでなく、取材先と地道な信頼関係を築くのも大切な仕事です。

⑤安倍龍太郎（朝日新聞政治部（首相官邸担当）。就職して12年目。2020年時点）

執筆者紹介（執筆順）

大川　千寿（おおかわ・ちひろ）　編著者　序章、第 2 章、第 3 章、第 6 章、第 8 章、終章、附録 1 執筆
（編著者紹介参照）

山田　陽（やまだ・あきら）　第 1 章、第 11 章、附録 1 執筆
2014年　東京大学大学院総合文化研究科国際社会科学専攻博士後期課程単位取得退学
現　在　神奈川大学・神奈川工科大学非常勤講師
主　著　（共著）山崎望・山本圭編『ポスト代表制の政治学——デモクラシーの危機に抗して』ナカニシヤ出版、2015年。
　　　　（共著）宇野重規・井上彰・山崎望編『実践する政治哲学』ナカニシヤ出版、2012年。
▶読者の皆さんへのメッセージ
　「政治的な判断」というときの「政治的な」とはどういう意味か、おぼろげに見えてきたとき、政治を学ぶ面白さを感じた経験があります。政治家の評伝や政治史のエピソードなどから人間ドラマが読めたとき、政治学で使われる用語・概念の意味が味わいをもって自分の中に現れて、政治学の意義にふれた気がしたことがあります。政治学にも思索の楽しさがあると思います。

澁谷　壮紀（しぶたに・まさき）　第 4 章、第 10 章、附録 1、附録 2 執筆
現　在　東京工業大学大学院社会理工学研究科価値システム専攻博士後期課程在籍、北九州市立大学法学部准教授。
主　著　「有権者のイデオロギーに関する国際比較」（共著）、東洋大学 21 世紀ヒューマン・インタラクション・リサーチ・センター研究年報 vol.12、2015年。
　　　　If You Can Be Reborn, What Is Your Desirable Income Distribution? -An Experiment of Rawls's Justice（共著）、公共選択 70 号、木鐸社、86 〜 108 頁、2018年。
▶読者の皆さんへのメッセージ
　社会に出ると、今は全く身近に感じない政治でも、より身近に感じる機会が多くなります。政治のことを知っておいた方がいいと思いながらも、なかなか機会

を得ることができないのが現状です。だからこそ、そんな近い将来に向けて、少しだけでも政治との多くのつながりを知っておくと、違った景色が見えてくるかもしれません。

孫 斉庸（そん・じぇよん）　第5章、第7章、附録1執筆
2013年　東京大学大学院法学政治学研究科総合法政専攻博士課程修了
現　在　立教大学法学部准教授
主　著　Settlement Without Consensus: International Pressure, Domestic Backlash, and the Comfort Women Issue in Japan, *Pacific Affairs*, 90（1）pp.77-99, 2017.（共著）

　▶読者の皆さんへのメッセージ
　本書では主に日本政治を題材にしながら様々な政治アクターや制度について取り上げていますが、政治学はもっと広い分野を対象にしている学問です。まずは、自分の周りの世界で私たちが政治とつながっていることをしっかり意識することからスタートしましょう。そして、政治学のアプローチを用いて、より広い世界にも目を向けられるように努めましょう。

玉置 敦彦（たまき・のぶひこ）　第9章、附録1執筆
2014年　東京大学大学院法学政治学研究科博士課程修了・博士（法学）
現　在　中央大学法学部准教授
主　著　「帝国と同盟——非対称同盟の理論」東京大学大学院法学政治学研究科博士（法学）学位論文、2014年。
　　　　Japan's Quest for a Rules-based International Order：The Japan-U. S. alliance and the decline of U. S. liberal hegemony, *Contemporary Politics*, 26（4）, pp. 384-401, 2020.

　▶読者の皆さんへのメッセージ
　日本政治が国内だけで完結する時代は過ぎ去りました。世界各国の国内情勢の変動、安全保障環境の急変といった国際関係との「つながり」を意識することがますます重要となるでしょう。皆さんが将来どのような分野に進むにしても、本書が何らかのお役に立てればと願っています。

編著者紹介

大川 千寿（おおかわ・ちひろ）

現　在
神奈川大学法学部教授

略　歴
2007年東京大学大学院法学政治学研究科総合法政専攻政治コース修士課程修了。同年同研究科助教。2011年熊本大学政策創造研究教育センター特任准教授。2013年神奈川大学法学部助教。2015年同准教授。2021年より現職。
現在は、政治学入門、日本政治、日本政治史の講義のほか、学部ゼミナールを中心に担当。
専門は、政治過程論、現代日本政治。

主　著
「自民党対民主党──2009年政権交代に至る政治家・有権者の動向から」『国家学会雑誌』124巻1・2号、3・4号、5・6号、9・10号（2011年）
「第2次安倍政権とその政策」『選挙研究』35巻1号（2019年）
「18歳選挙権導入と若者の政治意識──2016年神奈川大学・神奈川新聞共同調査分析」『神奈川法学』50巻1号（2017年）

▶読者の皆さんへのメッセージ
　この1冊を通して、政治を学び、政治につながることの喜びや意義を少しでも感じてもらえればうれしく思います。そして、社会で他者とともに生きる1人の主体として、より客観的に皆さん自身をとらえてもらうことに貢献できればと願っています。

つながるつなげる日本政治〔第2版〕

2020（令和2）年3月30日　　初　版1刷発行
2023（令和5）年4月15日　　第2版1刷発行

編著者　大 川 千 寿
発行者　鯉 渕 友 南
発行所　株式会社 弘 文 堂　　101-0062　東京都千代田区神田駿河台1-7
　　　　　　　　　　　　　　　TEL 03(3294)4801　振替 00120-6-53909
　　　　　　　　　　　　　　　https://www.koubundou.co.jp
装　丁　宇佐美純子
印　刷　三報社印刷
製　本　井上製本所

ISBN 978-4-335-46043-2